아두이노 마스터 2

도전과제

아두이노 마스터 2
도전과제

초판인쇄 2020년 2월 1일
초판발행 2020년 2월 5일

저 자 신 동 욱
발 행 인 곽 종 학

발 행 처 도서출판 Ohm사
주 소 서울시 용산구 한강대로 306-5. 세기B/D
전 화 02-776-4868~9
팩 스 02-779-6757
등록번호 1975년 9월 12일 제3-3호
http://www.ohm.co.kr E-mail : ohm@ohm.co.kr

ISBN 978-89-7101-833-0 정가 23,000원

아두이노 도전과제 마스터 2

Ohm사

아두이노 도전과제 마스터 2

목차

아두이노 도전과제 마스터 2

머리글

아두이노는 원래 프로그램이나 전자회로 같은 전문 기술이 없는 사람도 쉽게 사용할 수 있도록 만들어졌으나, 최근 4차 산업혁명 시대를 맞이하여 IoT(사물 인터넷), 드론, 3D 프린터, 로봇 제작 등에 활용되면서 더 많은 관심을 받고 있다. 특히 IoT를 실현하는 기본 보드로 가장 많이 활용되고 있고, 또한 남녀노소를 불문하고 세계적으로 붐이 일고 있는 Maker(메이커)들의 기본 보드로도 많이 사용되고 있다. 우리나라에서도 최근에 학생들의 창의력을 길러주기 위한 체험 학습 즉 메이커 교육에서도 많이 사용되고 있고, 기업에서도 아두이노 보드의 간단한 배선과 오픈 소스의 장점 때문에 제품 개발에 적극적으로 활용하고 있다.

이 책은 2019년에 출간된 <아두이노 마스터1>에 이은 2번째 시리즈 책이다. <아두이노 마스터1>은 <스타터 키트>에 포함된 부품들의 특성과 사용법을 프로그램과 함께 다루었으며, 이를 학습한 후 독자들의 아두이노에 대한 응용능력을 높이기 위해 맨 마지막 장에 15개의 도전과제를 남겨 두었었다. 이 책은 <아두이노 마스터1>에 남겨둔 15개의 과제에 1개를 추가하여 16개의 과제를 다루었으며, 각 과제마다 배선도와 함께 과제 구현을 위한 알고리즘의 주요내용과 함께 프로그램을 설명하고 있다.

최근 4차 산업혁명과 인공지능 시대를 맞이하여 초등학교부터 대학교에 이르기까지 학생들에게 컴퓨팅 사고력을 키워주기 위한 여러 교육과정이 시행되고 있으며, 또한 이를 위해 많은 서적들이 출판되고 있다. 이 책은 컴퓨팅 사고력을 키우기 위한 기본 지침서는 아니지만, 컴퓨팅 사고의 기본 교육과정을 마친 학생들이 본인의 능력을 테스트해보고 또한 컴퓨팅 사고력을 더욱 더 키울 수 있는 응용서로서 활용할 수 있으리라 생각한다. 이 책을 통해 많은 독자들이 컴퓨팅 사고력을 키우는데 도움이 되기를 바란다.

마지막으로 이 책이 나올 수 있도록 항상 많은 노력을 해주신 Ohm사의 사장님과 직원 여러분들에게 감사의 말씀을 드리고, 또한 아름답고 멋진 책이 나오기까지 노력해주신 편집자에게 감사드립니다.

2019년 12월 신 동 욱 씀

Chapter

01

랩 타임 기능 스톱워치

Chapter

01

랩 타임 기능 스톱워치

10ms 단위로 동작하고 랩 타임(Lap Time : 경과 시간) 저장 및 표시 기능을 갖는 스톱워치를 구현해 보도록 하자. [그림 1-1]은 4자리 7-세그먼트에 표시되는 값들을 나타내며, [표 1-1]은 사용되는 스위치의 기능을 보여준다. 부품은 스위치 보드와 4자리 7-세그먼트 보드를 사용하며, [그림 1-2]와 [표 1-2]는 아두이노 연결 배선도와 연결 핀을 각각 보여준다.

초	초.	1/10 초	1/100 초

[그림 1-1] 스톱워치 시간 표시

[표 1-1] 스위치 기능

스위치	기 능	비 고
SW1	동작/정지	- 토글 동작(스위치가 눌려질 때마다 바뀜)
SW2	리셋(클리어)	- 스톱워치 시간과 저장 랩 타임 모두 클리어
SW3	랩 타임 저장	- 동작 중에만 기능하고, 최대 10개까지 저장 - 스위치가 눌려질 때마다 현재 시간 저장
SW4	랩 타임 표시	- 정지 상태에서만 동작 - 첫 번째부터 순차적으로 반복 표시

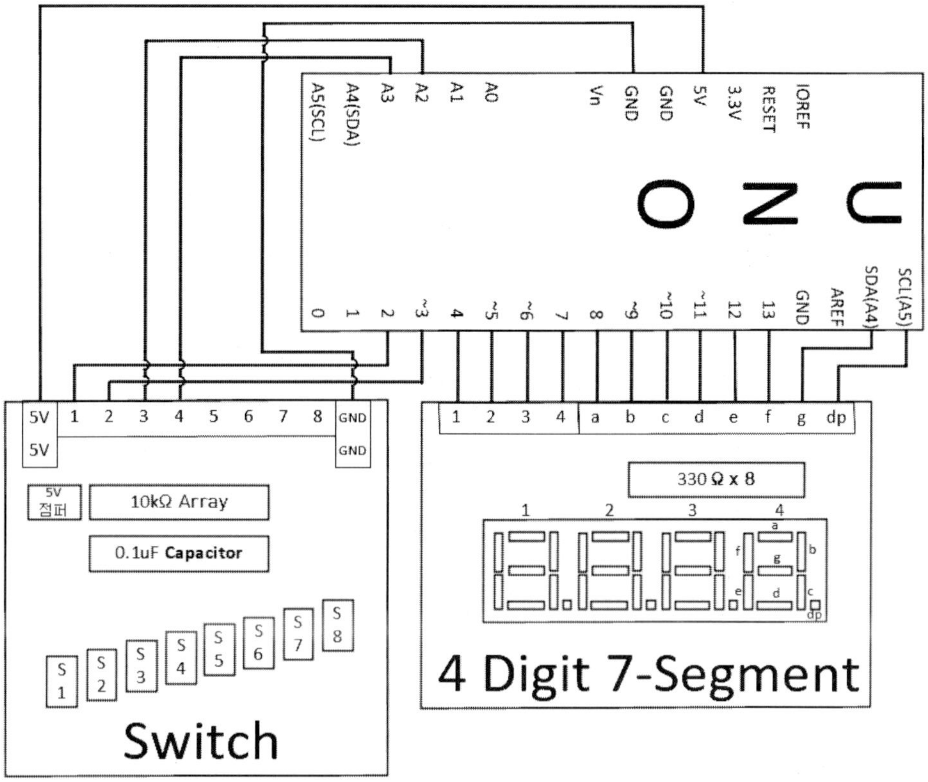

[그림 1-2] 아두이노 연결 배선도

[표 1-2] 아두이노 보드 연결핀

아두이노 보드	4자리 7-세그먼트 보드		아두이노 보드	스위치 보드
4	1	1000자리	2	1(SW1)
5	2	100자리	3	2(SW2)
6	3	10자리	A2	3(SW3)
7	4	1자리	A3	4(SW4)
8	a			
9	b			
10	c			
11	d			
12	e			
13	f			
SDA(A4)	g			
SCL(A5)	dp			

[표 1-3]은 7-세그먼트에 '0'~'9'의 숫자를 표시하기 위한 숫자 패턴을 보여준다. 4자리 7-세그먼트가 커먼 애노드 형이고, a~g 단자가 캐소드 단자이므로 0이 입력되면 해당 LED가 ON이 된다.

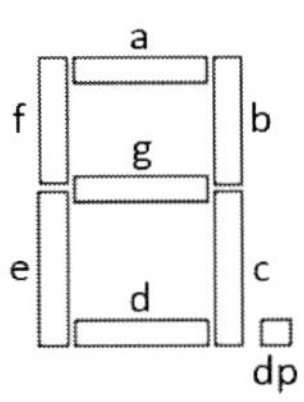

[표 1-3] 7-세그먼트 숫자 패턴 값(ON : 0, OFF : 1)

Seg 수	a	b	c	d	e	f	g
0	ON	ON	ON	ON	ON	ON	OFF
1	OFF	ON	ON	OFF	OFF	OFF	OFF
2	ON	ON	OFF	ON	ON	OFF	ON
3	ON	ON	ON	ON	OFF	OFF	ON
4	OFF	ON	ON	OFF	OFF	ON	ON
5	ON	OFF	ON	ON	OFF	ON	ON
6	ON	OFF	ON	ON	ON	ON	ON
7	ON	ON	ON	OFF	OFF	OFF	OFF
8	ON	ON	ON	ON	ON	ON	ON
9	ON	ON	ON	OFF	OFF	ON	ON

스톱워치 구현을 위한 전체 처리 흐름도는 [그림 1-3]과 같고, 인터럽트 함수는 반복 처리 loop() 함수가 실행되면서 인터럽트가 발생할 때마다 자동으로 실행된다. 처리 흐름도에서 처리되는 주요 내용을 간략히 기술하면 [표 1-4]와 같다.

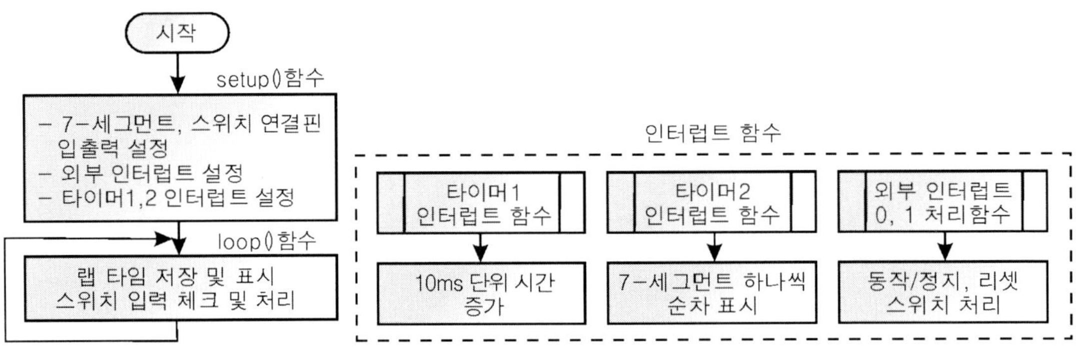

[그림 1-3] 스톱워치 처리 흐름도

[표 1-4] 주요 처리 내용

★ 10ms 측정 : 타이머1의 인터럽트를 사용하고, 스톱워치 동작 중에만 타이머1이 동작하도록 한다. 따라서 스톱워치 동작 중에만 10ms 주기의 타이머1 인터럽트이 동작하도록 작성한다.
★ 7-세그먼트 표시 : 5ms마다 타이머2 인터럽트가 발생하도록 설정하고, 인터럽트 함수에서 한자리씩 순차적으로 표시하도록 한다.
★ 조작 스위치 : 스위치1과 스위치2는 외부 인터럽트 방식을 이용하고, 스위치3과 스위치4는 폴링 방식을 이용한다. 스위치 처리는 스위치가 눌려지는 순간에 한 번만 동작하게끔 한다.

〈프로그램 설명〉

❶
```
#include <TimerOne.h>                    // 타이머1 헤더 파일
#include <MsTimer2.h>                    // 타이머2 헤더 파일
```

❷
```
const int dig_sel_pin[4] = {7, 6, 5, 4};              // 1, 10, 100, 1000자리 전원핀
const int fnd_pin[7] ={8, 9, 10, 11, 12, 13, A4};     // a,b,c,d,e,f,g
const int dp_pin = A5;                                // 7-세그먼트 dp 연결핀(SCL핀)
```

❸
```
const int fnd_pat[10][7] = {             // 숫자 패턴 (a,b,c,d,e,f,g)값
        {0, 0, 0, 0, 0, 0, 1},           // 0
        {1, 0, 0, 1, 1, 1, 1},           // 1
        {0, 0, 1, 0, 0, 1, 0},           // 2
        {0, 0, 0, 0, 1, 1, 0},           // 3
        {1, 0, 0, 1, 1, 0, 0},           // 4
        {0, 1, 0, 0, 1, 0, 0},           // 5
        {0, 1, 0, 0, 0, 0, 0},           // 6
        {0, 0, 0, 1, 1, 1, 1},           // 7
        {0, 0, 0, 0, 0, 0, 0},           // 8
        {0, 0, 0, 1, 1, 0, 0}};          // 9
```

❹
```
const int   sw1_pin = 2;                 // 동작/정지 스위치
const int   sw2_pin = 3;                 // 리셋 스위치
const int   sw3_pin = A2;                // 랩타임 저장 스위치
const int   sw4_pin = A3;                // 랩타임 표시 스위치
```

❺
```
byte  lap_sec[10], lap_ms10[10];         // 랩타임 저장 배열
byte  lap_save_no = 0, lap_dsp_no;       // 랩타임 저장 및 표시 번호
```

❻
```
volatile byte dsp_pos = 0;               // 표시 자리(0:1자리, 1:10자리,
                                         // 2:100자리, 3:1000자리)
volatile byte ssec = 0, ms10 = 0;        // 시간 변수
volatile bool rrun = 0;                  // 동작(1)/정지(0)
```

❼
```
volatile unsigned long  t1, t2;          // 인터럽트 채터링 방지 변수
```

❶	<타이머1과 타이머2 인터럽트 함수를 사용하기 위한 헤더 파일> - 타미머1은 스톱워치 동작 시간 10ms 측정 위해 사용 - 타이머2는 4개의 7-세그먼트를 5ms간격으로 하나씩 표시하기 위해 사용
❷	- Common Anode형 전원(COM단자) 단자 아두이노 연결핀 - 7-세그먼트 a, b, c, d, e, f, g 단자 아두이노 연결핀 - 7-세그먼트 dp 단자 아두이노 연결핀
❸	- 7-세그먼트 숫자 표시 패턴 출력 값(a, b, c, d, e, f, g) - 0 부분 LED ON
❹	- 4개의 스위치 아두이노 연결핀(풀업 방식, 스위치 ON일 때 0입력)
❺	- 랩 타임 저장 배열(초 단위 값, 10ms 단위 값) - 랩 타임 저장 번호(스톱워치 동작 중), 랩 타임 표시 번호(스톱워치 정지 상태)
❻	<인터럽트 함수 사용 변수> - 타이머2에서 5ms 간격으로 7-세그먼트 표시할 때 표시 자리 - 스톱워치의 시간을 나타내는 초값과 10ms 단위의 값 - 스위치1이 ON될 때마다 외부 인터럽트0에서 토글처리 되는 동작/정지 변수
❼	<외부 인터럽트 함수에서 발생하는 채터링 방지를 위해 사용하는 시간 변수> - 스톱워치가 동작 시작하면서 스위치 입력이 있을 때마다 스위치(SW1 또는 SW2)의 입력 시간 저장(t1 : 마지막 바로 이전의 스위치 ON 시간, t2 : 마지막 스위치 ON 시간) - 스위치가 눌려지는 시간 간격(t2 - t1)이 너무 작으면 무시하기 위해 사용(채터링 방지용)

❶
```
// 초기설정 함수
void setup()
{
      byte    n;

      // 4자리 7-세그먼트 a,b,c,d,e,f,g,dp  아두이노 연결핀 출력 설정
      for(n = 0;n < 7;n++) pinMode(fnd_pin[n], OUTPUT);
      pinMode(dp_pin, OUTPUT);                                  // dp 핀 출력 설정

      // 4자리 7-세그먼트 자리 선택핀 출력 설정
      for(n = 0;n < 4;n++) pinMode(dig_sel_pin[n], OUTPUT);
```

❷
```
      pinMode(sw3_pin, INPUT);                                  // SW3 연결핀 입력 설정
      pinMode(sw4_pin, INPUT);                                  // SW4 연결핀 입력 설정
```

❸
```
      // 외부 인터럽트 설정
      attachInterrupt(digitalPinToInterrupt(sw1_pin), sw1_on, FALLING);   // INT0
      attachInterrupt(digitalPinToInterrupt(sw2_pin), sw2_on, FALLING);   // INT1
```

❹
```
      // 타이머2 인터럽트 설정
      MsTimer2::set(5, stop_dsp4);                              // 타이머2 인터럽트 주기 및
                                                                // 인터럽트 함수 설정
      MsTimer2::start();                                        // 타이머2 동작 시작
```

❺
```
      // 타이머1 인터럽트 설정
      Timer1.initialize(10000);                                 // 10ms 주기 설정
      Timer1.attachInterrupt(ten_ms);                           // 타이머1 인터럽트 함수 지정
      Timer1.stop();                                            // 타이머1 정지상태에서 시작
```

❻
```
      // 스톱워치값 리셋
      ssec = 0;                                                 // 초값 리셋
      ms10 = 0;                                                 // 10ms값 리셋

      t1 = millis();                                            // 프로그램 시작 시간 저장
}
```

❶	<setup() : 초기 설정 함수> - 7-세그먼트 a,b,c,d,e,f,g,dp 아두이노 연결핀 출력 설정 - 7-세그먼트 4자리 전원(COM) 아두이노 연결핀 출력 설정
❷	- 스위치3, 스위치4 아두이노 연결핀 입력 설정
❸	- 스위치1 외부 인터럽트0(INT0) 하강에지, 인터럽트 함수 sw1_on() 설정 - 스위치2 외부 인터럽트1(INT1) 하강에지, 인터럽트 함수 sw2_on() 설정
❹	- 4자리 7-세그먼트를 5ms 단위로 한 개씩 표시하기 위해 타이머2 인터럽트 주기 및 함수 stop_dsp4() 설정 - 타이머2 동작 시작
❺	- 스톱워치가 동작 중에 10ms 단위로 인터럽트가 걸리도록 타이머1 설정 - 타이머1 인터럽트 함수 ten_ms() 설정 - 프로그램 시작할 때 정지 상태에서 시작하도록 타이머1 정지
❻	- 스톱워치 시간값 0 클리어 - 외부 인터럽트에서 스위치가 눌려지는 간격을 확인하기 위해 프로그램 시작 시간 t1에 저장 (스위치가 눌려지는 순간 채터링 현상으로 여러 번 동작하는 것을 방지하기 위해 사용)

❶

```
// 반복 처리 함수
void loop()
{
    boolean  o_sw3, o_sw4, n_sw3, n_sw4;

    // SW3, SW4 첫 번째 상태 읽기
    o_sw3 = digitalRead(sw3_pin);
    o_sw4 = digitalRead(sw4_pin);

    // SW3, SW4 두 번째 상태 읽기
    delay(10);
    n_sw3 = digitalRead(sw3_pin);
    n_sw4 = digitalRead(sw4_pin);
```

❷

```
    if(o_sw3 == HIGH && n_sw3 == LOW){          // SW3 눌려질 때 랩 타임 저장
        if(lap_save_no == 10) return;

        // 랩타임 저장
        lap_sec[lap_save_no] = ssec;
        lap_ms10[lap_save_no] = ms10;
        lap_save_no++;
    }
```

❸

```
    else if(o_sw4 == HIGH && n_sw4 == LOW){     // SW4 눌려질 때 랩 타임 표시
        rrun = 0;                               // 동작 정지
        Timer1.stop();                          // 타이머1 정지

        if(lap_save_no == 0) return;
        ssec = lap_sec[lap_dsp_no];
        ms10 = lap_ms10[lap_dsp_no];

        lap_dsp_no++;                           // 다음 표시 랩타임 저장번호 갱신
        if(lap_dsp_no == lap_save_no) lap_dsp_no = 0;          // 마지막 표시했으면
                                                               // 처음으로
    }
}
```

❶	<loop() : 반복 처리 함수> - SW3(랩 타임 저장), SW4(랩 타임 표시) 첫 번째 상태 읽기 - 10ms 후 SW3(랩 타임 저장), SW4(랩 타임 표시) 두 번째 상태 읽기
❷	<랩 타임 저장 처리> - SW3 첫 번째 상태는 OFF이고 두 번째 상태는 ON인지 체크(SW3 눌려지는 순간 체크) - 저장된 랩 타임이 이미 10개이면 새로운 시간 저장 없이 함수 종료 - 현재의 시간(ssec, ms10)을 랩 타임 저장 배열에 저장하고, 저장된 시간의 개수 (lap_save_no)를 1증가
❸	<랩 타임 표시 처리> - SW4 첫 번째 상태는 OFF이고 두 번째 상태는 ON인지 체크(SW4 눌려지는 순간 체크) - 스톱워치를 정지 상태로 설정하고, 스톱워치를 정지시키기 위해 타이머1을 정지한다. - 저장된 시간이 없으면 함수 종료 - 현재 랩 타임 표시 번호(lap_dsp_no)의 저장된 시간을 표시하도록 초값과 10ms단위의 값을 변수에 저장 - 다음에 표시할 랩 표시 번호를 갱신 - 다음에 표시할 번호가 저장된 시간의 개수와 같으면 표시 번호를 처음부터 다시 표시하도록 0으로 리셋

❶

```
// 타이머1 인터럽트(10ms주기) 처리 함수
// 스톱워치가 동작할때 10ms단위로 시간값 증가
void ten_ms()
{
	ms10++;
	if(ms10 == 100){					// 100 x 10ms = 1sec
		ms10 = 0;
		ssec++;						// sec +1
		if(ssec == 60) ssec = 0;			// 60초면 0초부터 다시 시작
	}
}
```

❶	<ten_ms() : 타이머1 인터럽트 처리 함수(스톱워치 동작할 때 10ms 단위 시간 증가)> - 10ms 단위의 값(ms10) 1증가 - 10ms 단위의 값이 100이면 10ms 단위의 값 리셋하고 초값 1증가 - 초 값이 60이면 초 값 리셋

❶	<pre>// 타이머2 인터럽트(5ms주기) 처리 함수
	// 스톱워치 시간 표시(5ms 간격으로 한 자리씩 표시)
	void stop_dsp4()
	{
	    byte n, tmp;
	
	    // 스톱워치 시간의 표시 자리값 추출
	    if(dsp_pos == 0) tmp = ms10 % 10; // ms10 1자리
	    else if(dsp_pos == 1) tmp = ms10 / 10; // ms10 10자리
	    else if(dsp_pos == 2) tmp = ssec % 10; // sec 1자리
	    else tmp = ssec / 10; // sec 10자리</pre>

❷	<pre> // 모든 자리 off 한 후 dsp_pos(표시위치) 자리만 on
	    for(n = 0;n < 4;n++) digitalWrite(dig_sel_pin[n], LOW);
	    digitalWrite(dig_sel_pin[dsp_pos], HIGH); // dsp_pos 자리만 ON
	
	    // dsp_pos 자리값 tmp 표시
	    for(n = 0;n < 7;n++) digitalWrite(fnd_pin[n], fnd_pat[tmp][n]);</pre>

❸	<pre> // dp LED ON
	    if(dsp_pos == 2) digitalWrite(dp_pin, LOW); // 표시자리가 초1자리면 dp ON
	    else digitalWrite(dp_pin, HIGH); // 초1자리가 아니면 dp OFF
	
	    dsp_pos = (dsp_pos + 1) % 4; // 표시 자리 이동
	}</pre>

❶	**<stop_dsp4() : 타이머2 인터럽트 처리 함수>** - 스톱워치 시간 7-세그먼트 5ms 간격으로 하나씩 표시 - dsp_pos 값에 따라 표시할 자리의 값 추출
❷	- 7-세그먼트(커먼 애노드형) 4자리 전원핀(COM)에 LOW 출력하여 모두 OFF - 표시할 자리(dsp_pos)의 7-세그먼트의 전원핀(COM)에만 HIGH 출력하여 ON 시킴 - ❶에서 추출한 숫자의 패턴을 7-세그먼트 a, b, c, d, e, f, g핀에 출력하여 표시
❸	- 표시할 7-세그먼트의 위치가 초1자리이면 dp(Decimal Point)핀에 LOW를 출력하여 ON시킴 - 다음에 표시할 위치 변수값(dsp_pos) 갱신(10ms 1자리 -> 10ms 10자리 -> 초 1자리 -> 초 10자리 -> 10ms 1자리 -> 반복)

❶	`// 외부인터럽트0(INT0) 처리 함수`
	`// 스위치1 눌려지는 순간(동작/정지 토글)`
	`void sw1_on()`
	`{`
	`    // 채터링 체크 : 200ms 이내에 스위치가 또 눌려진 상태이면 무시`
	`    t2 = millis();                          // 현재 시간 저장`
	
	`    // 인터럽트 시간 간격 체크`
	`    if((t2 - t1) < 200) return;             // 200ms 보다 작으면 무시`
	`    else t1 = t2;                           // 스위치 눌려진 시간 갱신`

❷	`    rrun = !rrun;                           // 동작/정지 토글`
	`    if(rrun == 0) Timer1.stop();            // 타이머1 정지`
	`    else {`
	`        Timer1.restart();                   // 타이머1 다시 시작`
	`        lap_save_no = 0;                    // 랩 타임 저장 개수 리셋`
	`        lap_dsp_no = 0;                     // 랩 타임 표시 위치 리셋`
	`    }`
	`}`

❶	<sw1_on() : 외부 인터럽트0 처리 함수(스위치1 눌려지는 순간)> - 채터링 방지를 위해 프로그램이 실행되고 난 후 스위치1이 눌려진 현재의 시간(t2) 읽기 - 바로 이전에 스위치가 눌려졌을 때의 시간(t1)과의 간격이 200ms이내이면 채터링 현상으로 판단하고 함수 종료 - 그렇지 않으면 현재의 시간을 이전에 눌려진 시간 값으로 갱신
❷	- 스톱워치의 동작/정지 상태 반전 - 스톱워치가 정지 상태이면 타이머1 정지 - 스톱워치가 동작 상태이면 타이머1을 동작시키고, 랩 타임 저장 개수와 표시 위치 변수 리셋

❶	`// 외부인터럽트1(INT1) 처리함수`
	`// 스위치2 눌려지는 순간(스톱워치 리셋)`
	`void sw2_on()`
	`{`
	`    // 채터링 체크 : 200ms 이내에 스위치가 또 눌려진 상태이면 무시`
	`    t2 = millis();                    // 현재 시간 저장`
	
	`    // 인터럽트 시간 간격 체크`
	`    if((t2 - t1) < 200) return;       // 200ms 보다 작으면 무시`
	`    else t1 = t2;                     // 스위치 눌려진 시간 갱신`

❷	`    ms10 = 0;                         // 시간값 리셋`
	`    ssec = 0;`
	`}`

❶	**<sw2_on() : 외부 인터럽트1 처리 함수(스위치2 눌려지는 순간)>** - 채터링 방지를 위해 프로그램이 실행되고 난 후 스위치2가 눌려진 현재의 시간(t2) 읽기 - 바로 이전에 스위치가 눌려졌을 때의 시간(t1)과의 간격이 200ms이내이면 채터링 현상으로 판단하고 함수 종료 - 그렇지 않으면 현재의 시간을 이전에 눌려진 시간값으로 갱신
❷	- 스톱워치의 시간 리셋(클리어)

[리스트 1-1] 랩타임 저장 및 표시 기능이 있는 스톱워치 프로그램

```
// report1
// 2019. 8. 6 by SHIN
// 랩타임 기능이 있는 스톱워치(외부인터럽트 + 폴링 방식)
// 타이머1 인터럽트 이용, 스톱워치 동작시 10ms 측정
// 타이머2 인터럽트 이용, 5ms 마다 한 자리씩 출력 표시
// 랩타임 저장 및 표시
// 시작 정지 스위치1 : 2번핀(INT0),  클리어 스위치2 : 3번핀(INT1)
// 랩타임 저장 스위치 : A2핀,   랩타임 표시 스위치 : A3 핀

#include <TimerOne.h>                                   // 타이머1 헤더 파일
#include <MsTimer2.h>                                   // 타이머2 헤더 파일

const int dig_sel_pin[4] = {7, 6, 5, 4};                // 1, 10, 100, 1000자리 전원핀
const int fnd_pin[7] ={8, 9, 10, 11, 12, 13, A4};       // a,b,c,d,e,f,g
const int dp_pin = A5;                                  // 7-세그먼트 DP연결핀(SCL핀)
const int fnd_pat[10][7] = {                            // 숫자 패턴 (a,b,c,d,e,f,g)값
                  {0, 0, 0, 0, 0, 0, 1},                // 0
                  {1, 0, 0, 1, 1, 1, 1},                // 1
                  {0, 0, 1, 0, 0, 1, 0},                // 2
                  {0, 0, 0, 0, 1, 1, 0},                // 3
                  {1, 0, 0, 1, 1, 0, 0},                // 4
                  {0, 1, 0, 0, 1, 0, 0},                // 5
                  {0, 1, 0, 0, 0, 0, 0},                // 6
                  {0, 0, 0, 1, 1, 1, 1},                // 7
                  {0, 0, 0, 0, 0, 0, 0},                // 8
                  {0, 0, 0, 1, 1, 0, 0}};               // 9

const int   sw1_pin = 2;                                // 동작/정지 스위치
const int   sw2_pin = 3;                                // 리셋 스위치
const int   sw3_pin = A2;                               // 랩타임 저장 스위치
const int   sw4_pin = A3;                               // 랩타임 표시 스위치

byte  lap_sec[10], lap_ms10[10];                        // 랩타임 저장 배열
byte  lap_save_no = 0, lap_dsp_no;                      // 랩타임 저장 및 표시 번호
volatile byte dsp_pos = 0;                              // 표시 자리(0:1자리, 1:10자리,
                                                        // 2:100자리, 3:1000자리)
volatile byte ssec = 0, ms10 = 0;                       // 시간 변수
volatile bool rrun = 0;                                 // 동작(1)/정지(0) 변수
volatile unsigned long  t1, t2;                         // 인터럽트 채터링 방지 변수

// 초기설정 함수
void setup()
{
     byte   n;

     // 4자리 7-세그먼트 a,b,c,d,e,f,g,dp 아두이노 연결핀 출력 설정
     for(n = 0;n < 7;n++) pinMode(fnd_pin[n], OUTPUT);
```

```
    pinMode(dp_pin, OUTPUT);                                    // dp 핀 출력 설정

    // 4자리 7-세그먼트 자리 선택 핀 출력 설정
    for(n = 0;n < 4;n++) pinMode(dig_sel_pin[n], OUTPUT);

    pinMode(sw3_pin, INPUT);                                    // SW3 연결핀 입력 설정
    pinMode(sw4_pin, INPUT);                                    // SW4 연결핀 입력 설정

    // 외부 인터럽트 설정
    attachInterrupt(digitalPinToInterrupt(sw1_pin), sw1_on, FALLING);   // INT0
    attachInterrupt(digitalPinToInterrupt(sw2_pin), sw2_on, FALLING);   // INT1

    // 타이머2 인터럽트 설정
    MsTimer2::set(5, stop_dsp4);                                // 타이머2 인터럽트 주기 및
                                                                // 인터럽트 함수 설정
    MsTimer2::start();                                          // 타이머2 동작 시작

    // 타이머1 인터럽트 설정
    Timer1.initialize(10000);                                   // 10ms 주기 설정
    Timer1.attachInterrupt(ten_ms);                             // 타이머1 인터럽트 함수 지정
    Timer1.stop();                                              // 타이머1 정지상태에서 시작

    // 스톱워치값 리셋
    ssec = 0;                                                   // 초값 리셋
    ms10 = 0;                                                   // 10ms값 리셋

    t1 = millis();                                              // 프로그램 시작 시간 저장
}

// 반복처리 함수
void loop()
{
    boolean  o_sw3, o_sw4, n_sw3, n_sw4;

    // SW3, SW4 첫 번째 상태 읽기
    o_sw3 = digitalRead(sw3_pin);
    o_sw4 = digitalRead(sw4_pin);

    // SW3, SW4 두 번째 상태 읽기
    delay(10);
    n_sw3 = digitalRead(sw3_pin);
    n_sw4 = digitalRead(sw4_pin);

    if(o_sw3 == HIGH && n_sw3 == LOW){                          // SW3 눌려질 때 랩타임 저장
        if(lap_save_no == 10) return;

        // 랩타임 저장
        lap_sec[lap_save_no] = ssec;
```

```
            lap_ms10[lap_save_no] = ms10;
            lap_save_no++;
        }
        else if(o_sw4 == HIGH && n_sw4 == LOW){                    // SW4 눌려질 때 랩타임 표시
            rrun = 0;                                              // 동작 정지
            Timer1.stop();                                         // 타이머1 정지

            if(lap_save_no == 0) return;
            ssec = lap_sec[lap_dsp_no];
            ms10 = lap_ms10[lap_dsp_no];

            lap_dsp_no++;                                          // 다음 표시 랩타임 저장번호 갱신
            if(lap_dsp_no == lap_save_no) lap_dsp_no = 0;          // 마지막 표시했으면 처음으로
        }
}

// 타이머1 인터럽트(10ms주기) 처리 함수
// 스톱워치가 동작할때 10ms단위로 시간값 증가
void ten_ms()
{
        ms10++;
        if(ms10 == 100){                                           // 100 x 10ms = 1sec
            ms10 = 0;
            ssec++;                                                // sec +1
            if(ssec == 60) ssec = 0;                               // 60초면 0초부터 다시 시작
        }
}

// 타이머2 인터럽트(5ms주기) 처리 함수
// 스톱워치 시간 표시(5ms 간격으로 한 자리씩 표시)
void stop_dsp4()
{
        byte  n, tmp;

        // 스톱워치 시간의 표시 자리값 추출
        if(dsp_pos == 0) tmp = ms10 % 10;                          // ms10 1자리
        else if(dsp_pos == 1) tmp = ms10 / 10;                     // ms10 10자리
        else if(dsp_pos == 2) tmp = ssec  % 10;                    // sec 1자리
        else tmp = ssec / 10;                                      // sec 10자리

        // 모든 자리 off 한 후 dsp_pos(표시위치) 자리만 on
        for(n = 0;n < 4;n++) digitalWrite(dig_sel_pin[n], LOW);
        digitalWrite(dig_sel_pin[dsp_pos], HIGH);                  // dsp_pos 자리만 ON

        // dsp_pos 자리값 tmp 표시
        for(n = 0;n < 7;n++) digitalWrite(fnd_pin[n], fnd_pat[tmp][n]);

        // dp LED ON
```

```
    if(dsp_pos == 2) digitalWrite(dp_pin, LOW);          // 표시자리가 초1자리면 dp ON
    else digitalWrite(dp_pin, HIGH);                     // 초1자리가 아니면 dp OFF

    dsp_pos = (dsp_pos + 1) % 4;                         // 표시 자리 이동
}

// 외부인터럽트0(INT0) 처리 함수
// 스위치1 눌려지는 순간(동작/정지 토글)
void sw1_on()
{
    // 채터링 체크 : 200ms 이내에 스위치가 또 눌려진 상태이면 무시
    t2 = millis();                                       // 현재 시간 저장

    // 인터럽트 시간 간격 체크
    if((t2 - t1) < 200) return;                          // 200ms 보다 작으면 무시
    else t1 = t2;                                        // 스위치 눌려진 시간 갱신

    rrun = !rrun;                                        // 동작/정지 토글
    if(rrun == 0) Timer1.stop();                         // 타이머1 정지
    else {
        Timer1.restart();                                // 타이머1 다시 시작
        lap_save_no = 0;                                 // 랩 타임 저장 개수 리셋
        lap_dsp_no = 0;                                  // 랩 타임 표시 위치 리셋
    }
}

// 외부인터럽트1(INT1) 처리함수
// 스위치2 눌려지는 순간(스톱워치 리셋)
void sw2_on()
{
    // 채터링 체크 : 200ms 이내에 스위치가 또 눌려진 상태이면 무시
    t2 = millis();                                       // 현재 시간 저장

    // 인터럽트 시간 간격 체크
    if((t2 - t1) < 200) return;                          // 200ms 보다 작으면 무시
    else t1 = t2;                                        // 스위치 눌려진 시간 갱신

    ms10 = 0;                                            // 시간값 리셋
    ssec = 0;
}
```

Chapter

02

7-세그먼트 이용 다운 카운터

Chapter

02

7-세그먼트 이용 다운 카운터

설정된 시간부터 1초 단위로 감소하면서 0이 되면 부저가 울리고, 정지 스위치가 눌려지면 부저가 꺼지는 다운 카운터를 구현해보자. [그림 2-1]은 4자리 7-세그먼트에 표시되는 시간값을 나타내며, [표 2-1]은 사용되는 스위치의 기능을 보여준다. 부품은 스위치 보드, 4자리 7-세그먼트 보드, 부저를 사용하며, [그림 2-2]와 [표 2-2]는 아두이노 연결 배선도와 연결핀을 각각 보여준다.

분	분.	초	초

[그림 2-1] 4자리 7-세그먼트 다운 카운터 시간 표시

[표 2-1] 스위치 기능

스위치	기 능	비 고
SW1	자리 선택	- 자리별 시간 설정 - 59분 59초 최대
SW2	선택 자리 값 +1	
SW3	동작/정지	- 시간이 00:00이 되면 정지 상태가 되면서 부저 ON - 부저가 울리는 상태에서 눌리면 부저 OFF

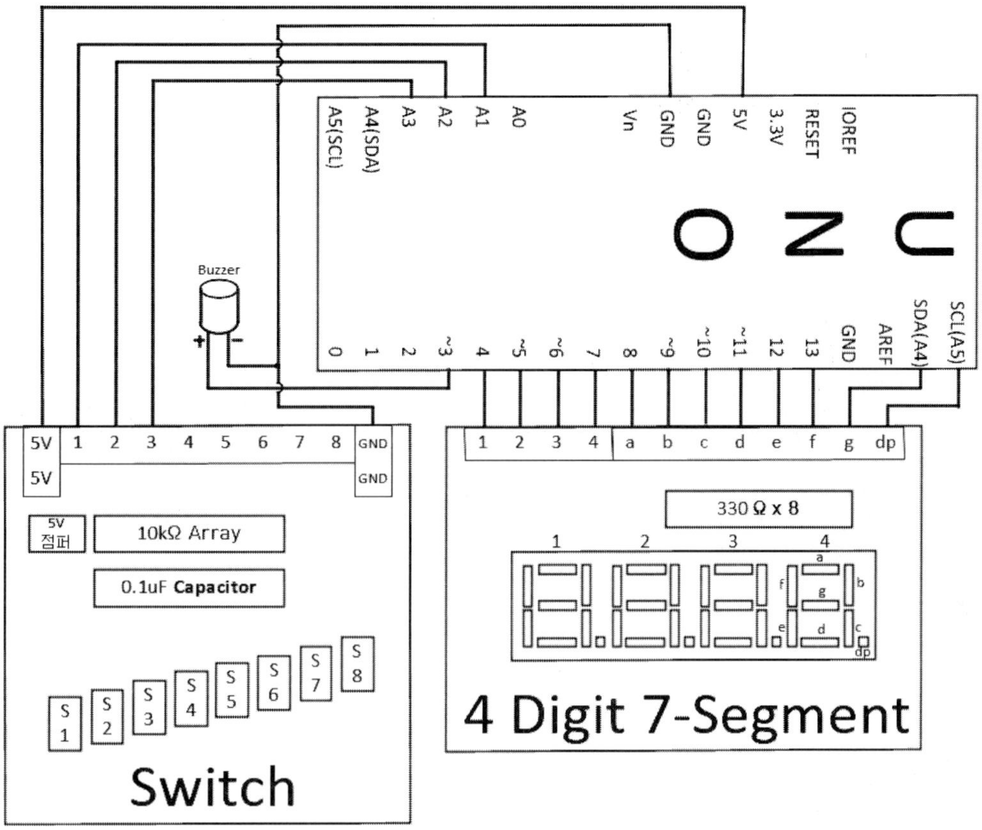

[그림 2-2] 아두이노 연결 배선도

[표 2-2] 아두이노 보드 연결핀

아두이노 보드	4자리 7-세그먼트 보드		아두이노 보드	스위치 보드/부저
4	1	1000자리	A1	1(SW1)
5	2	100자리	A2	2(SW2)
6	3	10자리	A3	3(SW3)
7	4	1자리		
8	a			
9	b		3	부저(+)
10	c			
11	d			
12	e			
13	f			
SDA(A4)	g			
SCL(A5)	dp			

다운 카운터 구현을 위한 전체 처리 흐름도는 [그림 2-3]과 같고, 인터럽트 함수는 반복 처리 loop() 함수가 실행되면서 인터럽트가 발생할 때마다 자동으로 실행된다. 처리 흐름도에서 처리되는 주요 내용을 간략히 기술하면 [표 2-3]과 같다.

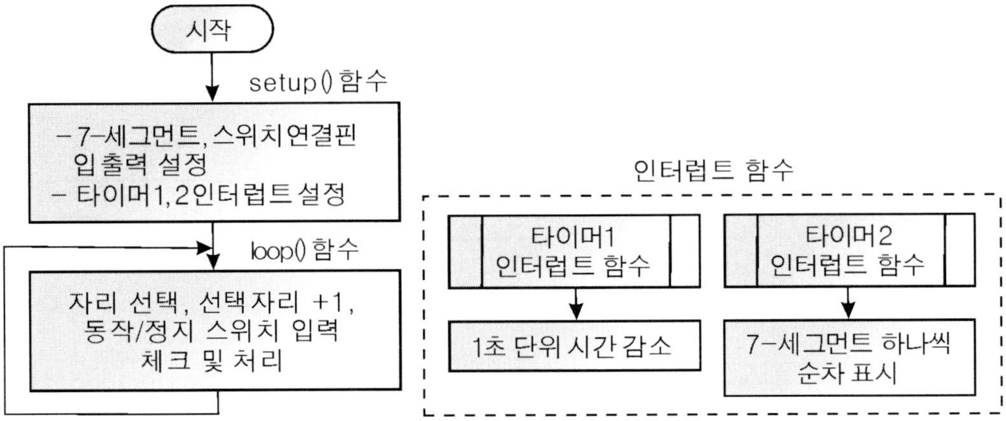

[그림 2-3] 다운 카운터 처리 흐름도

[표 2-3] 주요 처리 내용

★ 1초 측정 : 타이머1의 인터럽트를 사용하며, 다운 카운터 동작 중에만 1초 주기의 인터럽트 함수가 동작하도록 작성한다.
★ 7-세그먼트 표시 : 5ms마다 타이머2 인터럽트가 발생하도록 설정하고, 인터럽트 함수에서 한 자리씩 순차적으로 표시한다.
★ 조작 스위치 : 3개 스위치의 입력처리는 모두 폴링 방식을 이용하고, 스위치가 눌려지는 순간에 한 번만 처리하게끔 한다.

〈프로그램 설명〉

❶
```
#include <TimerOne.h>                           // 타이머1 헤더 파일
#include <MsTimer2.h>                           // 타이머2 헤더 파일
```

❷
```
const int dig_sel_pin[4] = {7, 6, 5, 4};        // 1, 10, 100, 1000자리 전원핀
const int fnd_pin[7] ={8, 9, 10, 11, 12, 13, A4}; // a,b,c,d,e,f,g
const int dp_pin = A5;                          // 7-세그먼트 dp 연결핀(SCL핀)
```

❸
```
const int fnd_pat[10][7] = {                    // 숫자 패턴 (a,b,c,d,e,f,g)값
      {0, 0, 0, 0, 0, 0, 1},                    // 0
      {1, 0, 0, 1, 1, 1, 1},                    // 1
      {0, 0, 1, 0, 0, 1, 0},                    // 2
      {0, 0, 0, 0, 1, 1, 0},                    // 3
      {1, 0, 0, 1, 1, 0, 0},                    // 4
      {0, 1, 0, 0, 1, 0, 0},                    // 5
      {0, 1, 0, 0, 0, 0, 0},                    // 6
      {0, 0, 0, 1, 1, 1, 1},                    // 7
      {0, 0, 0, 0, 0, 0, 0},                    // 8
      {0, 0, 0, 1, 1, 0, 0}};                   // 9
```

❹
```
const byte sw_pin[3] = {A1, A2, A3};            // 스위치 연결 핀 : A1, A2, A3
const int  buzzer_pin = 3;                      // 부저 연결 핀
```

❺
```
byte          pos = 0;                  // 입력 자리 선택(0 -> 1 -> 2 -> 3 -> 0 -> 1...)
                                        // (0:초 1자리, 1:초 10자리, 2:분 1자리, 3:분 10자리)

boolean       buzzer = LOW;                     // 부저 출력값(1 : ON, 0 : OFF)
boolean       buzzer_onoff = LOW;               // 부저 동작 상태(0:정지, 1:동작)
volatile int  dsp_pos = 0;                      // 표시 자리(0:1자리, 1:10자리,
                                                //  2:100자리, 3:1000자리
```

❻
```
volatile byte  mm10 = 1, mm1 = 2;               // 분 10자리, 1자리
volatile byte  ss10 = 3, ss1 = 4;               // 초 10자리, 1자리
byte           rrun = 0;                        // 동작(1)/정지(0)
byte           start_chk = 0;                   // 타이머1 동작 시작 체크
```

❶	<타이머1과 타이머2 인터럽트 함수를 사용하기 위한 헤더 파일> – 타미어1은 1초 측정용 – 타이머2는 4개의 7–세그먼트를 5ms간격으로 하나씩 표시하기 위해 사용
❷	– Common Anode형 전원(COM단자) 단자 아두이노 연결핀 – 7–세그먼트 a, b, c, d, e, f, g 단자 아두이노 연결핀 – 7–세그먼트 dp 단자 아두이노 연결핀
❸	– 7–세그먼트 숫자 표시 패턴 출력값(a, b, c, d, e, f, g) – 출력값 0 부분 LED ON
❹	– 3개의 스위치 아두이노 연결핀(풀업 방식, 스위치 ON일 때 0입력) – 부저 아두이노 연결핀
❺	<입출력 관련 변수> – 스위치 입력 자리 선택 변수 – 부저 출력값 변수 : 초기상태 OFF – 부저 동작 상태 변수 – 타이머2에서 5ms 간격으로 7–세그먼트 표시할 때 표시할 위치 변수
❻	<다운 카운터 시간 및 동작 관련 변수> – 분 10자리, 1자리 변수 초기값(12분) – 초 10자리, 1자리 변수 초기값(34초) – 다운 카운터 동작/정지 지정 변수 – 타이머1이 동작하자마자 바로 발생하는 첫 번째 인터럽트를 무시하기 위한 변수

❶

```
// 초기설정 함수
void setup()
{
    byte   m;

    for(m = 0;m < 3;m++)
        pinMode(sw_pin[m], INPUT);              // 스위치 연결 핀 입력 설정

    pinMode(buzzer_pin, OUTPUT);                // 부저 연결핀 출력 설정
    digitalWrite(buzzer_pin, buzzer);           // 부저 OFF
```

❷

```
    // 4자리 7-세그먼트 a, b, c, d, e, f, g  연결핀 출력 설정
    for(m = 0;m < 7;m++) pinMode(fnd_pin[m], OUTPUT);
    pinMode(dp_pin, OUTPUT);                    // dp 핀 출력 설정

    // 4자리 7-세그먼트 자리 선택 핀 출력 설정
    for(m = 0;m < 4;m++) pinMode(dig_sel_pin[m], OUTPUT);
```

❸

```
    // 타이머2 인터럽트 설정
    MsTimer2::set(5, seg_dsp4);                 // 타이머2 인터럽트 주기 및
                                                // 인터럽트 함수 설정
    MsTimer2::start();                          // 타이머2 동작 시작
```

❹

```
    // 타이머1 인터럽트 설정
    Timer1.initialize(1000000);                 // 1sec 주기 설정
    Timer1.attachInterrupt(one_sec);            // 타이머1 인터럽트 함수 설정
    Timer1.stop();                              // 타이머1 정지 상태에서 시작
}
```

❶	<setup() : 초기 설정 함수> - 스위치 3개 아두이노 연결핀 입력 방향 설정 - 부저 아두이노 연결핀 출력 방향 설정 - 부저 출력 OFF
❷	<7-세그먼트 아두이노 연결핀 출력 설정> - 7-세그먼트 a, b, c, d, e, f, g, dp 아두이노 연결핀 출력 설정 - 7-세그먼트 4자리 전원(COM단자) 단자 아두이노 연결핀 출력 설정
❸	<타이머2 인터럽트 설정> - 4자리 7-세그먼트를 5ms 단위로 한 개씩 표시하기 위해 타이머2 인터럽트 주기 및 함수 seg_dsp4() 설정 - 타이머2 동작 시작
❹	<타이머1 인터럽트 설정> - 타이머1 1초 주기 및 인터럽트 함수 설정 - 프로그램 시작할 때 정지 상태에서 시작하도록 타이머1 정지

❶

```
// 반복처리 함수
void loop()
{
    boolean  o_sw[3], n_sw[3];
    byte  m;

    // SW1, SW2, SW3 첫 번째 상태 읽기
    for(m = 0;m < 3;m++) o_sw[m] = digitalRead(sw_pin[m]);

    // SW1, SW2, SW3 두 번째 상태 읽기
    delay(10);
    for(m = 0;m < 3;m++) n_sw[m] = digitalRead(sw_pin[m]);
```

❷

```
    if(o_sw[0] == HIGH && n_sw[0] == LOW)            // SW1 눌려질때 자리 선택
        if(rrun == 0){                               // 정지중에만 시간 입력
            pos = (pos + 1) % 4;                     // 0 ~ 3
        }
    }
```

❸

```
    else if(o_sw[1] == HIGH && n_sw[1] == LOW){      // SW2 눌려질때 선택자리값 +1
        if(rrun == 0){                               // 정지중에만 시간 입력
            if(pos == 0) ss1 = (ss1 + 1) % 10;       // 초1자리(0~9)
            else if(pos == 1) ss10 = (ss10 + 1) % 6;  // 초10자리(0~5)
            else if(pos == 2) mm1 = (mm1 + 1) % 10;  // 분1자리(0~9)
            else mm10 = (mm10 + 1) % 6;              // 분10자리(0~5)
        }
    }
```

❹

```
    else if(o_sw[2] == HIGH && n_sw[2] == LOW){      // SW3 눌려질 때 동작/정지
        rrun = (rrun + 1) % 2;                       // 동작/정지 토글

        if(rrun == 0) {
            Timer1.stop();                           // 타이머1 정지
            buzzer = LOW;                            // 부저 OFF
            buzzer_onoff = LOW;                      // 부저 동작 상태 정지
            digitalWrite(buzzer_pin, buzzer);        // 부저 OFF 출력
        }
        else {
            start_chk = 1;                       // 타이머1 동작하자마자 인터럽트 함수
                                                     // 실행되는 것 방지 처리
            Timer1.restart();                        // 타이머1 시작
        }
    }
}
```

❶	<loop() : 반복 처리 함수> - 3개 스위치(SW1, SW2, SW3) 10ms 간격으로 2회 읽기
❷	- SW1 첫 번째 상태는 OFF이고 두 번째 상태는 ON인지 체크(SW1 눌려지는 순간 체크) - 다운 카운터 정지 중에만 입력 자리 이동 (0~3)
❸	- SW2 첫 번째 상태는 OFF이고 두 번째 상태는 ON인지 체크(SW2 눌려지는 순간 체크) - 다운 카운터 정지 중에만 선택 자리값 +1
❹	- SW3 첫 번째 상태는 OFF이고 두 번째 상태는 ON인지 체크(SW3 눌려지는 순간 체크) - 다운 카운터 동작/정지 상태 토글(반전) - 다운 카운터 정지 상태면 타이머1 정지, 부저 출력 OFF, 부저 동작 상태 정지 - 다운 카운터 동작 상태면 타이머1 동작 시작 - 타이머1 동작하자마자 바로 발생하는 첫 번째 인터럽트 무시하기 위한 변수(start_chk) 셋

❶
```
// 타이머2 인터럽트(5ms주기) 처리 함수
// 4자리 7-세그먼트 표시(5ms 간격으로 한 자리씩 표시)
void seg_dsp4()
{
        byte  n, tmp;

        // 다운 카운터 표시 자리값 추출
        if(dsp_pos == 0) tmp = ss1;                         // 초1자리
        else if(dsp_pos == 1) tmp = ss10;                   // 초10자리
        else if(dsp_pos == 2) tmp = mm1;                    // 분1자리
        else tmp = mm10;                                    // 분10자리
```

❷
```
        // 모든 자리 off 한 후 dsp_pos(표시위치) 자리만 on
        for(n = 0;n < 4;n++) digitalWrite(dig_sel_pin[n], LOW);
        digitalWrite(dig_sel_pin[dsp_pos], HIGH);           // dsp_pos 자리만 ON

        // dsp_pos 자리값 tmp 표시
        for(n = 0;n < 7;n++) digitalWrite(fnd_pin[n], fnd_pat[tmp][n]);
```

❸
```
        // dp LED ON
        if(rrun == 1){             // 동작중이면 100자리 세그먼트 dp ON
                if(dsp_pos == 2) digitalWrite(dp_pin, LOW);
                else digitalWrite(dp_pin, HIGH);
        }
        else {                     // 동작중이 아니면 pos 자리 dp ON(입력자리 표시)
                if(dsp_pos == pos) digitalWrite(dp_pin, LOW);
                else digitalWrite(dp_pin, HIGH);
        }

        dsp_pos = (dsp_pos + 1) % 4;                        // 표시 자리 이동
}
```

❶	<seg_dsp4() : 타이머2 인터럽트 처리 함수(5ms 간격으로 7-세그먼트 한 자리씩 순차 표시)> - dsp_pos 값에 따라 표시할 자리의 값 추출
❷	- 7-세그먼트(커먼 애노드형) 4자리 전원핀(COM)에 LOW 출력하여 모두 OFF - 표시할 자리(dsp_pos)의 7-세그먼트의 전원핀(COM)에만 HIGH 출력하여 ON 시킴 - ❶에서 추출한 숫자의 패턴을 7-세그먼트 a, b, c, d, e, f, g핀에 출력하여 표시
❸	- 동작중이고 표시할 자리가 100자리(분 1자리)이면 dp(Decimal Point)핀에 LOW를 출력하여 ON시키고, 그렇지 않으면 OFF 시킴 - 동작중이 아니고(입력 상태) 표시할 자리가 입력 자리와 일치하면 dp(Decimal Point)핀에 LOW를 출력하여 ON시키고, 그렇지 않으면 OFF 시킴 - 다음에 표시할 위치 변수값(dsp_pos) 갱신

❶

```
// 타이머1 인터럽트(1sec 주기) 처리 함수
// 동작 중일때 1sec 단위로 시간값 감소
void one_sec()
{
    // 타이머1 동작하자마자 실행되는 것 방지 처리
    if(start_chk == 1){                          // 인터럽트 첫 번째이면
        start_chk = 0;                           // 첫 번째 인터럽트 체크 변수 리셋
        return;                                  // 함수 종료
    }
```

❷

```
    if(ss1 == 0 && ss10 == 0 &&
            mm10 == 0 && mm1 == 0) {             // 시간값이 0이면
        if(buzzer_onoff == 1){                   // 부저 동작 상태 ON이면
            buzzer = !buzzer;                    // 부저 출력 상태 반전
            digitalWrite(buzzer_pin, buzzer);    // 부저 ON/OFF 반전 출력
        }
        return;
    }
```

❸

```
    if(ss1 == 0){                                // 초1자리 = 0 이면
        if(ss10 == 0) {                          // 초10자리 = 0 이면
            if(mm1 == 0){                        // 분1자리 = 0 이면
                mm10--;                          // 분10자리 -1
                mm1 = 9;                         // 분1자리 9
                ss10 = 5;                        // 초10자리 5
                ss1 = 9;                         // 초1자리 9
            }
            else {                               // 분1자리 0이 아니면
                    mm1--;                       // 분1자리 -1
                    ss10 = 5;                    // 초10자리 5
                ss1 = 9;                         // 초1자리 9
            }
        }
        else {                                   // 초1자리 0, 초10자리 0 아니면
            ss1 = 9;                             // 초1자리 9
            ss10--;                              // 초10자리 -1
        }
    }
    else ss1--;                                  // 초1자리 0 아니면 초1자리 -1
```

❹

```
  if(ss1 == 0 && ss10 == 0 &&
             mm10 == 0 && mm1 == 0){             // 초값 1감소 후 시간값 0이면
        buzzer_onoff = 1;                        // 부저 동작 상태 ON
        buzzer = HIGH;                           // 부저 ON
        digitalWrite(buzzer_pin, buzzer);        // 부저 ON 출력
  }
}
```

❶	<one_sec() : 타이머1 1초 주기 인터럽트 함수> - 타이머1 동작 시작 체크 변수가 1이면(동작 후 첫 번째 인터럽트) 이 변수를 리셋시키고 함수 종료
❷	<분값과 초값이 모두 0인 상태에 대한 처리 : 초값을 1감소하기전에 0인 상태> - 부저가 동작 상태이면 부저 출력값 반전('뚜_뚜_뚜_뚜_..." 소리가 출력되도록) - 부저가 동작 상태가 아니면 아무 처리없이 함수 종료(부저 울린 후 OFF 시킨 상태)
❸	<분값 또는 초값이 0이 아닌 경우에 대한 1초 감소 처리> - 초 1자리, 10자리 모두 0이고, 분 1자리 0일 때 => 분 10자리 -1, 분 1자리 9, 초 10자리 5 , 초 1자리 9 - 초 1자리, 10자리 모두 0이고, 분 1자리 0이 아닐 때 => 분 1자리 -1, 초 10자리 5 , 초 1자리 9 - 초 1자리 0이고, 초 10자리 0이 아닐 때 => 초 10자리 -1 , 초 1자리 9 - 초 1자리 0이 아닐 때 => 초 1자리 -1
❹	<분값과 초값이 모두 0인 상태에 대한 처리 : 초값을 1감소한 후 0이 된 상태> - 부저 동작 상태 ON - 부저 ON 출력

[리스트 2-1] 7-세그먼트와 스위치 3개를 이용한 다운 카운터 프로그램

```
// report2
// 2019. 8. 6  by SHIN
// 4자리 7-세그먼트 이용 다운 카운터
// 분분:초초(1초 간격으로 현재 값으로부터 1초씩 감소)
//
// 타이머1 인터럽트 이용, 다운 카운터 동작시 1sec 측정
// 타이머2 인터럽트 이용, 5ms 마다 한 자리씩 출력 표시
//
// 스위치 3개
// 스위치1(A1번핀) : 자리가 이동(초1자리 -> 초 10자리 -> 분 1자리 -> 분 10자리)
// 스위치2(A2번핀) : 선택 자리값 +1(00:00 ~ 59:59)
// 스위치3(A3핀) : 시작 정지 스위치
//
// 4자리 7-세그먼트
// 동작 중에는 분 1자리 dp ON, 정지 중에는 마지막에 입력했던 자리의 dp ON

#include <TimerOne.h>                                   // 타이머1 헤더 파일
#include <MsTimer2.h>                                   // 타이머2 헤더 파일

const int dig_sel_pin[4] = {7, 6, 5, 4};                // 1, 10, 100, 1000자리 전원핀
const int fnd_pin[7] = {8, 9, 10, 11, 12, 13, A4};      // a,b,c,d,e,f,g
const int dp_pin = A5;                                  // 7-세그먼트 DP연결핀(SCL핀)
const int fnd_pat[10][7] = {                            // 숫자 패턴 (a,b,c,d,e,f,g)값
      {0, 0, 0, 0, 0, 0, 1},                            // 0
      {1, 0, 0, 1, 1, 1, 1},                            // 1
      {0, 0, 1, 0, 0, 1, 0},                            // 2
      {0, 0, 0, 0, 1, 1, 0},                            // 3
      {1, 0, 0, 1, 1, 0, 0},                            // 4
      {0, 1, 0, 0, 1, 0, 0},                            // 5
      {0, 1, 0, 0, 0, 0, 0},                            // 6
      {0, 0, 0, 1, 1, 1, 1},                            // 7
      {0, 0, 0, 0, 0, 0, 0},                            // 8
      {0, 0, 0, 1, 1, 0, 0}};                           // 9

const byte sw_pin[3] = {A1, A2, A3};                    // 스위치 연결핀 : A1, A2, A3
const int  buzzer_pin = 3;                              // 부저 연결핀

byte         pos = 0;                     // 입력 자리 선택(0 -> 1 -> 2 -> 3 -> 0 -> 1...)
                                          // (0:초 1자리, 1 : 초 10자리, 2, 분 1자리, 3 : 분 10자리)

boolean      buzzer = LOW;                              // 부저 출력값(초기값 OFF)
boolean      buzzer_onoff = LOW;                        // 부저동작상태(0:정지, 1:동작)
volatile int dsp_pos = 0;                               // 표시 자리(0:1자리, 1:10자리,
                                                        //  2:100자리, 3:1000자리)
volatile byte  mm10 = 1, mm1 = 2;                       // 분 10자리, 1자리
volatile byte  ss10 = 3, ss1 = 4;                       // 초 10자리, 1자리
byte          rrun = 0;                                 // 동작(1)/정지(0)
byte          start_chk = 0;                            // 타이머1 동작 시작 체크
```

```
// 초기설정 함수
void setup()
{
      byte   m;

      for(m = 0;m < 3;m++)
            pinMode(sw_pin[m], INPUT);                         // 스위치 연결 핀 입력 설정

      pinMode(buzzer_pin, OUTPUT);                             // 부저 연결핀 출력 설정
      digitalWrite(buzzer_pin, buzzer);                        // 부저 OFF

      // 4자리 7-세그먼트 a, b, c, d, e, f, g, dp 연결핀 출력 설정
      for(m = 0;m < 7;m++) pinMode(fnd_pin[m], OUTPUT);
      pinMode(dp_pin, OUTPUT);                                 // dp 핀 출력 설정

      // 4자리 7-세그먼트 자리 선택 핀 출력 설정
      for(m = 0;m < 4;m++) pinMode(dig_sel_pin[m], OUTPUT);

     // 타이머2 인터럽트 설정
      MsTimer2::set(5, seg_dsp4);                              // 타이머2 인터럽트 주기 및
                                                               // 인터럽트 함수 설정
      MsTimer2::start();                                       // 타이머2 동작 시작

       // 타이머1 인터럽트 설정
      Timer1.initialize(1000000);                              // 1sec 주기 설정
      Timer1.attachInterrupt(one_sec);                         // 타이머1 인터럽트 함수 설정
      Timer1.stop();                                           // 타이머1 정지 상태에서 시작
}

// 반복 처리 함수
void loop()
{
      boolean  o_sw[3], n_sw[3];
      byte  m;

      // SW1, SW2, SW3 첫 번째 상태 읽기
      for(m = 0;m < 3;m++) o_sw[m] = digitalRead(sw_pin[m]);

      // SW1, SW2, SW3 두 번째 상태 읽기
      delay(10);
      for(m = 0;m < 3;m++) n_sw[m] = digitalRead(sw_pin[m]);

      if(o_sw[0] == HIGH && n_sw[0] == LOW){                   // SW1 눌려질 때 자리 선택
           if(rrun == 0){                                      // 정지 중에만 시간 입력
                  pos = (pos + 1) % 4;                         // 0 ~ 3
            }
      }
      else if(o_sw[1] == HIGH && n_sw[1] == LOW){              // SW2 눌려질때 선택자리값+1
```

```
            if(rrun == 0){                                  // 정지 중에만 시간 입력
                if(pos == 0) ss1 = (ss1 + 1) % 10;          // 초1자리(0~9)
                else if(pos == 1) ss10 = (ss10 + 1) % 6;    // 초10자리(0~5)
                else if(pos == 2) mm1 = (mm1 + 1) % 10;     // 분1자리(0~9)
                else mm10 = (mm10 + 1) % 6;                 // 분10자리(0~5)
            }
        }
        else if(o_sw[2] == HIGH && n_sw[2] == LOW){         // SW3 눌려질 때 동작/정지
            rrun = (rrun + 1) % 2;                          // 동작/정지 토글

            if(rrun == 0) {
                Timer1.stop();                              // 타이머1 정지
                buzzer = LOW;                               // 부저 OFF
                buzzer_onoff = LOW;                         // 부저 동작 정지
                digitalWrite(buzzer_pin, buzzer);           // 부저 OFF 출력
            }
            else {
                start_chk = 1;                              // 타이머1 동작하자마자 인터럽트 함수
                                                            // 실행되는 것 방지 처리
                Timer1.restart();                           // 타이머1 시작
            }
        }
}

// 타이머2 인터럽트(5ms주기) 처리 함수
// 4자리 7-세그먼트 표시(5ms 간격으로 한 자리씩 표시)
void seg_dsp4()
{
        byte  n, tmp;

        // 다운 카운터 표시 자리값 추출
        if(dsp_pos == 0) tmp = ss1;                         // 초1자리
        else if(dsp_pos == 1) tmp = ss10;                   // 초10자리
        else if(dsp_pos == 2) tmp = mm1;                    // 분1자리
        else tmp = mm10;                                    // 분10자리

        // 모든 자리 off 한 후 dsp_pos(표시위치) 자리만 on
        for(n = 0;n < 4;n++) digitalWrite(dig_sel_pin[n], LOW);
        digitalWrite(dig_sel_pin[dsp_pos], HIGH);           // dsp_pos 자리만 ON

        // dsp_pos 자리값 tmp 표시
        for(n = 0;n < 7;n++) digitalWrite(fnd_pin[n], fnd_pat[tmp][n]);

        // dp LED ON
        if(rrun == 1){                                      // 동작중이면
            if(dsp_pos == 2) digitalWrite(dp_pin, LOW);     // 100자리 세그먼트 dp ON
            else digitalWrite(dp_pin, HIGH);
        }
        else {                                              // 동작중이 아니면 입력자리 표시
```

```
            if(dsp_pos == pos) digitalWrite(dp_pin, LOW);          // pos 자리 dp ON
            else digitalWrite(dp_pin, HIGH);
      }

      dsp_pos = (dsp_pos + 1) % 4;                                   // 표시 자리 이동
}

// 타이머1 인터럽트(1sec 주기) 처리 함수
// 동작 중일때 1sec 단위로 시간값 감소
void one_sec()
{
      // 타이머1 동작하자마지 실행되는 것 방지 처리
      if(start_chk == 1){                                            // 인터럽트 첫 번째이면
            start_chk = 0;                                           // 첫 번째 인터럽트 체크 변수 리셋
            return;                                                  // 함수 종료
       }

       if(ss1 == 0 && ss10 == 0 && mm10 == 0 && mm1 == 0) {  // 시간값이 0이면
            if(buzzer_onoff == 1){                                   // 부저 동작 상태 ON이면
                  buzzer = !buzzer;                                  // 부저 출력 상태 반전
                  digitalWrite(buzzer_pin, buzzer);                  // 부저 ON/OFF 반전 출력
            }
            return;
      }

      if(ss1 == 0){                                                  // 초1자리 = 0 이면
            if(ss10 == 0) {                                          // 초10자리 = 0 이면
                  if(mm1 == 0){                                      // 분1자리 = 0 이면
                        mm10--;                                      // 분10자리 -1
                        mm1 = 9;                                     // 분1자리 9
                        ss10 = 5;                                    // 초10자리 5
                        ss1 = 9;                                     // 초1자리 9
                  }
                  else {                                             // 분1자리 0이 아니면
                        ss1 = 9;                                     // 초1자리 9
                        ss10 = 5;                                    // 초10자리 5
                        mm1--;                                       // 분1자리 -1
                  }
            }
            else {                                                   // 초1자리 0, 초10자리 0아니면
                  ss1 = 9;                                           // 초1자리 9
                  ss10--;                                            // 초10자리 -1
            }
      }
      else ss1--;                                                    // 초1자리가 0이 아니면
                                                                     // 초1자리-1

      if(ss1 == 0 && ss10 == 0 &&
```

```
        mm10 == 0 && mm1 == 0){                      // 초값 1감소 후 시간값 0이면
        buzzer_onoff = 1;                            // 부저 동작 상태 ON
        buzzer = HIGH;                               // 부저 ON
        digitalWrite(buzzer_pin, buzzer);            // 부저 ON 출력
    }
}
```

Memo.

Chapter

03

7-세그먼트 시계

Chapter

03

7-세그먼트 시계

4자리 7-세그먼트를 이용하여 알람 기능이 있는 시계를 구현해보자. [그림 3-1]은 4자리 7-세그먼트에 표시되는 값을 나타내며, [표 3-1]은 사용하는 스위치의 기능을 보여준다. [그림 3-2], [표 3-2]는 아두이노 연결 배선도와 연결핀을 각각 보여준다.

시.	시.	분	분.

[그림 3-1] 7-세그먼트 시계 시간 표시

[표 3-1] 스위치 기능

스위치	기 능	비 고
SW1	자리 선택	– 시간 설정 00:00~23:59 – 시계와 알람 시간은 각각의 모드에서 설정
SW2	선택 자리 값 +1	
SW3	알람 설정/해제	– 알람 시간이 되면 부저 ON – 스위치 눌려져 해제 상태이면 부저 OFF – 알람이 설정되면 시간 10자리 7-세그먼트 dp를 – ON 시켜 나타냄
SW4	시계/알람 모드 선택	– 시계 모드에서는 시계 시간 표시 – 알람 모드에서는 알람 시간 표시 – 알람 모드에서는 분 1자리 dp를 ON 시켜 나타냄

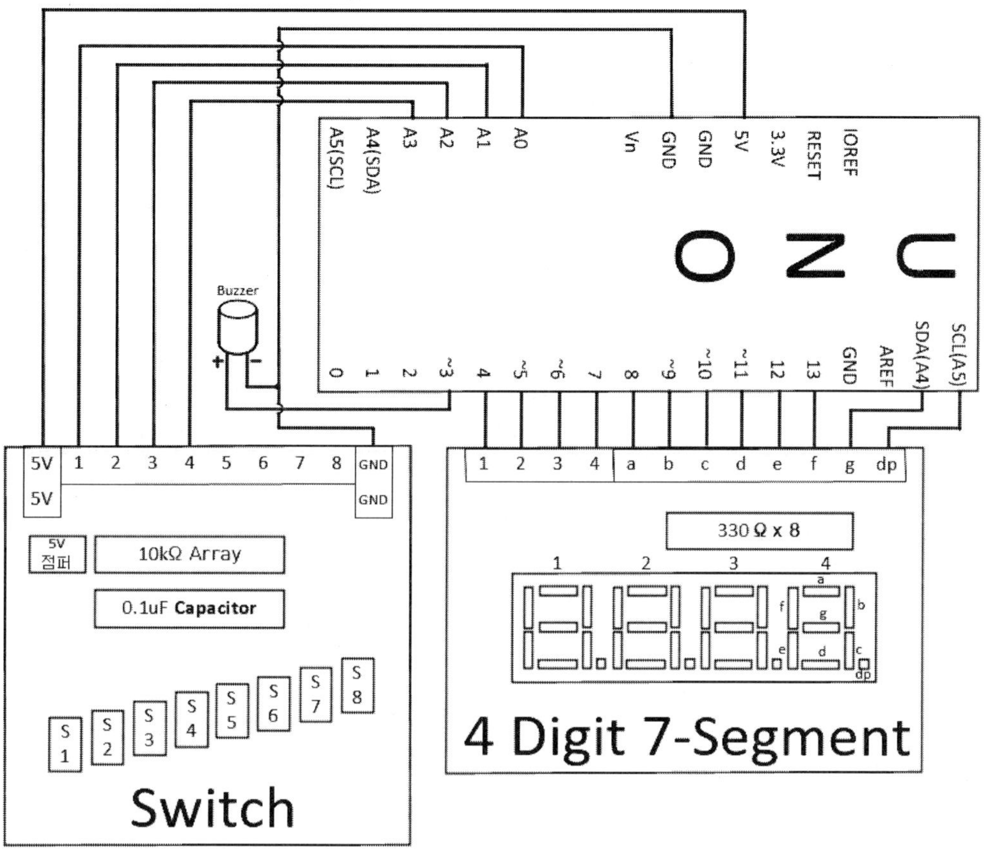

[그림 3-2] 아두이노 연결 배선도

[표 3-2] 아두이노 보드 연결핀

아두이노 보드	4자리 7-세그먼트 보드	아두이노 보드	스위치 보드/부저
4	1	A0	1(SW1)
5	2	A1	2(SW2)
6	3	A2	3(SW3)
7	4	A3	4(SW4)
8	a		
9	b	3	부저(+)
10	c		
11	d		
12	e		
13	f		
SDA(A4)	g		
SCL(A5)	dp		

시계 구현을 위한 전체 처리 흐름도는 [그림 3-3]과 같고, 인터럽트 함수는 반복 처리 loop() 함수가 실행되면서 인터럽트가 발생할 때마다 자동으로 실행된다. 처리 흐름도에서 처리되는 주요 내용을 간략히 기술하면 [표 3-3]과 같다.

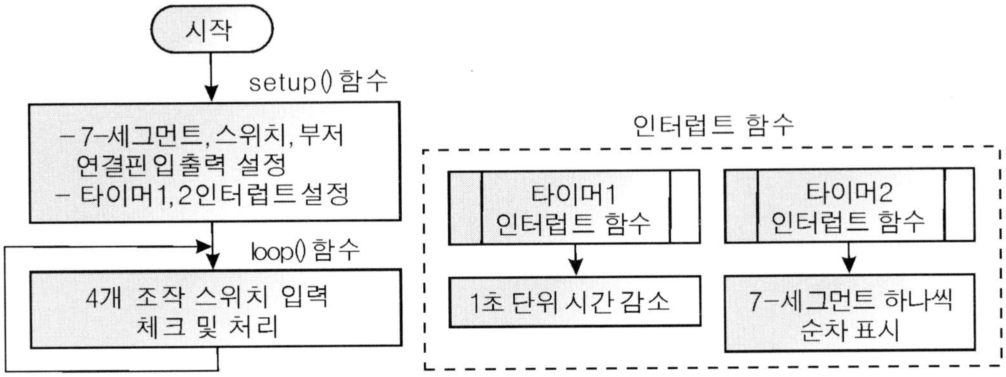

[그림 3-3] 7-세그먼트 시계 처리 흐름도

[표 3-3] 주요 처리 내용

★ 1sec 측정 : 타이머1의 인터럽트 기능을 사용하며, 1초 주기로 설정하여 처음부터 동작하도록 한다.
★ 7-세그먼트 표시 : 5ms마다 타이머2 인터럽트가 발생하도록 설정하고, 인터럽트 함수에서 한 자리씩 순차적으로 표시하도록 한다.
★ 조작 스위치 : 4개 스위치의 입력처리는 모두 폴링 방식을 이용하고, 스위치가 눌려지는 순간에 주어진 기능이 동작하게끔 한다.

〈프로그램 설명〉

❶	#include <TimerOne.h> // 타이머1 헤더 파일 #include <MsTimer2.h> // 타이머2 헤더 파일

❷	const int dig_sel_pin[4] = {7, 6, 5, 4}; // 1, 10, 100, 1000자리 전원핀
	const int fnd_pin[7] = {8, 9, 10, 11, 12, 13, A4}; // a,b,c,d,e,f,g
	const int dp_pin = A5; // 7-세그먼트 dp 연결핀(SCL핀)

❸	const int fnd_pat[10][7] = { // 숫자 패턴 (a,b,c,d,e,f,g) 값
	{0, 0, 0, 0, 0, 0, 1}, // 0
	{1, 0, 0, 1, 1, 1, 1}, // 1
	{0, 0, 1, 0, 0, 1, 0}, // 2
	{0, 0, 0, 0, 1, 1, 0}, // 3
	{1, 0, 0, 1, 1, 0, 0}, // 4
	{0, 1, 0, 0, 1, 0, 0}, // 5
	{0, 1, 0, 0, 0, 0, 0}, // 6
	{0, 0, 0, 1, 1, 1, 1}, // 7
	{0, 0, 0, 0, 0, 0, 0}, // 8
	{0, 0, 0, 1, 1, 0, 0}}; // 9

❹	const byte sw_pin[4] = {A0, A1, A2, A3}; // 스위치 연결핀 : A0, A1, A2, A3
	const int buzzer_pin = 3; // 부저 연결핀

❺	volatile int dsp_pos = 0; // 표시 자리(0:1자리, 1:10자리,
	// 2:100자리, 3:1000자리)
	byte pos = 0; // 입력 자리 선택(0 -> 1 -> 2 -> 3 -> 0 -> 1...)
	// (0:초 1자리, 1:초 10자리, 2:분 1자리, 3:분 10자리)

❻	volatile byte t_h = 12, t_m = 34, t_s = 56; // 시작 시간(12시 34분 56초)
	volatile byte al_h = 12, al_m = 40, al_s = 0; // 알람 시간(12시 40분)
	byte mode = 0; // 모드(0:시계, 1:알람)
	byte alarm = 0; // 알람 설정(0:비설정, 1: 설정)
	volatile byte al_onoff = 0; // 알람 동작상태(1 : 동작)
	volatile byte al_buzzer = 0; // 부저 출력값(1 : ON, 0 : OFF)

❶	- 타이머1과 타이머2 인터럽트 함수를 사용하기 위한 헤더 파일 - 타미어1은 1초 측정용 - 타이머2는 4개의 7-세그먼트를 5ms간격으로 하나씩 표시하기 위해 사용
❷	- Common Anode형 전원(COM단자) 단자 아두이노 연결핀 - 7-세그먼트 a, b, c, d, e, f, g 단자 아두이노 연결핀 - 7-세그먼트 DP 단자 아두이노 연결핀
❸	- 7-세그먼트 숫자 표시 패턴 출력 값(a, b, c, d, e, f, g) - 출력값 0 부분 LED ON(Common Anode형이라 전원 +부분이 공통)
❹	- 4개의 스위치 아두이노 연결핀(풀업 방식, 스위치 ON일 때 0입력) - 부저 아두이노 연결핀
❺	- 타이머2에서 5ms 간격으로 7-세그먼트 표시할 때 표시할 위치 변수 - 스위치 입력 자리 선택 변수
❻	- 시계와 알람 시간 변수 - 시계/알람 모드 선택 변수 - 알람 설정 변수 - 알람 동작상태 변수(1 : 동작 중, 0 : 동작 안함) - 부저 출력값(1 : ON, 0 : OFF)

❶	`// 초기설정 함수`
	`void setup()`
	`{`
	`    byte   m;`
	
	`    for(m = 0;m < 4;m++)`
	`        pinMode(sw_pin[m], INPUT);                    // 스위치 연결 핀 입력 설정`
	
	`    pinMode(buzzer_pin, OUTPUT);                      // 부저 연결핀 출력 설정`
	`    digitalWrite(buzzer_pin, LOW);                    // 부저 OFF`

❷	`    // 4자리 7-세그먼트 a,b,c,d,e,f,g,dp  연결핀 출력 설정`
	`    for(m = 0;m < 7;m++) pinMode(fnd_pin[m], OUTPUT);`
	`    pinMode(dp_pin, OUTPUT);                          // dp 핀 출력 설정`
	
	`    // 4자리 7-세그먼트 자리 선택핀 출력 설정`
	`    for(m = 0;m < 4;m++) pinMode(dig_sel_pin[m], OUTPUT);`

❸	`    // 타이머2 인터럽트 설정`
	`    MsTimer2::set(5, seg_dsp4);                       // 인터럽트 주기 및 함수 설정`
	`    MsTimer2::start();                                // 타이머2 동작 시작`

❹	`    // 타이머1 인터럽트 설정 및 동작 시작`
	`    Timer1.initialize(1000000);                       // 1sec 주기 설정`
	`    Timer1.attachInterrupt(one_sec);                  // 타이머1 인터럽트 함수 설정`
	`    Timer1.start();                                   // 타이머1 정지 상태에서 시작`
	`}`

❶	<setup() : 초기 설정 함수> - 스위치 4개 아두이노 연결핀 입력 설정 - 부저 아두이노 연결핀 출력 설정 - 부저 출력 OFF
❷	<7-세그먼트 아두이노 연결핀 출력 설정> - 7-세그먼트 a,b,c,d,e,f,g,dp 아두이노 연결핀 출력 설정 - 4자리 7-세그먼트 자리 선택핀(전원 COM 단자) 아두이노 연결핀 출력 설정
❸	<타이머2 인터럽트 설정> - 4자리 7-세그먼트를 5ms 단위로 한 개씩 표시하기 위해 타이머2 인터럽트 주기 및 함수 seg_dsp4() 설정 - 타이머2 동작 시작
❹	<타이머1 인터럽트 설정> - 시계다운 카운터가 동작 중에 1초 단위로 인터럽트가 걸리도록 설정 - 타이머1 동작 시작

❶

```
// 반복처리 함수
void loop()
{
      boolean  o_sw[4], n_sw[4];
      byte  m;

      // SW1, SW2, SW3, SW4 첫 번째 상태 읽기
      for(m = 0;m < 4;m++) o_sw[m] = digitalRead(sw_pin[m]);

      // SW1, SW2, SW3, SW4 두 번째 상태 읽기
      delay(10);
      for(m = 0;m < 4;m++) n_sw[m] = digitalRead(sw_pin[m]);
```

❷

```
      if(o_sw[0] == HIGH && n_sw[0] == LOW){             // SW1 눌려질때 자리 선택
            pos = (pos + 1) % 4;                         // 0 ~ 3
      }
```

❸

```
      else if(o_sw[1] == HIGH && n_sw[1] == LOW){        // SW2눌려질때 선택자리값 +1
            if(mode == 0) time_setting();                // 시간 설정
            else alarm_setting();                        // 알람시간 설정
      }
```

❹

```
      else if(o_sw[2] == HIGH && n_sw[2] == LOW){        // SW3 눌려질때 알람 설정/해제
            alarm = (alarm + 1) % 2;
            if(al_onoff == 1) {                          // 알람 동작 상태이면
                  al_onoff = 0;                          // 알람 동작 상태 OFF
                  digitalWrite(buzzer_pin, LOW);         // 부저 OFF
            }
      }
```

❺

```
      else if(o_sw[3] == HIGH && n_sw[3] == LOW){        // SW4 눌려질때
            mode = (mode + 1) % 2;                       // 시계/알람모드 전환
      }
}
```

❶	<loop() : 반복 처리 함수> - 4개 스위치(SW1, SW2, SW3, SW4) 10ms 간격으로 2회 읽기
❷	- SW1 첫 번째 상태는 OFF이고 두 번째 상태는 ON인지 체크(SW1 눌려지는 순간) - 입력 자리 이동(0->1->2->3->0->1.... : 1자리->10자리->100자리->1000자리 ->1자리..)
❸	- SW2 첫 번째 상태는 OFF이고 두 번째 ON인지 체크(SW2 눌려지는 순간) - 시계 모드이면 입력자리의 시간값 갱신 : time_setting() - 알람 모드이면 입력자리의 알람 시간값 갱신 : alarm_setting()
❹	- SW3 첫 번째 상태는 OFF이고 두 번째 상태는 ON인지 체크(SW3 눌려지는 순간) - 알람 설정 모드 반전 - 알람 동작상태가 ON 상태이면 OFF 상태로 하고 부저 OFF 출력
❺	- SW4 첫 번째 상태는 OFF이고 두 번째 상태는 ON인지 체크(SW4 눌려지는 순간) - 시계/알람 모드 전환

❶
```
// 타이머2 인터럽트(5ms주기) 처리 함수
// 4자리 7-세그먼트 표시(5ms 간격으로 한 자리씩 표시)
void seg_dsp4()
{
	byte  n, tmp;

	// 표시 시간 자리값 추출
	if(mode == 0) {                                       // 시계 모드
		if(dsp_pos == 0) tmp = t_m % 10;                 // 분 1자리
		else if(dsp_pos == 1) tmp = t_m / 10;            // 분 10자리
		else if(dsp_pos == 2) tmp = t_h % 10;            // 시 1자리
		else tmp = t_h / 10;                             // 시 10자리
	}
	else {                                                // 알람 모드
		if(dsp_pos == 0) tmp = al_m % 10;                // 분 1자리
		else if(dsp_pos == 1) tmp = al_m / 10;           // 분 10자리
		else if(dsp_pos == 2) tmp = al_h % 10;           // 시 1자리
		else tmp = al_h / 10;                            // 시 10자리
	}
```

❷
```
	// 모든 자리 off 한 후 dsp_pos(표시위치) 자리만 on
	for(n = 0;n < 4;n++) digitalWrite(dig_sel_pin[n], LOW);
	digitalWrite(dig_sel_pin[dsp_pos], HIGH);             // dsp_pos 자리만 ON

	// dsp_pos 자리값 tmp 표시
	for(n = 0;n < 7;n++) digitalWrite(fnd_pin[n], fnd_pat[tmp][n]);
```

❸
```
	// dp LED ON
	if(dsp_pos == 0){                                     // 분1자리
		if(mode == 1) digitalWrite(dp_pin, LOW);         // 알람 모드이면 ON
		else digitalWrite(dp_pin, HIGH);                 // dp OFF
	}
	else if(dsp_pos == 2) digitalWrite(dp_pin, LOW);      // 시간 1자리
	else if(dsp_pos == 3){                                // 시간 10자리
		if(alarm == 1) digitalWrite(dp_pin, LOW);        // 알람 설정 상태면 ON
		else digitalWrite(dp_pin, HIGH);                 // dp OFF
	}
	else digitalWrite(dp_pin, HIGH);                      // 분 10자리 dp OFF

	dsp_pos = (dsp_pos + 1) % 4;                          // 표시 자리 이동
}
```

❶	<seg_dsp4() : 타이머2 인터럽트 함수(시계 또는 알람 시간 5ms 간격으로 한 자리씩 표시)> – 시계 모드이면 dsp_pos 위치의 표시할 시계 시간값 추출 – 알람 모드이면 dsp_pos 위치의 표시할 알람 시간값 추출
❷	– 7-세그먼트(커먼 애노드형) 4자리 전원핀(COM)에 LOW 출력하여 모두 OFF – 표시할 자리의 7-세그먼트의 전원핀(COM)에만 HIGH 출력하여 ON 시킴 – ❶에서 추출한 표시값 패턴을 7-세그먼트 a, b, c, d, e, f, g 핀에 출력하여 표시
❸	<dp 표시 처리> – 1자리(분 1자리) 표시 중이고 알람이 설정 되어 있으면 dp LED ON – 100자리(시간 1자리) 표시 중이면 dp LED ON(시간과 분 경계 표시) – 1000자리(시간 10자리) 표시 중이고 알람 모드로 되어 있으면 DP LED ON – 다음에 표시할 위치 변수값(dsp_pos) 갱신

❶	<pre>// 타이머1 인터럽트 처리 함수(1초 주기 : 초값 + 1)
	void one_sec()
	{
	    t_s++; // 1초 증가
	    if(t_s == 60){ // 60초면 분 증가
	        t_s = 0;
	        t_m++;
	
	        if(t_m == 60) { // 60분이면 시간 증가
	            t_h++;
	            if(t_h == 24) t_h = 0; // 24시이면 0시로
	        }
	    }</pre>

❷	<pre> if(alarm == 1 && al_onoff == 0){ // 알람 설정 상태, 알람 동작 상태이면
	        if(t_h == al_h && t_m == al_m){ // 알람 시간 일치하면
	            al_onoff = 1; // 알람 동작 상태 ON
	            al_buzzer = HIGH; // 부저 출력값 HIGH(ON)
	            digitalWrite(buzzer_pin, al_buzzer); // 부저 출력값 출력
	        }
	    }
	    else if(al_onoff == 1){ // 알람 동작 상태이면
	        al_buzzer = !al_buzzer; // 부저 출력값 반전
	        digitalWrite(buzzer_pin, al_buzzer); // 부저 출력값 출력
	    }
	}</pre>

❶	<one_sec() : 타이머1 1초 주기 인터럽트 함수> - 시간 초 값 +1 - 초 값이 60이면 분 값 +1 - 분 값이 60이면 시간 값 +1 - 시 값이 24이면 시 값 0으로 리셋
❷	- 알람 설정 상태이고 알람 동작 상태가 OFF인 상태에서 시간 값과 알람 시간이 일치하면 알람 동작 상태를 ON하고, 부저 출력값에 HIGH 출력 - 알람 동작 상태가 ON 상태이면 부저 출력값을 반전 시킨후 출력('뚜_뚜_뚜_뚜_' 소리 출력되도록)

❶

```
// 시간 설정 함수
void time_setting()
{
    byte     tmp;

    if(pos == 0) {                                   // 입력자리 분 1자리이면
        tmp = t_m % 10;                              // 분 값에서 분 1자리 추출
        tmp = (tmp + 1) % 10;                        // 분 1자리 +1(0~9)
        t_m = (t_m / 10) * 10 + tmp;                 // 분 값 갱신
    }
    else if(pos == 1){                               // 입력자리 분 10자리이면
        tmp = t_m / 10;                              // 분 값에서 분 10자리 추출
        tmp = (tmp + 1) % 6;                         // 분 10자리 +1(0~5)
        t_m = tmp * 10 + (t_m % 10);                 // 분 값 갱신
    }
    else if(pos == 2) {                              // 입력자리 시 1자리이면
        tmp = t_h % 10;                              // 시 값에서 시 1자리 추출
        tmp = (tmp + 1) % 10;                        // 시 1자리 +1(0~9)
        if((t_h / 10) == 2 && tmp > 3) tmp = 0;      // 24시 넘지 않도록
        t_h = (t_h / 10) * 10 + tmp;
    }
    else {                                           // 입력자리 시 10자리이면
        tmp = t_h / 10;                              // 시 값에서 시 10자리 추출
        tmp = (tmp + 1) % 3;                         // 시 10자리 +1(0~2)
        if((t_h % 10) > 3 && tmp == 2) tmp = 0;      // 24시 넘지 않도록
        t_h = tmp * 10 + (t_h % 10);
    }
}
```

❶

<time_setting() : 시간 설정 함수(시간 입력 위치 값에 따라 시간 값 +1)>

- 입력자리가 분 값 1자리이면 분 1자리 값을 +1(0->1->2....->8->9->0->1...), 분 값 갱신
- 입력자리가 분 값 10자리이면 분 10자리 값을 +1(0->1->2....-5->0->1->2...), 분 값 갱신
- 입력자리가 시간 값 1자리이면 시간 1자리 값을 +1(0->1->2....->8->9->0->1...), 시 값 갱신
- 입력자리가 시간 값 10자리이면 시간 10자리 값을 +1(0->1->2->0->1->2->0...), 시 값 갱신

❶

```
// 알람 시간 설정 함수
void alarm_setting()
{
      byte      tmp;

      if(pos == 0) {                                    // 입력자리 분 1자리이면
            tmp = al_m % 10;                            // 분 값에서 분 1자리 추출
            tmp = (tmp + 1) % 10;                       // 분 1자리 +1(0~9)
            al_m = (al_m / 10) * 10 + tmp;              // 분 값 갱신
      }
      else if(pos == 1){                                // 입력자리 분 10자리이면
            tmp = al_m / 10;                            // 분 값에서 분 10자리 추출
            tmp = (tmp + 1) % 6;                        // 분 10자리 +1(0~5)
            al_m = tmp * 10 + (al_m % 10);              // 분 값 갱신
      }
      else if(pos == 2) {                               // 입력자리 시 1자리이면
            tmp = al_h % 10;                            // 시 값에서 시 1자리 추출
            tmp = (tmp + 1) % 10;                       // 시 1자리 +1(0~9)
            if((al_h / 10) == 2 && tmp > 3) tmp = 0;    // 24시 넘지 않도록
            al_h = (al_h / 10) * 10 + tmp;
      }
      else {                                            // 입력자리 시 10자리이면
            tmp = al_h / 10;                            // 시 값에서 시 10자리 추출
            tmp = (tmp + 1) % 3;                        // 시 10자리 +1(0~2)
            if((al_h % 10) > 3 && tmp == 2) tmp = 0;    // 24시 넘지 않도록
            al_h = tmp * 10 + (al_h % 10);
      }
}
```

❶

<alarm_setting() : 알람 시간 설정 함수(알람 시간 입력 위치 값에 따라 시간 값 +1)>
- 입력자리가 분 값 1자리이면 분 1자리 값을 +1(0->1->2....->8->9->0->1...), 분 값 갱신
- 입력자리가 분 값 10자리이면 분 10자리 값을 +1(0->1->2....-5->0->1->2...), 분 값 갱신
- 입력자리가 시간 값 1자리이면 시간 1자리 값을 +1(0->1->2....->8->9->0->1...), 시 값 갱신
- 입력자리가 시간 값 10자리이면 시간 10자리 값을 +1(0->1->2->0->1->2->0...), 시 값 갱신

[리스트 3] 7-세그먼트 시계 프로그램

```
// report3
// 2019. 8.6  by SHIN
// 4자리 7-세그먼트 이용 시계
// 시시:분분
//
// 타이머1 인터럽트 이용, 스톱워치 동작시 1sec 측정
// 타이머2 인터럽트 이용, 5ms 마다 한 자리씩 출력 표시
//
// 스위치 4개 연결 핀 : A0, A1, A2, A3
// 스위치1(A0번핀) : 자리가 이동(초1자리 -> 초 10자리 -> 분 1자리 -> 분 10자리)
// 스위치2(A1번핀) : 선택 자리값 + 1(00:00 ~ 23:59)
// 스위치3(A2핀) : 알람설정
// 스위치4(A3핀) : 시계/알람 모드
//
// 7-세그먼트
// 알람 시간 설정(시간) 모드이면 맨 오른쪽 7-세그먼트 dp ON
// 알람 모드 이면 맨 왼쪽 7-세그먼트 dp on

#include <TimerOne.h>
#include <MsTimer2.h>

const int dig_sel_pin[4] = {7, 6, 5, 4};            // 1, 10, 100, 1000자리 전원핀
const int fnd_pin[7] = {8, 9, 10, 11, 12, 13, A4};  // a,b,c,d,e,f,g
const int dp_pin = A5;                              // dp 연결핀(SCL핀)
const int fnd_pat[10][7] = {                        // 숫자 패턴 (a,b,c,d,e,f,g) 값
      {0, 0, 0, 0, 0, 0, 1},                        // 0
      {1, 0, 0, 1, 1, 1, 1},                        // 1
      {0, 0, 1, 0, 0, 1, 0},                        // 2
      {0, 0, 0, 0, 1, 1, 0},                        // 3
      {1, 0, 0, 1, 1, 0, 0},                        // 4
      {0, 1, 0, 0, 1, 0, 0},                        // 5
      {0, 1, 0, 0, 0, 0, 0},                        // 6
      {0, 0, 0, 1, 1, 1, 1},                        // 7
      {0, 0, 0, 0, 0, 0, 0},                        // 8
      {0, 0, 0, 1, 1, 0, 0}};                       // 9

const byte   sw_pin[4] = {A0, A1, A2, A3};          // 스위치 연결핀 : A0~A3
const int    buzzer_pin = 3;                        // 부저 알림 핀
volatile int dsp_pos = 0;                           // 표시 자리(0:1자리, 1:10자리,
                                                    // 2:100자리, 3:1000자리)

byte          pos = 0;                   // 입력 자리 선택(0 -> 1 -> 2 -> 3 -> 0 -> 1...)
                                         // (0:초1자리, 1:초10자리, 2:분1자리, 3:분10자리)

volatile byte t_h = 12, t_m = 34, t_s = 56;         // 시작 시간(12시 34분 56초)
volatile byte al_h = 12, al_m = 40, al_s = 0;       // 알람 시간(12시 40분)
```

```
byte          mode = 0;                              // 모드(0:시계, 1:알람)
byte          alarm = 0;                             // 알람(0:비설정, 1: 설정)
volatile byte  al_onoff = 0;                         // 알람 동작상태(1:동작)
volatile byte  al_buzzer = 0;                        // 부저 출력값(1: ON, 0: OFF)

// 초기설정 함수
void setup()
{
     byte   m;

     for(m = 0;m < 4;m++)
          pinMode(sw_pin[m], INPUT);                 // 스위치 연결 핀 입력 설정

     pinMode(buzzer_pin, OUTPUT);                    // 부저 연결핀 출력 설정
     digitalWrite(buzzer_pin, LOW);                  // 부저 OFF

     // 4자리 7-세그먼트 a,b,c,d,e,f,g,dp 연결핀 출력 설정
     for(m = 0;m < 7;m++) pinMode(fnd_pin[m], OUTPUT);
     pinMode(dp_pin, OUTPUT);                        // dp 핀 출력 설정

     // 4자리 7-세그먼트 자리 선택핀 출력 설정
     for(m = 0;m < 4;m++) pinMode(dig_sel_pin[m], OUTPUT);

     // 타이머2 인터럽트 설정
     MsTimer2::set(5, seg_dsp4);                     // 인터럽트 주기 및 함수 설정
     MsTimer2::start();                              // 타이머2 동작 시작

      // 타이머1 인터럽트 설정 및 동작 시작
     Timer1.initialize(1000000);                     // 1sec 주기 설정
     Timer1.attachInterrupt(one_sec);                // 타이머1 인터럽트 함수 설정
     Timer1.start();                                 // 타이머1 정지 상태에서 시작
}

// 반복 처리 함수
void loop()
{
     boolean  o_sw[4], n_sw[4];
     byte   m;

     // SW1, SW2, SW3, SW4 첫 번째 상태 읽기
     for(m = 0;m < 4;m++) o_sw[m] = digitalRead(sw_pin[m]);

     // SW1, SW2, SW3, SW4 두 번째 상태 읽기
     delay(10);
     for(m = 0;m < 4;m++) n_sw[m] = digitalRead(sw_pin[m]);

     if(o_sw[0] == HIGH && n_sw[0] == LOW){          // SW1 눌려질때 자리 선택
```

```
            pos = (pos + 1) % 4;                            // 0 ~ 3
        }
        else if(o_sw[1] == HIGH && n_sw[1] == LOW){         // SW2눌려질때 선택자리값 +1
            if(mode == 0) time_setting();                   // 시간 설정
            else alarm_setting();                           // 알람시간 설정
        }
        else if(o_sw[2] == HIGH && n_sw[2] == LOW){         // SW3 눌려질때 알람 설정/해제
            alarm = (alarm + 1) % 2;
            if(al_onoff == 1) {                             // 알람 동작 상태이면
                al_onoff = 0;                               // 알람 동작 상태 OFF
                digitalWrite(buzzer_pin, LOW);              // 부저 OFF
            }
        }
        else if(o_sw[3] == HIGH && n_sw[3] == LOW){         // SW4 눌려질때
            mode = (mode + 1) % 2;                          // 시계/알람모드 전환
        }
}

// 타이머2 인터럽트(5ms주기) 처리 함수
// 4자리 7-세그먼트 표시(5ms 간격으로 한 자리씩 표시)
void seg_dsp4()
{
        byte  n, tmp;

        // 표시 시간 자리값 추출
        if(mode == 0) {                                     // 시계 모드
            if(dsp_pos == 0) tmp = t_m % 10;                // 분 1자리
            else if(dsp_pos == 1) tmp = t_m / 10;           // 분 10자리
            else if(dsp_pos == 2) tmp = t_h % 10;           // 시 1자리
            else tmp = t_h / 10;                            // 시 10자리
        }
        else {                                              // 알람 모드
            if(dsp_pos == 0) tmp = al_m % 10;               // 분 1자리
            else if(dsp_pos == 1) tmp = al_m / 10;          // 분 10자리
            else if(dsp_pos == 2) tmp = al_h % 10;          // 시 1자리
            else tmp = al_h / 10;                           // 시 10자리
        }

        // 모든 자리 off 한 후 dsp_pos(표시위치) 자리만 on
        for(n = 0;n < 4;n++) digitalWrite(dig_sel_pin[n], LOW);
        digitalWrite(dig_sel_pin[dsp_pos], HIGH);           // dsp_pos 자리만 ON

        // dsp_pos 자리값 tmp 표시
        for(n = 0;n < 7;n++) digitalWrite(fnd_pin[n], fnd_pat[tmp][n]);

        // DP LED ON
        if(dsp_pos == 0){                                   // 분 1자리
```

```
        if(mode == 1) digitalWrite(dp_pin, LOW);          // 알람 설정이면 ON
        else digitalWrite(dp_pin, HIGH);                  // dp OFF
    }
    else if(dsp_pos == 2) digitalWrite(dp_pin, LOW);      // 시간 1자리
    else if(dsp_pos == 3){                                // 시간 10자리
        if(alarm == 1) digitalWrite(dp_pin, LOW);         // 알람 모드이면 ON
        else digitalWrite(dp_pin, HIGH);                  // dp OFF
    }
    else digitalWrite(dp_pin, HIGH);                      // 분 10자리 dp OFF

    dsp_pos = (dsp_pos + 1) % 4;                          // 표시 자리 이동
}

// 타이머1 인터럽트 처리 함수(1초 주기 : 초값 +1)
void one_sec()
{
    t_s++;                                                // 1초 증가
    if(t_s == 60){                                        // 60초면 분 증가
        t_s = 0;
        t_m++;

        if(t_m == 60) {                                   // 60분이면 시간 증가
            t_h++;
            if(t_h == 24) t_h = 0;                        // 24시면 0시로
        }
    }

    if(alarm == 1 && al_onoff == 0){                      // 알람 설정 상태, 알람 동작 상태이면
        if(t_h == al_h && t_m == al_m){                   // 알람 시간 일치하면
            al_onoff = 1;                                 // 알람 동작 상태 ON
            al_buzzer = HIGH;                             // 부저 출력값 HIGH(ON)
            digitalWrite(buzzer_pin, al_buzzer);          // 부저 출력값 출력
        }
    }
    else if(al_onoff == 1){                               // 알람 동작 상태이면
        al_buzzer = !al_buzzer;                           // 부저 출력값 반전
        digitalWrite(buzzer_pin, al_buzzer);              // 부저 출력값 출력
    }
}

// 시간 설정 함수
void time_setting()
{
    byte    tmp;

    if(pos == 0) {                                        // 입력자리 분 1자리이면
        tmp = t_m % 10;                                   // 분 값에서 분 1자리 추출
```

```
            tmp = (tmp + 1) % 10;                     // 분 1자리 +1(0~9)
            t_m = (t_m / 10) * 10 + tmp;              // 분 값 갱신
        }
        else if(pos == 1){                            // 입력자리 분 10자리이면
            tmp = t_m / 10;                           // 분 값에서 분 10자리 추출
            tmp = (tmp + 1) % 6;                      // 분 10자리 +1(0~5)
            t_m = tmp * 10 + (t_m % 10);              // 분 값 갱신
        }
        else if(pos == 2) {                           // 입력자리 시 1자리이면
            tmp = t_h % 10;                           // 시 값에서 시 1자리 추출
            tmp = (tmp + 1) % 10;                     // 시 1자리 +1(0~9)
            if((t_h / 10) == 2 && tmp > 3) tmp = 0;   // 24시 넘지 않도록
            t_h = (t_h / 10) * 10 + tmp;              // 시 값 갱신
        }
        else {                                        // 입력자리 시 10자리이면
            tmp = t_h / 10;                           // 시 값에서 시 10자리 추출
            tmp = (tmp + 1) % 3;                      // 시 10자리 +1(0~2)
            if((t_h % 10) > 3 && tmp == 2) tmp = 0;   // 24시 넘지 않도록
            t_h = tmp * 10 + (t_h % 10);              // 시 값 갱신
        }
}

// 알람 시간 설정 함수
void alarm_setting()
{
        byte    tmp;

        if(pos == 0) {                                //  입력자리 분 1자리이면
            tmp = al_m % 10;                          // 분 값에서 분 1자리 추출
            tmp = (tmp + 1) % 10;                     // 분 1자리 +1(0~9)
            al_m = (al_m / 10) * 10 + tmp;            // 분 값 갱신
        }
        else if(pos == 1){                            // 입력자리 분 10자리이면
            tmp = al_m / 10;                          // 분 값에서 분 10자리 추출
            tmp = (tmp + 1) % 6;                      // 분 10자리 +1(0~5)
            al_m = tmp * 10 + (al_m % 10);            // 분 값 갱신
        }
        else if(pos == 2) {                           // 입력자리 시 1자리이면
            tmp = al_h % 10;                          // 시 값에서 시 1자리 추출
            tmp = (tmp + 1) % 10;                     // 시 1자리 +1(0~9)
            if((al_h / 10) == 2 && tmp > 3) tmp = 0;  // 24시 넘지 않도록
            al_h = (al_h / 10) * 10 + tmp;            // 시 값 갱신
        }
        else {                                        // 입력자리 시 10자리이면
            tmp = al_h / 10;                          // 시 값에서 시 10자리 추출
            tmp = (tmp + 1) % 3;                      // 시 10자리 +1(0~2)
            if((al_h % 10) > 3 && tmp == 2) tmp = 0;  // 24시 넘지 않도록
```

```
            al_h = tmp * 10 + (al_h % 10);                      // 시 값 갱신
        }
}
```

Chapter

04

도트 매트릭스 이용 다운 카운터

Chapter

04

도트 매트릭스 이용 다운 카운터

도트 매트릭스를 이용하여 설정된 시간부터 1초 단위로 감소하면서 00이 되면 부저가 울리고, 정지 스위치가 눌려지면 부저가 꺼지는 다운 카운터 프로그램을 구현해보자. 도트 매트릭스에 표시할 숫자는 4x8 크기의 폰트로 만들어 [그림 4-1]과 같이 두 자리로 표시하도록 하며, 스위치의 기능은 [표 4-1]과 같다.

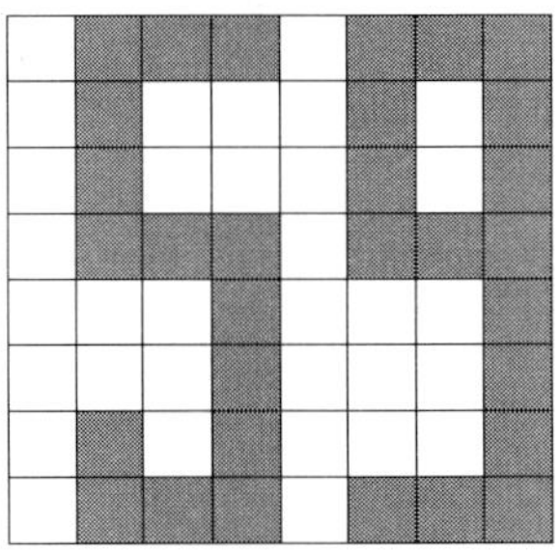

[그림 4-1] 시간 표시

[표 4-1] 스위치 기능

스위치	기 능	비 고
SW1	10자리 값 +1	- 0~5
SW2	1자리 값 +1	- 0~9
SW3	동작/정지	- 시간이 00:00이 되면 정지 상태가 되면서 부저 ON - 부저가 울리는 상태에서 눌리면 부저 OFF 하고 정지 상태 유지

[그림 4-2]는 도트 매트릭스에 표시할 4x8 숫자 패턴을 보여주며, 시간의 10자리는 왼쪽 4칸에 시간의 1자리는 오른쪽 4칸에 표시하도록 한다. [그림 4-3], [표 4-2]는 아두이노 연결 배선도와 연결핀을 각각 보여준다.

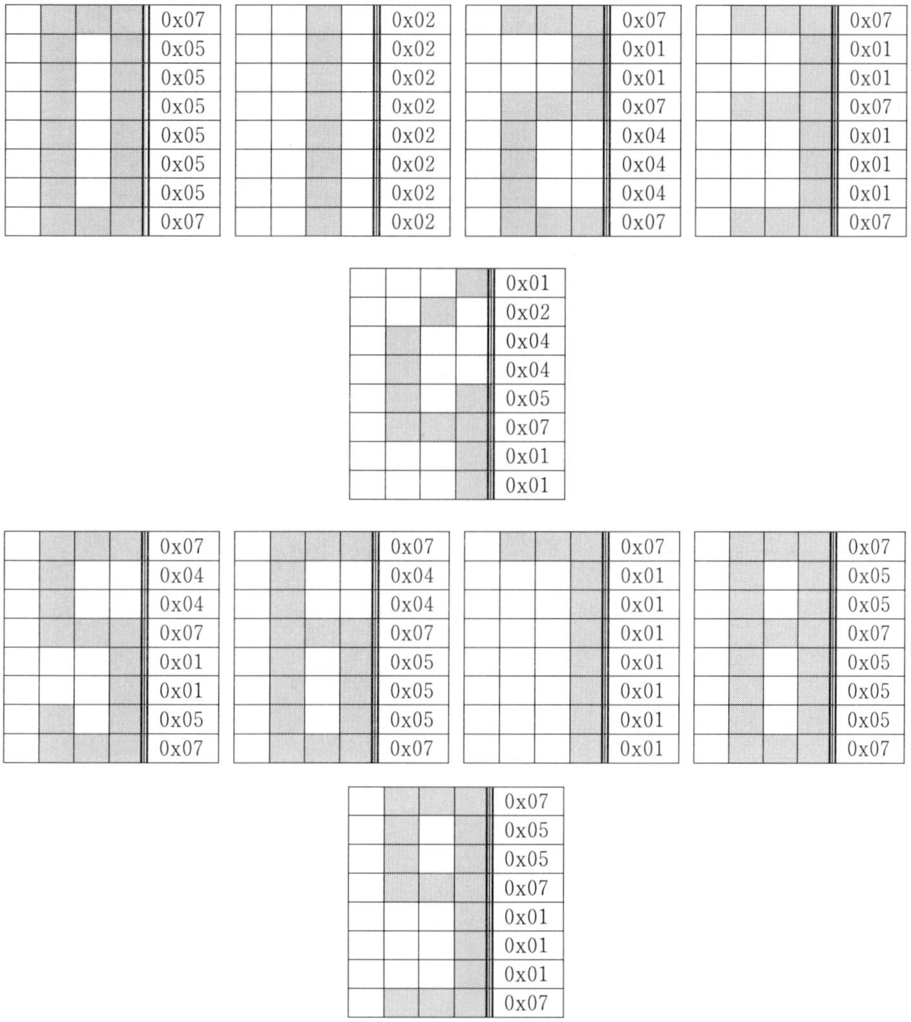

[그림 4-2] 4x8 숫자 패턴

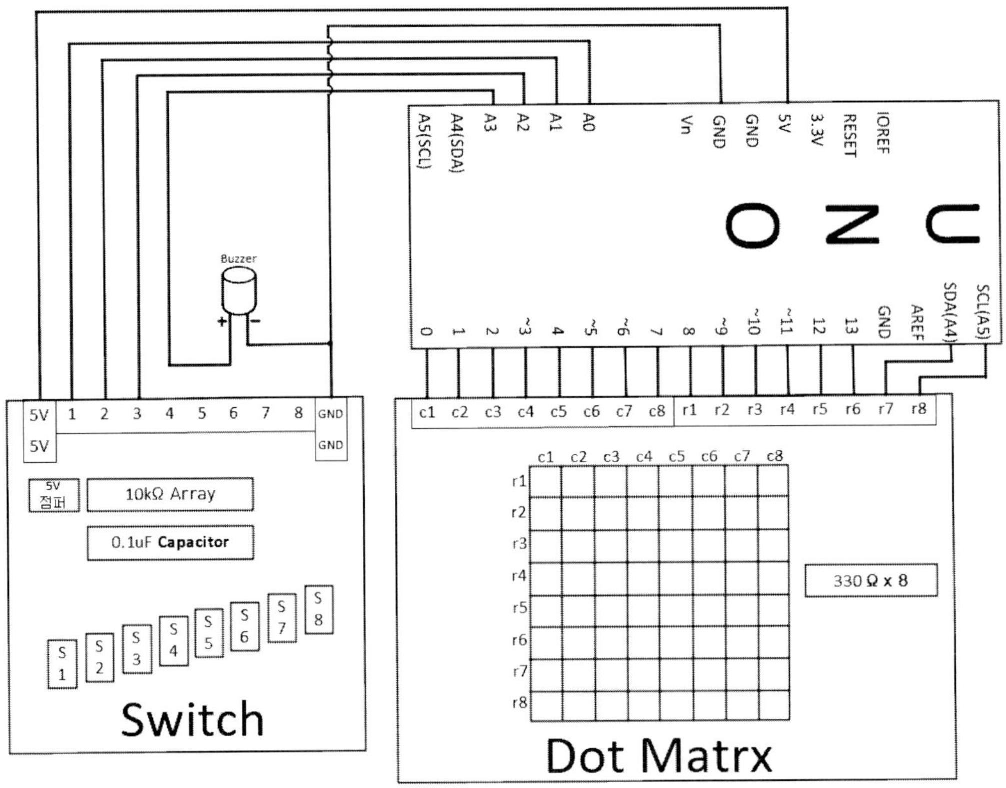

[그림 4-3] 아두이노 연결 배선도

[표 4-2] 아두이노 보드 연결핀

아두이노 보드	도트매트릭스 보드	아두이노 보드	스위치 보드
8	R1	A0	1(SW1)
9	R2	A1	2(SW2)
10	R3	A2	3(SW3)
11	R4		
12	R5		
13	R6	A3	부저
SDA(A4)	R7		
SCL(A5)	R8		
0	C1		
1	C2		
2	C3		
3	C4		
4	C5		
5	C6		
6	C7		
7	C8		

다운 카운터 구현을 위한 전체 처리 흐름도는 [그림 4-4]와 같고, 인터럽트 함수는 반복 처리 loop() 함수가 실행되면서 인터럽트가 발생할 때마다 자동으로 실행된다. 처리 흐름도에서 처리되는 주요 내용을 간략히 기술하면 [표 4-3]과 같다.

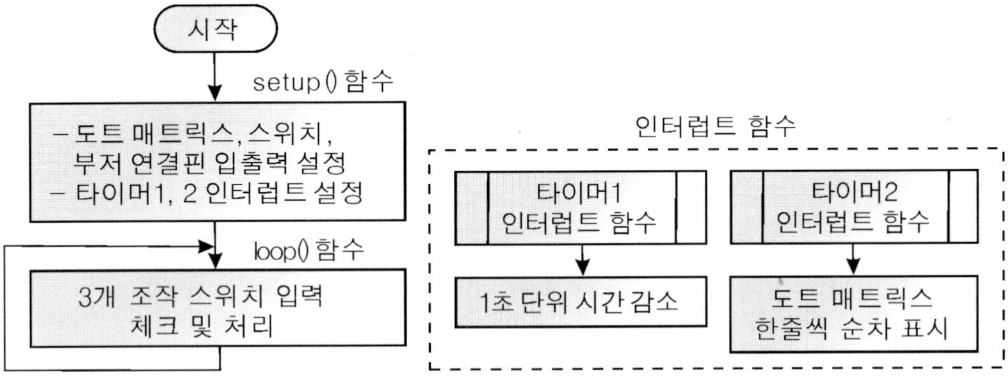

[그림 4-4] 도트 매트릭스 다운 카운터 처리 흐름도

[표 4-3] 주요 처리 내용

★ 1sec 측정 : 타이머1의 인터럽트를 사용하며, 다운 카운터 동작 중에만 1초 주기로 동작하도록 한다.
★ 도트 매트릭스 표시 : 3ms마다 타이머2 인터럽트가 발생하도록 설정하고, 인터럽트 함수에서 시간의 10자리 표시 패턴과 1자리 표시 패턴을 합성하여 한 줄씩 순차적으로 표시하도록 한다. 따라서 8줄 모두 표시하는데 8번의 인터럽트가 발생하여 24ms(3ms x 8)가 걸리게 된다.
★ 조작 스위치 : 3개 스위치의 입력처리는 폴링 방식을 이용하고, 스위치가 눌려지는 순간에 주어진 기능이 동작하게끔 한다.

[프로그램 설명]

❶	#include <TimerOne.h> // 타이머1 헤더 파일 #include <MsTimer2.h> // 타이머2 헤더 파일

❷	const byte row_pin[8] = {8, 9, 10, 11, 12, 13, A4, A5}; // 도트매트릭스 행연결핀(R1~R8)
	const byte col_pin[8] = {7, 6, 5, 4, 3, 2, 1, 0}; // 도트 매트릭스 열연결핀(C8~C1)
	const byte sw_pin[3] = {A0, A1, A2}; // 스위치(A0~A2), A0:10자리,
	// A1:1자리, A2:동작/정지
	const int buzzer_pin = A3; // 부저 핀

❸	const byte num_pat[10][8] ={ // 숫자 0~9 패턴(4x8)
	{0x07, 0x05, 0x05, 0x05, 0x05, 0x05, 0x05, 0x07}, // 0
	{0x02, 0x02, 0x02, 0x02, 0x02, 0x02, 0x02, 0x02}, // 1
	{0x07, 0x01, 0x01, 0x07, 0x04, 0x04, 0x04, 0x07}, // 2
	{0x07, 0x01, 0x01, 0x07, 0x01, 0x01, 0x01, 0x07}, // 3
	{0x01, 0x02, 0x04, 0x04, 0x05, 0x07, 0x01, 0x01}, // 4
	{0x07, 0x04, 0x04, 0x07, 0x01, 0x01, 0x05, 0x07}, // 5
	{0x07, 0x04, 0x04, 0x07, 0x05, 0x05, 0x05, 0x07}, // 6
	{0x07, 0x01, 0x01, 0x01, 0x01, 0x01, 0x01, 0x01}, // 7
	{0x07, 0x05, 0x05, 0x07, 0x05, 0x05, 0x05, 0x07}, // 8
	{0x07, 0x05, 0x05, 0x07, 0x01, 0x01, 0x01, 0x07}}; // 9

❹	volatile byte disp_pat[8]; // 표시할 데이터 저장 배열
	volatile byte dsp_lno = 0; // 타이머 인터럽트 함수에서
	// 표시행 번호
	volatile byte bef_lno = 7; // 이전 표시행 번호

❺	volatile byte t10 = 0, t1 = 0; // 설정 시간값
	volatile byte run = 0; // 동작(1)/정지(0)
	byte start_chk = 0; // 타이머1 첫 번째 인터럽트 체크 변수

❻	void time_setting(); // 표시 패턴 합성 함수

❶	<타이머1과 타이머2 인터럽트 함수를 사용하기 위한 헤더 파일> - 타미어1은 1초 측정용 - 타이머2는 도트 매트릭스를 3ms간격으로 한 줄씩 표시하기 위해 사용
❷	- 도트 매트릭스 모듈 단자 아두이노 연결핀 - 3개의 스위치 아두이노 연결핀(풀업 방식, 스위치 ON일 때 0입력) - 부저 아두이노 연결핀
❸	- 도트 매트릭스 숫자(0~9) 표시 패턴(4x8 크기)
❹	- 타이머2에서 도트 매트릭스에 표시할 데이터 저장 배열 - 타이머2에서 도트 매트릭스에 표시할 행 번호 - 타이머2에서 도트 매트릭스에 표시했던 이전 행 번호(마지막 표시 행 번호)
❺	- 초 10자리, 1자리 설정값 - 다운 카운터 동작/정지 변수(정지 상태에서 시작) - 타이머1이 동작하자마자 바로 발생하는 첫 번째 인터럽트 체크 변수
❻	- 시간 표시값 생성 함수(초값 1자리와 10자리 합성)

❶	<pre>// 초기설정 함수
	void setup()
	{
	    byte m;
	
	    for(m = 0;m < 3;m++)
	        pinMode(sw_pin[m], INPUT); // 스위치 연결 핀 입력 설정
	
	    pinMode(buzzer_pin, OUTPUT); // 부저 연결핀 출력 설정
	    digitalWrite(buzzer_pin, LOW); // 부저 OFF</pre>

❷	<pre> // 도트 매트릭스 설정
	    for(m = 0;m < 8;m++){
	        pinMode(row_pin[m], OUTPUT); // 행 연결 핀 출력 설정
	        pinMode(col_pin[m], OUTPUT); // 열 연결 핀 출력 설정
	
	        // 도트 매트릭스 LED 모두 off
	        digitalWrite(row_pin[m], LOW); // 모든 행 연결핀 0 출력
	        digitalWrite(col_pin[m], HIGH); // 모든 열 연결핀 1출력
	    }
	
	    time_setting(); // 시간 초기값 표시 배열 저장</pre>

❸	<pre> // 타이머2 인터럽트 설정
	    MsTimer2::set(3, dot_disp); // 주기 및 인터럽트 함수 설정
	    MsTimer2::start(); // 타이머2 동작 시작</pre>

❹	<pre> // 타이머1 인터럽트 설정
	    Timer1.initialize(1000000); // 1초 주기 설정
	    Timer1.attachInterrupt(one_sec); // 타이머1 인터럽트 함수 지정
	    Timer1.stop(); // 타이머1 정지상태에서 시작
	}</pre>

❶	<setup() : 초기 설정 함수> - 스위치 3개 아두이노 연결핀 입력 설정 - 부저 아두이노 연결핀 출력 설정 - 부저 출력 OFF
❷	<도트 매트릭스 연결핀 설정> - 도트 매트릭스 연결핀 모두 출력 설정 - 행 연결핀 LOW 출력하여 행 단위의 전원 공급 OFF(행에 LED 애노드 연결되어 있음) - 열 연결핀 HIGH 출력하여 열 단위의 LED 모두 OFF(열에 LED 캐소드 연결되어 있음) - 시간 초기값 표시 배열 저장
❸	<타이머2 인터럽트 설정> - 도트 매트릭스를 3ms 단위로 한 줄씩 표시하기 위해 타이머2 인터럽트 주기와 인터럽트 함수 dot_disp() 설정 - 타이머2 동작 시작
❹	<타이머1 인터럽트 설정> - 다운 카운터가 동작 중에 1초 단위로 인터럽트가 걸리도록 인터럽트 함수 설정 - 타이머1 동작 정지

❶

```
// 반복처리 함수
void loop()
{
    byte  o_sw[3], n_sw[3], m;

    // SW1, SW2, SW3 첫 번째 상태 읽기
    for(m = 0;m < 3;m++) o_sw[m] = digitalRead(sw_pin[m]);

    // SW1, SW2, SW3 두 번째 상태 읽기
    delay(10);
    for(m = 0;m < 3;m++) n_sw[m] = digitalRead(sw_pin[m]);
```

❷

```
    if(o_sw[0] == HIGH && n_sw[0] == LOW){          // SW1 눌려질때 : 10자리 +1
        t10 = (t10 + 1) % 6;                        // 0~5
        time_setting();
    }
```

❸

```
    else if(o_sw[1] == HIGH && n_sw[1] == LOW){     // SW2 눌려질때 : 1자리 +1
        t1 = (t1 + 1) % 10;                         // 0~9
        time_setting();
    }
```

❹

```
    else if(o_sw[2] == HIGH && n_sw[2] == LOW){     // SW3 눌려질때 : 동작/정지
        run = (run + 1) % 2;                        // 동작/정지 토글

        if(run == 0) {
            Timer1.stop();                          // 타이머1 정지
            digitalWrite(buzzer_pin, LOW);          // 부저 OFF
        }
        else {
            start_chk = 1;                          // 타이머1 동작하자마자 인터럽트
                                                    // 함수 실행되는 것 방지 처리
            Timer1.restart();                       // 타이머1 시작
        }
    }
}
```

❶	<loop() : 반복 처리 함수> - 3개 스위치(SW1, SW2, SW3) 10ms 간격으로 2회 읽기
❷	- SW1 첫 번째 상태는 OFF이고 두 번째 상태는 ON인지 체크(SW1 눌려지는 순간 체크) - 초값 10자리 1 증가(0~5 반복)
❸	- SW2 첫 번째 상태는 OFF이고 두 번째 상태는 ON인지 체크(SW2 눌려지는 순간 체크) - 초값 1자리 1 증가(0~9 반복)
❹	- SW3 첫 번째 상태는 OFF이고 두 번째 상태는 ON인지 체크(SW3 눌려지는 순간 체크) - 동작/정지 상태 토글 - 정지 상태이면 타이머1 정지시키고 부저 OFF - 동작 상태이면 타이머1 첫 번째 인터럽트 체크 변수 셋하고, 타이머1 동작 시작

❶

```
// 표시 패턴 합성 함수
// 표시할 시간 패턴 10자리(t10), 1자리(t1) 합성
void time_setting()
{
    byte  m;

    // 표시할 시간 패턴 10자리(t10) 왼쪽 4열, 1자리(t1) 오른쪽 4열 위치 합성
    for(m = 0;m < 8;m++)
        disp_pat[m] = (num_pat[t10][m] << 4) | num_pat[t1][m];
}
```

❷

```
// 타이머1 인터럽트 처리 함수(1sec 주기)
// 다운 카운터가 동작할 때 1sec 단위로 시간값 감소
void one_sec()
{
    // 타이머1 동작하자마지 실행되는 것 방지 처리
    if(start_chk == 1){
        start_chk = 0;                          // 타이머1 첫 번째 인터럽트 체크 변수 리셋
        return;                                 // 타이머1 첫 번째 인터럽트 무시
    }
```

❸

```
    if(t1 == 0){                                // 초값 1자리 0 이면
        if(t10 == 0) {                          // 초값 1자리 0 이면
            if(run == 1)                        // 동작중이면
                digitalWrite(buzzer_pin, HIGH); // 부저 ON

            Timer1.stop();                      // 타이머1 정지
            return;
        }
        else {
            t1 = 9;                             // 초값 1자리 9
            t10--;                              // 초값 10자리 -1
        }
    }
    else t1--;                                  // 초값 -1

    time_setting();                             // 변경된 시간 표시
}
```

❶	**<time_setting() : 표시 패턴 합성 처리>** – 표시할 초값 10자리와 1자리 패턴 합성 – 초값 10자리는 상위 4비트에 위치시키고, 초값 1자리는 하위 4비트에 위치
❷	**<one_sec() : 1초 주기 타이머1 인터럽트 함수>** – 인터럽트가 처음 발생했으면 인터럽트 첫 발생 체크 변수 리셋 – 인터럽트 맨 처음에는 무시하고 리턴(인터럽트 시작하자마자 바로 실행되는 것 방지책)
❸	– 초값 1자리와 10자리 모두 0이고 동작 중이면 부저를 ON 시키고 타이머1 동작 정지 – 초값 1자리만 0이면 초값 10자리 1감소시키고 초값 1자리는 9로 설정 – 초값 1자리가 0이 아니면 초값 1자리 1감소 – 변경된 시간을 표시하기 위해 초값 1자리와 10자리를 합성하는 함수 호출 : time_setting()

❶	`// 3ms 마다 자동 실행되는 타이머2 인터럽트 함수`
	`// 3ms마다 한 라인씩 표시 => 3ms x 8라인 = 24ms`
	`void dot_disp(void)`
	`{`
	`    byte n, tmp;`
	`    boolean tmp1;`
	
	`    digitalWrite(row_pin[bef_lno], LOW);      // 이전 표시행 LOW출력(전원 off)`
	`    digitalWrite(row_pin[dsp_lno], HIGH);     // 이번 표시할 행 HIGH(전원 on)`

❷	`    tmp = disp_pat[dsp_lno];                  // dsp_lno 행에 표시할 패턴값`
	`    for(n = 0;n < 8;n++){                     // 열 번호(맨오른쪽 0, 맨왼쪽 7)`
	`        tmp1 = tmp & 0x01;                    // 오른쪽에서 왼쪽으로 한 개씩 표시`
	`        digitalWrite(col_pin[n], !tmp1);      // tmp1이 1일때 LED ON되도록 반전`
	`        tmp = tmp >> 1;                       // 행에 출력할 값 1비트씩 shift`
	`    }`

❸	`    bef_lno = dsp_lno;              // 이번 표시 행 번호 이전 표시 행 번호로 저장`
	`    dsp_lno = (dsp_lno + 1) % 8;    // 다음에 표시할 행 번호`
	`}`

❶	<dot_disp() : 타이머2 인터럽트 함수(3ms마다 도트 매트릭스 한 줄씩 표시)> – 바로 전에 표시했던 행에 LOW 출력(행에 LED 애노드 연결되어 있어 전원 차단 됨) – 이번에 표시할 행에 HIGH 출력(행에 LED 애노드 연결되어 있어 5V 연결됨)
❷	– 이번 행에 표시할 패턴 추출 – 오른쪽에서 왼쪽으로 열 연결핀에 한 개씩 출력 표시(8회 실행) – LOW를 출력해야 ON이 되므로 1인 부분에서 표시되도록 반전 출력 – 한 비트 출력할 때마다 추출 패턴값 1비트씩 오른쪽으로 쉬프트
❸	– 이번에 표시한 행 번호를 마지막 표시한 행 번호로 저장 – 다음에 표시할 행 번호 갱신(0~7)

[리스트 4] 도트 매트릭스를 이용한 다운 카운터 프로그램

```
// report4
// 2019. 8.6  by SHIN
/// 다운 카운터

#include <TimerOne.h>                                     // 타이머1 헤더 파일
#include <MsTimer2.h>                                     // 타이머2 헤더 파일

const byte row_pin[8] = {8,9,10,11,12,13,A4,A5};          // 도트매트릭스 행연결핀(R1~R8)
const byte col_pin[8] = {7, 6, 5, 4, 3, 2, 1, 0};         // 도트 매트릭스 열 연결(C8~C1)
const byte sw_pin[3] = {A0, A1, A2};                      // 스위치(A0~A2), A0:10자리,
                                                          // A1:1자리, A2:동작/정지
const int  buzzer_pin = A3;                               // 부저 핀

const byte num_pat[10][8] ={                              // 숫자 0~9 패턴(4x8)
    {0x07, 0x05, 0x05, 0x05, 0x05, 0x05, 0x05, 0x07},     // 0
    {0x02, 0x02, 0x02, 0x02, 0x02, 0x02, 0x02, 0x02},     // 1
    {0x07, 0x01, 0x01, 0x07, 0x04, 0x04, 0x04, 0x07},     // 2
    {0x07, 0x01, 0x01, 0x07, 0x01, 0x01, 0x01, 0x07},     // 3
    {0x01, 0x02, 0x04, 0x04, 0x05, 0x07, 0x01, 0x01},     // 4
    {0x07, 0x04, 0x04, 0x07, 0x01, 0x01, 0x05, 0x07},     // 5
    {0x07, 0x04, 0x04, 0x07, 0x05, 0x05, 0x05, 0x07},     // 6
    {0x07, 0x01, 0x01, 0x01, 0x01, 0x01, 0x01, 0x01},     // 7
    {0x07, 0x05, 0x05, 0x07, 0x05, 0x05, 0x05, 0x07},     // 8
    {0x07, 0x05, 0x05, 0x07, 0x01, 0x01, 0x01, 0x07}};    // 9

volatile byte  disp_pat[8];                               // 표시할 데이터 저장 배열
volatile byte  dsp_lno = 0;                               // 타이머 인터럽트 함수에서
                                                          // 표시행번호
volatile byte  bef_lno = 7;                               // 이전 표시행 번호

volatile byte  t10 = 0, t1 = 0;                           // 설정 시간값
volatile byte  run = 0;                                   // 동작(1)/정지(0)
byte  start_chk = 0;                                      // 타이머1 첫 번째 인터럽트 체크 변수

void  time_setting();                                     // 표시 패턴 합성 함수

//초기 설정 함수
void setup()
{
      byte  m;

      for(m = 0;m < 3;m++)
            pinMode(sw_pin[m], INPUT);                    // 스위치 연결 핀 입력 설정

      pinMode(buzzer_pin, OUTPUT);                        // 부저 연결핀 출력 설정
      digitalWrite(buzzer_pin, LOW);                      // 부저 OFF

      // 도트 매트릭스 설정
```

```
    for(m = 0;m < 8;m++){
        pinMode(row_pin[m], OUTPUT);                    // 행 연결 핀 출력 설정
        pinMode(col_pin[m], OUTPUT);                    // 열 연결 핀 출력 설정

        // 도트 매트릭스 LED 모두 off
        digitalWrite(row_pin[m], LOW);                  // 모든 행 연결핀 0 출력
        digitalWrite(col_pin[m], HIGH);                 // 모든 열 연결핀 1출력
    }

    time_setting();                                     // 시간 초기값 표시배열 저장

    // 타이머2 인터럽트 설정
    MsTimer2::set(3, dot_disp);                         // 주기 및 인터럽트 함수 설정
    MsTimer2::start();                                  // 타이머2 동작 시작

    // 타이머1 인터럽트 설정
    Timer1.initialize(1000000);                         // 1초 주기 설정
    Timer1.attachInterrupt(one_sec);                    // 타이머1 인터럽트 함수 지정
    Timer1.stop();                                      // 타이머1 정지상태에서 시작
}

// 반복 처리 함수
void loop()
{
    byte  o_sw[3], n_sw[3], m;

    // SW1, SW2, SW3 첫 번째 상태 읽기
    for(m = 0;m < 3;m++) o_sw[m] = digitalRead(sw_pin[m]);

    // SW1, SW2, SW3 두 번째 상태 읽기
    delay(10);
    for(m = 0;m < 3;m++) n_sw[m] = digitalRead(sw_pin[m]);

    if(o_sw[0] == HIGH && n_sw[0] == LOW){              // SW1 눌려질때 : 10자리 +1
        t10 = (t10 + 1) % 6;                            // 0~5
        time_setting();
    }
    else if(o_sw[1] == HIGH && n_sw[1] == LOW){         // SW2 눌려질때 : 1자리 +1
        t1 = (t1 + 1) % 10;                             // 0~9
        time_setting();
    }
    else if(o_sw[2] == HIGH && n_sw[2] == LOW){         // SW3 눌려질때 : 동작/정지
        run = (run + 1) % 2;                            // 동작/정지 토글

        if(run == 0) {
            Timer1.stop();                              // 타이머1 정지
            digitalWrite(buzzer_pin, LOW);              // 부저 OFF
        }
        else {
```

```
            start_chk = 1;                          // 타이머1 동작하자마자 인터럽트
                                                    // 함수 실행되는 것 방지 처리
            Timer1.restart();                       // 타이머1 시작
        }
    }
}

// 표시 패턴 합성 함수
// 표시할 시간 패턴 10자리(t10), 1자리(t1) 합성
void time_setting()
{
    byte  m;

    // 표시할 시간 패턴 10자리(t10) 왼쪽 4열, 1자리(t1) 오른쪽 4열 위치 합성
    for(m = 0;m < 8;m++)
        disp_pat[m] = (num_pat[t10][m] << 4) | num_pat[t1][m];
}

// 타이머1 인터럽트 처리 함수(1sec 주기)
// 다운 카운터가 동작할 때 1sec 단위로 시간값 감소
void one_sec()
{
    // 타이머1 동작하자마지 실행되는 것 방지 처리
    if(start_chk == 1){
        start_chk = 0;                              // 타이머1 첫 번째 인터럽트 체크 변수 리셋
        return;                                     // 타이머1 첫 번째 인터럽트 무시
    }

    if(t1 == 0){                                    // 초값 1자리 0 이면
        if(t10 == 0) {                              // 초값 1자리 0 이면
            if(run == 1) digitalWrite(buzzer_pin, HIGH);   // 동작중이면 부저 ON

            Timer1.stop();                          // 타이머1 정지
            return;
        }
        else {
            t1 = 9;                                 // 초값 1자리 9
            t10--;                                  // 초값 10자리 -1
        }
    }
    else t1--;                                      // 초값 -1

    time_setting();                                 // 변경된 시간 표시
}

// 3ms 마다 자동 실행되는 타이머2 인터럽트 함수
// 3ms마다 한 라인씩 표시 => 3ms x 8라인 = 24ms
void dot_disp(void)
{
```

```
    byte n, tmp;
    boolean tmp1;

    digitalWrite(row_pin[bef_lno], LOW);        // 이전 표시 행 LOW출력(전원 off)
    digitalWrite(row_pin[dsp_lno], HIGH);       // 이번 표시할 행 HIGH(전원 on)

    tmp = disp_pat[dsp_lno];                    // dsp_lno 행에 표시할 패턴값
    for(n = 0;n < 8;n++){                       // 열번호(맨오른쪽 0, 맨왼쪽 7)
        tmp1 = tmp & 0x01;                      // 오른쪽에서 왼쪽으로 한 개씩 표시
        digitalWrite(col_pin[n], !tmp1);        // tmp1이 1일때 LED ON되도록 반전
        tmp = tmp >> 1;                         // 행에 출력할 값 1비트씩 shift
    }
    bef_lno = dsp_lno;                          // 이번 표시 행 번호 이전 표시 행 번호로 저장
    dsp_lno = (dsp_lno + 1) % 8;                // 다음에 표시할 행 번호
}
```

Chapter

05

도트 매트릭스 LED 순차 ON 시키기

Chapter

05

도트 매트릭스 LED 순차 ON 시키기

[그림 5-1] 3개의 그림에 대해 사각형에 쓰여져 있는 번호 순서대로 도트 매트릭스의 LED를 300ms 간격으로 하나씩 순차적으로 ON 시켜가며 모든 LED를 ON 시키는 프로그램을 작성해보자. 하나씩 독립적인 프로그램으로 작성하거나 또는 3개 모두 순차적으로 동작하게끔 하나의 프로그램으로 작성하도록 한다. [그림 5-2], [표 5-1]은 아두이노 연결 배선도와 연결핀을 각각 보여준다.

1	2	3	4	5	6	7	8
9	10	11	12	13	14	15	16
17	18	19	20	21	22	23	24
25	26	27	28	29	30	31	32
33	34	35	36	37	38	39	40
41	42	43	44	45	46	47	48
49	50	51	52	53	54	55	56
57	58	59	60	61	62	63	64

(a) 첫 번째

1	2	4	7	11	16	22	29
3	5	8	12	17	23	30	37
6	9	13	18	24	31	38	44
10	14	19	25	32	39	45	50
15	20	26	33	40	46	51	55
21	27	34	41	47	52	56	59
28	35	42	48	53	57	60	62
36	43	49	54	58	61	63	64

(b) 두 번째

1	2	3	4	5	6	7	8
28	29	30	31	32	33	34	9
27	48	49	50	51	52	35	10
26	47	60	61	62	53	36	11
25	46	59	64	63	54	37	12
24	45	58	57	56	55	38	13
23	44	43	42	41	40	39	14
22	21	20	19	18	17	16	15

(c) 세 번째

[그림 5-1] 도트 매트릭스 LED ON 시키는 순서

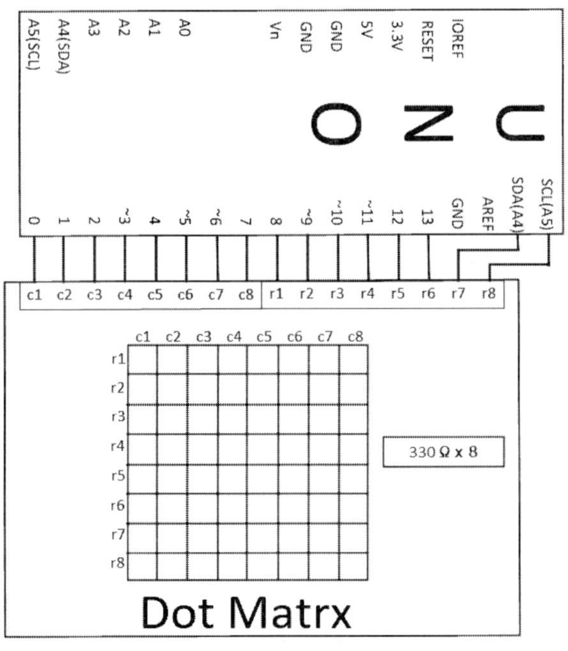

[그림 5-2] 아두이노 연결 배선도

[표 5-1] 아두이노 보드 연결핀

아두이노 보드	도트매트릭스 보드
8	R1
9	R2
10	R3
11	R4
12	R5
13	R6
SDA(A4)	R7
SCL(A5)	R8
0	C1
1	C2
2	C3
3	C4
4	C5
5	C6
6	C7
7	C8

도트 매트릭스의 LED를 순차 ON 시키기 위한 전체 처리 흐름도는 [그림 5-3]과 같고, 인터럽트 함수는 반복 처리 loop() 함수가 실행되면서 인터럽트가 발생할 때마다 자동으로 실행된다. 처리 흐름도에서 처리되는 주요 내용을 간략히 기술하면 [표 5-2]과 같다.

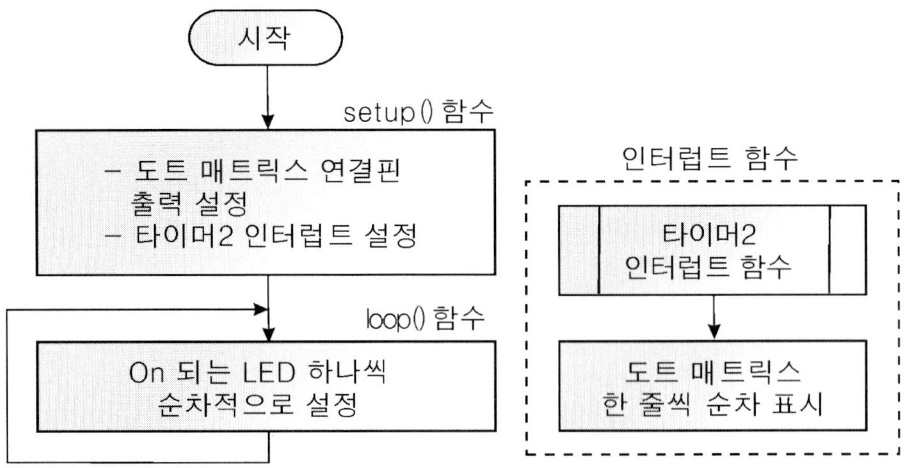

[그림 5-3] 도트 매트릭스 LED 순차 ON 시키기 처리 흐름도

[표 5-2] 주요 처리 내용

★ 도트 매트릭스 표시 패턴 : 표시 패턴을 규칙에 맞춰 순차적으로 쉽게 나타낼 수 있는 경우에는 규칙에 따라 300ms마다 다음에 ON 될 위치의 LED가 ON이 되도록 표시 저장 배열의 값을 갱신한다. 그러나 규칙이 복잡한 경우에는 ON되는 순서대로 LED 위치를 패턴 배열에 정의하고, 300ms 마다 패턴 배열로부터 ON 되는 위치의 LED가 ON이 되도록 표시 저장 배열의 값을 갱신한다. ★ 도트 매트릭스 표시 : 3ms마다 타이머2 인터럽트가 발생하도록 설정하고, 인터럽트 함수에서 표시 저장 배열을 한 줄씩 순차적으로 표시하도록 한다. 따라서 8줄 모두 표시하는데 8번의 인터럽트가 발생하여 24ms(3ms x 8)가 걸리게 된다.

(1) 첫 번째 그림

첫 번째 그림은 맨 위에서부터 아래쪽으로 왼쪽에서 오른쪽으로 하나씩 LED가 ON 되어가는 규칙성이 있다.

〈프로그램 설명〉

❶
```
#include <MsTimer2.h>                                   // 타이머2 헤더 파일
```

❷
```
const byte row_pin[8] = {8, 9, 10, 11, 12, 13, A4, A5};   // 도트매트릭스 행 연결핀(R1~R8)
const byte col_pin[8] = {7, 6, 5, 4, 3, 2, 1, 0};         // 도트매트릭스 열 연결핀(C8~C1)
```

❸
```
volatile byte  disp_pat[8];             // 표시할 데이터 저장 배열
volatile int   dsp_lno = 0;             // 타이머 인터럽트 함수에서 표시할 행 번호
volatile int   bef_lno = 7;             // 이전 표시 행 번호
```

❹
```
// 초기설정 함수
void setup()
{
    int  m;

    // 도트 매트릭스 설정
    for(m = 0;m < 8;m++){
        pinMode(row_pin[m], OUTPUT);        // 행 연결 핀 출력 설정
        pinMode(col_pin[m], OUTPUT);        // 열 연결 핀 출력 설정

        // 도트 매트릭스 LED 모두 off
        digitalWrite(row_pin[m], LOW);      // 모든 행 연결핀 0 출력
        digitalWrite(col_pin[m], HIGH);     // 모든 열 연결핀 1출력
    }

    // 타이머2 인터럽트 설정
    MsTimer2::set(3, dot_disp);             // 3ms 주기와 인터럽트 함수 설정
    MsTimer2::start();                      // 타이머2 동작 시작
}
```

❶	- 타이머2 인터럽트 함수를 사용하기 위한 헤더 파일 - 타이머2는 도트 매트릭스를 3ms간격으로 한 줄씩 표시하기 위해 사용
❷	- 도트 매트릭스 모듈(행, 열) 단자 아두이노 연결핀
❸	- 타이머2에서 도트 매트릭스에 표시할 데이터 저장 배열 - 타이머2에서 도트 매트릭스에 표시할 행 번호 - 타이머2에서 도트 매트릭스에 표시했던 이전 행 번호(마지막 표시 행 번호)
❹	<setup() : 초기 설정 함수> - 도트 매트릭스 모듈 단자 아두이노 연결핀 출력 설정 - 도드 매트릭스 행 연결핀(전원핀) LOW 출력(전원 OFF) - 도트 매트릭스 열 연결핀(LED 캐소드) HIGH 출력(LED OFF) - 도트 매트릭스를 3ms 단위로 한 줄씩 표시하기 위해 타이머2 인터럽트 주기와 인터럽트 함수 dot_disp() 설정 - 타이머2 동작 시작

❶

```
// 반복처리 함수
void loop()
{
	int m, n;

	// 표시 배열 클리어
	for(m = 0;m < 8;m++) disp_pat[m] = 0;
	delay(1000);

	// 표시할 패턴 하나씩 표시 배열에 저장
	for(m = 0;m < 8;m++){
		for(n = 7;n >= 0;n--) {
			disp_pat[m] |= (0x01 << n);		// m행 n번째 비트 셋
			// 또는  m행 n번째 비트 셋하는 라이브러리 함수
			// bitSet(disp_pat[m], n);
			delay(300);
		}
	}
	delay(1000);
}
```

❷

```
// 3ms 마다 자동 실행되는 타이머2 인터럽트 함수
// 3ms마다 한 라인씩 표시 => 3ms x 8라인 = 24ms
void dot_disp(void)
{
	byte n, tmp;
	boolean tmp1;

	digitalWrite(row_pin[bef_lno], LOW);	// 이전 표시 행 LOW출력(전원 off)
	digitalWrite(row_pin[dsp_lno], HIGH);	// 이번 표시할 행 HIGH(전원 on)

	tmp = disp_pat[dsp_lno];		// dsp_lno 행에 표시할 패턴값
	for(n = 0;n < 8;n++){			// 열 번호(맨오른쪽 0, 맨왼쪽 7)
		tmp1 = tmp & 0x01;		// 오른쪽에서 왼쪽으로 한 개씩 표시
		digitalWrite(col_pin[n], !tmp1);	// tmp1이 1일때 LED ON 되도록 반전
		tmp = tmp >> 1;			// 행에 출력할 값 1비트씩 shift
	}
	bef_lno = dsp_lno;			// 이번 표시 행 번호 이전 행 번호로 저장
	dsp_lno = (dsp_lno + 1) % 8;		// 다음에 표시할 행 번호
}
```

❶	<loop() : 반복 처리 함수> – 표시 배열 클리어 후 1초 대기 – 300ms 마다 ON 되는 LED 한 개씩 표시 배열에 저장 – 위에서 아래로 왼쪽에서 오른쪽으로 한 개씩 순차적으로 LED가 ON이 되는 규칙성 있음 – bitSet(disp_pat[m], n) 라이브러리 함수를 이용할 수도 있음
❷	<dot_disp() : 타이머2 인터럽트 함수(3ms마다 도트 매트릭스 한 줄씩 표시)> – 바로 전에 표시했던 행에 LOW 출력(행에 LED 애노드 연결되어 있어 전원 차단 됨) – 이번에 표시할 행에 HIGH 출력(행에 LED 애노드 연결되어 있어 5V 연결됨) – 이번 행에 표시할 패턴 추출 – 오른쪽에서 왼쪽으로 열 연결핀에 한 개씩 출력 표시(8회 실행) – LOW를 출력해야 ON이 되므로 1인 부분에서 표시되도록 반전 출력 – 1비트 출력할 때마다 추출 패턴 값 1비트씩 오른쪽으로 쉬프트 – 이번에 표시한 행 번호를 마지막 표시한 행번호로 저장 – 다음에 표시할 행 번호 갱신

[리스트 5-1] 첫 번째 그림 순서대로 LED ON 시키기 프로그램

```
// report5_1_1
// 2019. 8. 6  by SHIN
#include <MsTimer2.h>                                          // 타이머2 헤더 파일

const byte row_pin[8] = {8, 9, 10, 11, 12, 13, A4, A5};       // 도트 매트릭스 행 연결핀(R1~R8)
const byte col_pin[8] = {7, 6, 5, 4, 3, 2, 1, 0};             // 도트 매트릭스 열 연결핀(C8~C1)

volatile byte  disp_pat[8];                     // 표시할 데이터 저장 배열
volatile int   dsp_lno = 0;                     // 타이머 인터럽트 함수에서 표시할 행 번호
volatile int   bef_lno = 7;                     // 이전 표시 행 번호

void setup()
{
	int  m;

	// 도트 매트릭스 설정
	for(m = 0;m < 8;m++){
		pinMode(row_pin[m], OUTPUT);            // 행 연결 핀 출력 설정
		pinMode(col_pin[m], OUTPUT);            // 열 연결 핀 출력 설정

		// 도트 매트릭스 LED 모두 off
		digitalWrite(row_pin[m], LOW);          // 모든 행 연결핀 0 출력
		digitalWrite(col_pin[m], HIGH);         // 모든 열 연결핀 1출력
	}

	// 타이머2 인터럽트 설정
	MsTimer2::set(3, dot_disp);                 // 3ms 주기와 인터럽트 함수 설정
	MsTimer2::start();                          // 타이머2 동작 시작
```

```
}

void loop()
{
      int m, n;

      // 표시 배열 클리어
      for(m = 0;m < 8;m++) disp_pat[m] = 0;
      delay(1000);

      // 표시할 패턴 하나씩 표시 배열에 저장
      for(m = 0;m < 8;m++){
            for(n = 7;n >= 0;n--) {
                  disp_pat[m] |= (0x01 << n);        // m행 n번째 비트 셋
                  // 또는  m행 n번째 비트 셋하는 라이브러리 함수
                  // bitSet(disp_pat[m], n);
                  delay(300);
            }
      }
      delay(1000);
}

// 3ms 마다 자동 실행되는 타이머2 인터럽트 함수
// 3ms마다 한 라인씩 표시 => 3ms x 8라인 = 24ms
void dot_disp(void)
{
      byte n, tmp;
      boolean tmp1;

      digitalWrite(row_pin[bef_lno], LOW);          // 이전 표시 행 LOW출력(전원 off)
      digitalWrite(row_pin[dsp_lno], HIGH);         // 이번 표시할 행 HIGH(전원 on)

      tmp = disp_pat[dsp_lno];                      // dsp_lno 행에 표시할 패턴값
      for(n = 0;n < 8;n++){                         // 열 번호(맨오른쪽 0, 맨왼쪽 7)
            tmp1 = tmp & 0x01;                      // 오른쪽에서 왼쪽으로 한 개씩 표시
            digitalWrite(col_pin[n], !tmp1);        // tmp1이 1일때 LED ON 되도록 반전
            tmp = tmp >> 1;                         // 행에 출력할 값 1비트씩 shift
      }
      bef_lno = dsp_lno;                            // 이번 표시 행 번호 이전 행 번호로 저장
      dsp_lno = (dsp_lno + 1) % 8;                  // 다음에 표시할 행 번호
}
```

(2) 두 번째 그림

두 번째 그림은 규칙성은 있으나 수식으로 표현하기가 어려운 부분이 있어서 LED가 ON 되는 순서대로 좌표를 저장해두고 한 개씩 순차적으로 ON 시켜가는 방법을 이용하기로 한다.

〈프로그램 설명〉

❶
```
#include <MsTimer2.h>                                // 타이머2 헤더 파일

const byte seq[64][2] ={                             // LED ON되는 순서 좌표 (열, 행)
    {0, 0}, {1, 0}, {0, 1}, {2, 0}, {1, 1}, {0, 2}, {3, 0}, {2, 1},
    {1, 2}, {0, 3}, {4, 0}, {3, 1}, {2, 2}, {1, 3}, {0, 4}, {5, 0},
    {4, 1}, {3, 2}, {2, 3}, {1, 4}, {0, 5}, {6, 0}, {5, 1}, {4, 2},
    {3, 3}, {2, 4}, {1, 5}, {0, 6}, {7, 0}, {6, 1}, {5, 2}, {4, 3},
    {3, 4}, {2, 5}, {1, 6}, {0, 7}, {7, 1}, {6, 2}, {5, 3}, {4, 4},
    {3, 5}, {2, 6}, {1, 7}, {7, 2}, {6, 3}, {5, 4}, {4, 5}, {3, 6},
    {2, 7}, {7, 3}, {6, 4}, {5, 5}, {4, 6}, {3, 7}, {7, 4}, {6, 5},
    {5, 6}, {4, 7}, {7, 5}, {6, 6}, {5, 7}, {7, 6}, {6, 7}, {7, 7}};
```

❷
```
const byte row_pin[8] = {8, 9, 10, 11, 12, 13, A4, A5}; // 도트매트릭스 행 연결핀(R1~R8)
const byte col_pin[8] = {7, 6, 5, .4, 3, 2, 1, 0};      // 도트매트릭스 열 연결핀(C8~C1)
```

❸
```
volatile byte  disp_pat[8];                          // 표시할 데이터 저장 배열
volatile int   dsp_lno = 0;                          // 타이머 인터럽트 함수에서 표시할 행 번호
volatile int   bef_lno = 7;                          // 이전 표시 행 번호
```

❹
```
// 초기설정 함수
void setup()
{
    int  m;

    // 도트 매트릭스 설정
    for(m = 0;m < 8;m++){
        pinMode(row_pin[m], OUTPUT);                 // 행 연결 핀 출력 설정
        pinMode(col_pin[m], OUTPUT);                 // 열 연결 핀 출력 설정

        // 도트 매트릭스 LED 모두 off
        digitalWrite(row_pin[m], LOW);               // 모든 행 연결핀 0 출력
        digitalWrite(col_pin[m], HIGH);              // 모든 열 연결핀 1출력
    }

    // 타이머2 인터럽트 설정
    MsTimer2::set(3, dot_disp);                      // 3ms 주기와 인터럽트 함수 설정
    MsTimer2::start();                               // 타이머2 동작 시작
}
```

❶	- 타이머2 인터럽트 함수를 사용하기 위한 헤더 파일 - 타이머2는 도트 매트릭스를 3ms 간격으로 한 줄씩 표시하기 위해 사용 - 도트 매트릭스에서 순차적으로 ON 시킬 LED 좌표를 배열에 저장(열, 행)
❷	- 도트 매트릭스 모듈(행, 열) 단자 아두이노 연결핀
❸	- 타이머2에서 도트 매트릭스에 표시할 데이터 저장 배열 - 타이머2에서 도트 매트릭스에 표시할 행 번호 - 타이머2에서 도트 매트릭스에 표시했던 이전 행 번호(마지막 표시 행 번호)
❹	**<setup() : 초기설정 함수>** - 도트 매트릭스 모듈 단자 아두이노 연결핀 출력 설정 - 도드 매트릭스 행 연결핀(전원핀) LOW 출력(전원 OFF) - 도트 매트릭스 열 연결핀(LED 캐소드) HIGH 출력(LED OFF) - 도트 매트릭스를 3ms 단위로 한 줄씩 표시하기 위해 타이머2 인터럽트 주기와 인터럽트 함수 dot_disp() 설정

❶

```
// 반복처리 함수
void loop()
{
      int m, n, x, y;

      // 표시 배열 클리어
      for(m = 0;m < 8;m++) disp_pat[m] = 0;
      delay(1000);

      // 좌표 저장 배열 순서대로 표시 배열에 하나씩 저장
      for(m = 0;m < 64;m++){                    // 64개의 LED 순차적으로 하나씩 ON
            x = seq[m][0];                      // 열 좌표
            y = seq[m][1];                      // 행 좌표
            disp_pat[y] |= 0x80 >> x;           // y행 x열 LED ON
            // 또는 라이브러리 함수 이용 => bitSet(disp_pat[y], 7- x) ;

            delay(300);
      }
      delay(1000);
}
```

❷

```
// 3ms 마다 자동 실행되는 타이머2 인터럽트 함수
// 3ms마다 한 라인씩 표시 => 3ms x 8라인 = 24ms
void dot_disp(void)
{
      byte n, tmp;
      boolean tmp1;

      digitalWrite(row_pin[bef_lno], LOW);      // 이전 표시 행 LOW출력(LED off)
      digitalWrite(row_pin[dsp_lno], HIGH);     // 이번 표시할 행 HIGH

      tmp = disp_pat[dsp_lno];                  // dsp_lno 행에 표시할 패턴값
      for(n = 0;n < 8;n++){                     // 열 번호(맨오른쪽 0, 맨왼쪽 7)
            tmp1 = tmp & 0x01;                  // 오른쪽에서 왼쪽으로 한 개씩 표시
            digitalWrite(col_pin[n], !tmp1);    // tmp1이 1일때 LED ON 되도록 반전
            tmp = tmp >> 1;                     // 행에 출력할 값 1비트씩 shift
      }
      bef_lno = dsp_lno;                        // 이번에 표시한 행 번호
      dsp_lno = (dsp_lno + 1) % 8;              // 다음에 표시할 행 번호
}
```

❶	<loop() : 반복 처리 함수> - 표시 배열 모두 클리어(LED 모두 OFF)한 후 1초 대기 - 좌표 저장 배열 순서대로 한 개씩 300ms 간격으로 표시 배열에 저장 - 모두 표시 후 1초 대기
❷	<dot_disp() : 타이머2 인터럽트 함수(3ms마다 도트 매트릭스 한 줄씩 표시)> - 바로 전에 표시했던 행에 LOW 출력(행에 LED 애노드 연결되어 있어 전원 차단 됨) - 이번에 표시할 행에 HIGH 출력(행에 LED 애노드 연결되어 있어 5V 연결됨) - 이번 행에 표시할 패턴 추출 - 오른쪽에서 왼쪽으로 열 연결핀에 한 개씩 출력 표시(8회 실행) - LOW를 출력해야 ON이 되므로 1인 부분에서 표시되도록 반전 출력 - 한 비트 출력할 때마다 추출 패턴값 1비트씩 오른쪽으로 쉬프트 - 이번에 표시한 행번호를 마지막 표시한 행번호로 저장 - 다음에 표시할 행번호 갱신

[리스트 5-2] 두 번째 그림 순서대로 LED ON 시키기 프로그램

```
// report5_2_1
// 2019. 8.6  by SHIN

#include <MsTimer2.h>                                   // 타이머2 헤더 파일

const byte seq[64][2] ={                                // LED ON되는 순서 좌표 (열, 행)
    {0, 0}, {1, 0}, {0, 1}, {2, 0}, {1, 1}, {0, 2}, {3, 0}, {2, 1},
    {1, 2}, {0, 3}, {4, 0}, {3, 1}, {2, 2}, {1, 3}, {0, 4}, {5, 0},
    {4, 1}, {3, 2}, {2, 3}, {1, 4}, {0, 5}, {6, 0}, {5, 1}, {4, 2},
    {3, 3}, {2, 4}, {1, 5}, {0, 6}, {7, 0}, {6, 1}, {5, 2}, {4, 3},
    {3, 4}, {2, 5}, {1, 6}, {0, 7}, {7, 1}, {6, 2}, {5, 3}, {4, 4},
    {3, 5}, {2, 6}, {1, 7}, {7, 2}, {6, 3}, {5, 4}, {4, 5}, {3, 6},
    {2, 7}, {7, 3}, {6, 4}, {5, 5}, {4, 6}, {3, 7}, {7, 4}, {6, 5},
    {5, 6}, {4, 7}, {7, 5}, {6, 6}, {5, 7}, {7, 6}, {6, 7}, {7, 7}};

const byte row_pin[8] = {8, 9, 10, 11, 12, 13, A4, A5}; // 도트 매트릭스 행 연결핀(R1~R8)
const byte col_pin[8] = {7, 6, 5, 4, 3, 2, 1, 0};       // 도트 매트릭스 열 연결핀(C8~C1)

byte  disp_pat[8];                          // 표시할 데이터 저장 배열
int   dsp_lno = 0;                          // 타이머 인터럽트 함수에서 표시할 행 번호
int   bef_lno = 7;                          // 이전 표시 행 번호

// 초기설정 함수
void setup()
{
      int  m;

      // 도트 매트릭스 설정
      for(m = 0;m < 8;m++){
            pinMode(row_pin[m], OUTPUT);    // 행 연결 핀 출력 설정
            pinMode(col_pin[m], OUTPUT);    // 열 연결 핀 출력 설정

            // 도트 매트릭스 LED 모두 off
            digitalWrite(row_pin[m], LOW);  // 모든 행 연결핀 0 출력
            digitalWrite(col_pin[m], HIGH); // 모든 열 연결핀 1출력
      }

      // 타이머2 인터럽트 설정
      MsTimer2::set(3, dot_disp);           // 3ms 주기와 인터럽트 함수 설정
      MsTimer2::start();                    // 타이머2 동작 시작
}

// 반복 처리 함수
void loop()
{
      int m, n, x, y;
```

```
    // 표시 배열 클리어
    for(m = 0;m < 8;m++) disp_pat[m] = 0;
    delay(1000);

    // 좌표 저장 배열 순서대로 표시 배열에 하나씩 저장
    for(m = 0;m < 64;m++){                    // 64개의 LED 순차적으로 하나씩 ON
        x = seq[m][0];                        // 열 좌표
        y = seq[m][1];                        // 행 좌표
        disp_pat[y] |= 0x80 >> x;             // y행 x열 LED ON
        // 또는 라이브러리 함수 이용 => bitSet(disp_pat[y], 7 - x);
        delay(300);
    }
    delay(1000);

}

// 3ms 마다 자동 실행되는 타이머2 인터럽트 함수
// 3ms마다 한 라인씩 표시 => 3ms x 8라인 = 24ms
void dot_disp(void)
{
    byte n, tmp;
    boolean tmp1;

    digitalWrite(row_pin[bef_lno], LOW);      // 이전 표시 행 LOW출력(전원 off)
    digitalWrite(row_pin[dsp_lno], HIGH);     // 이번 표시할 행 HIGH(전원 on)

    tmp = disp_pat[dsp_lno];                  // dsp_lno 행에 표시할 패턴값
    for(n = 0;n < 8;n++){                     // 열 번호(맨오른쪽 0, 맨왼쪽 7)
        tmp1 = tmp & 0x01;                    // 오른쪽에서 왼쪽으로 한 개씩 표시
        digitalWrite(col_pin[n], !tmp1);      // tmp1이 1일때 LED ON 되도록 반전
        tmp = tmp >> 1;                       // 행에 출력할 값 1비트씩 shift
    }
    bef_lno = dsp_lno;                        // 이번 표시 행 번호 이전 표시 행 번호로 저장
    dsp_lno = (dsp_lno + 1) % 8;              // 다음에 표시할 행 번호
}
```

(3) 세 번째 그림

두 번째 그림과 마찬가지로 수식으로 표현하기 어려움 점이 있어 LED가 ON이 되는 순서를 좌표로 저장한 후 차례로 한 개씩 순차적으로 ON 시켜가는 방법을 이용하기로 한다.

〈프로그램 설명〉

❶	`#include <MsTimer2.h>                    // 타이머2 헤더 파일`
	
	`const byte seq[64][2] ={                  // LED ON되는 순서 좌표 (열, 행)`
	`{0, 0}, {1, 0}, {2, 0}, {3, 0}, {4, 0}, {5, 0}, {6, 0}, {7, 0},`
	`{7, 1}, {7, 2}, {7, 3}, {7, 4}, {7, 5}, {7, 6}, {7, 7}, {6, 7},`
	`{5, 7}, {4, 7}, {3, 7}, {2, 7}, {1, 7}, {0, 7}, {0, 6}, {0, 5},`
	`{0, 4}, {0, 3}, {0, 2}, {0, 1}, {1, 1}, {2, 1}, {3, 1}, {4, 1},`
	`{5, 1}, {6, 1}, {6, 2}, {6, 3}, {6, 4}, {6, 5}, {6, 6}, {5, 6},`
	`{4, 6}, {3, 6}, {2, 6}, {1, 6}, {1, 5}, {1, 4}, {1, 3}, {1, 2},`
	`{2, 2}, {3, 2}, {4, 2}, {5, 2}, {5, 3}, {5, 4}, {5, 5}, {4, 5},`
	`{3, 5}, {2, 5}, {2, 4}, {2, 3}, {3, 3}, {4, 3}, {4, 4}, {3, 4}};`

❶	- 타이머2 인터럽트 함수를 사용하기 위한 헤더 파일 - 타이머2는 도트 매트릭스를 3ms간격으로 한 줄씩 표시하기 위해 사용 - 도트 매트릭스에서 순차적으로 ON 시킬 LED 좌표를 배열에 저장

[리스트 5-3] 세 번째 그림 순서대로 LED ON 시키기 프로그램

```
// report5_3_1
// 2019. 8. 6  by SHIN

#include <MsTimer2.h>                                    // 타이머2 헤더 파일
const byte seq[64][2] ={                                 // LED ON되는 순서 좌표 (열, 행)
    {0, 0}, {1, 0}, {2, 0}, {3, 0}, {4, 0}, {5, 0}, {6, 0}, {7, 0},
    {7, 1}, {7, 2}, {7, 3}, {7, 4}, {7, 5}, {7, 6}, {7, 7}, {6, 7},
    {5, 7}, {4, 7}, {3, 7}, {2, 7}, {1, 7}, {0, 7}, {0, 6}, {0, 5},
    {0, 4}, {0, 3}, {0, 2}, {0, 1}, {1, 1}, {2, 1}, {3, 1}, {4, 1},
    {5, 1}, {6, 1}, {6, 2}, {6, 3}, {6, 4}, {6, 5}, {6, 6}, {5, 6},
    {4, 6}, {3, 6}, {2, 6}, {1, 6}, {1, 5}, {1, 4}, {1, 3}, {1, 2},
    {2, 2}, {3, 2}, {4, 2}, {5, 2}, {5, 3}, {5, 4}, {5, 5}, {4, 5},
    {3, 5}, {2, 5}, {2, 4}, {2, 3}, {3, 3}, {4, 3}, {4, 4}, {3, 4}};

const byte row_pin[8] = {8,9,10,11,12,13,A4,A5};     // 도트 매트릭스 행 연결핀(R1~R8)
const byte col_pin[8] = {7, 6, 5, 4, 3, 2, 1, 0};    // 도트 매트릭스 열 연결핀(C8~C1)

byte  disp_pat[8];                                   // 표시할 데이터 저장 배열
byte  bitman_no = 0;                                 // 표시할 비트맨 패턴 번호
int   dsp_lno = 0;                                   // 타이머 인터럽트 함수에서 표시할 행 번호
int   bef_lno = 7;                                   // 이전 표시 행 번호

// 초기설정 함수
void setup()
{
        int  m;

        // 도트 매트릭스 설정
        for(m = 0;m < 8;m++){
                pinMode(row_pin[m], OUTPUT);         // 행 연결 핀 출력 설정
                pinMode(col_pin[m], OUTPUT);         // 열 연결 핀 출력 설정

                // 도트 매트릭스 LED 모두 off
                digitalWrite(row_pin[m], LOW);       // 모든 행 연결핀 0 출력
                digitalWrite(col_pin[m], HIGH);      // 모든 열 연결핀 1출력
        }

        // 타이머2 인터럽트 설정
        MsTimer2::set(3, dot_disp);                  // 3ms 주기와 인터럽트 함수 설정
        MsTimer2::start();                           // 타이머2 동작 시작
}

// 반복 처리 함수
void loop()
{
        int m, n, x, y;
```

```
    // 표시 배열 클리어
    for(m = 0;m < 8;m++) disp_pat[m] = 0;
    delay(1000);

    // 좌표 저장 배열 순서대로 표시 배열에 하나씩 저장
    for(m = 0;m < 64;m++){                    // 64개의 LED 순차적으로 하나씩 ON
        x = seq[m][0];                        // 열 좌표
        y = seq[m][1];                        // 행 좌표
        disp_pat[y] |= 0x80 >> x;             // y행 x열 LED ON
        // 또는 라이브러리 함수 이용 => bitSet(disp_pat[y], 7 - x);
        delay(300);
    }
    delay(1000);
}

// 3ms 마다 자동 실행되는 타이머2 인터럽트 함수
// 3ms마다 한 라인씩 표시 => 3ms x 8라인 = 24ms
void dot_disp(void)
{
    byte n, tmp;
    boolean tmp1;

    digitalWrite(row_pin[bef_lno], LOW);      // 이전 표시 행 LOW출력(전원 off)
    digitalWrite(row_pin[dsp_lno], HIGH);     // 이번 표시할 행 HIGH(전원 on)

    tmp = disp_pat[dsp_lno];                  // dsp_lno 행에 표시할 패턴값
    for(n = 0;n < 8;n++){                     // 열 번호(맨오른쪽 0, 맨왼쪽 7)
        tmp1 = tmp & 0x01;                    // 오른쪽에서 왼쪽으로 한 개씩 표시
        digitalWrite(col_pin[n], !tmp1);      // tmp1이 1일때 LED ON 되도록 반전
        tmp = tmp >> 1;                       // 행에 출력할 값 1비트씩 shift
    }
    bef_lno = dsp_lno;                        // 이번 표시 행 번호 이전 행 번호로 저장
    dsp_lno = (dsp_lno + 1) % 8;              // 다음에 표시할 행 번호
}
```

Memo.

Chapter

06

도트 매트릭스 LED 조이스틱으로 이동시키기

Chapter

06

도트 매트릭스 LED 조이스틱으로 이동시키기

도트 매트릭스에서 ON이 되는 LED의 위치(커서 LED)를 조이스틱의 x축, y축 키로 이동시키는 프로그램을 구현해보자. [그림 6-1]은 도트 매트릭스의 초기상태를 나타내고, [표 6-1]은 조이스틱의 기능을 보여준다. [그림 6-2], [표 6-2]는 아두이노 연결 배선도와 연결핀을 각각 보여준다.

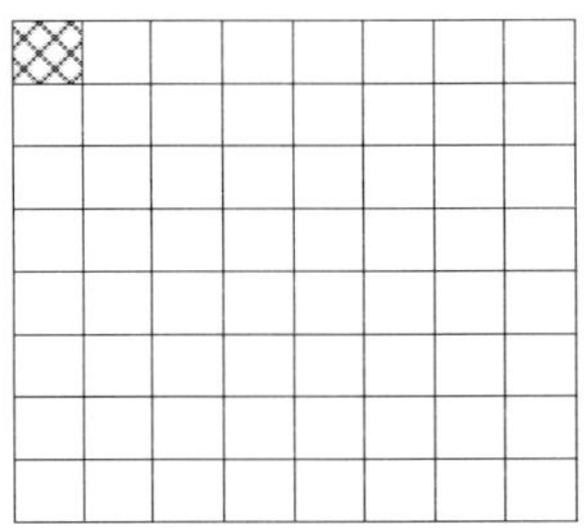

[그림 6-1] 도트 매트릭스 초기 상태

[표 6-1] 조이스틱 기능

조이스틱	기 능	비 고
x축	x축 이동	- 조이스틱 x축과 y축의 V값 A/D 변환 - 임계치보다 크거나 작을 때 x축, y축의 + 또는 -방향으로 이동
y축	y축 이동	

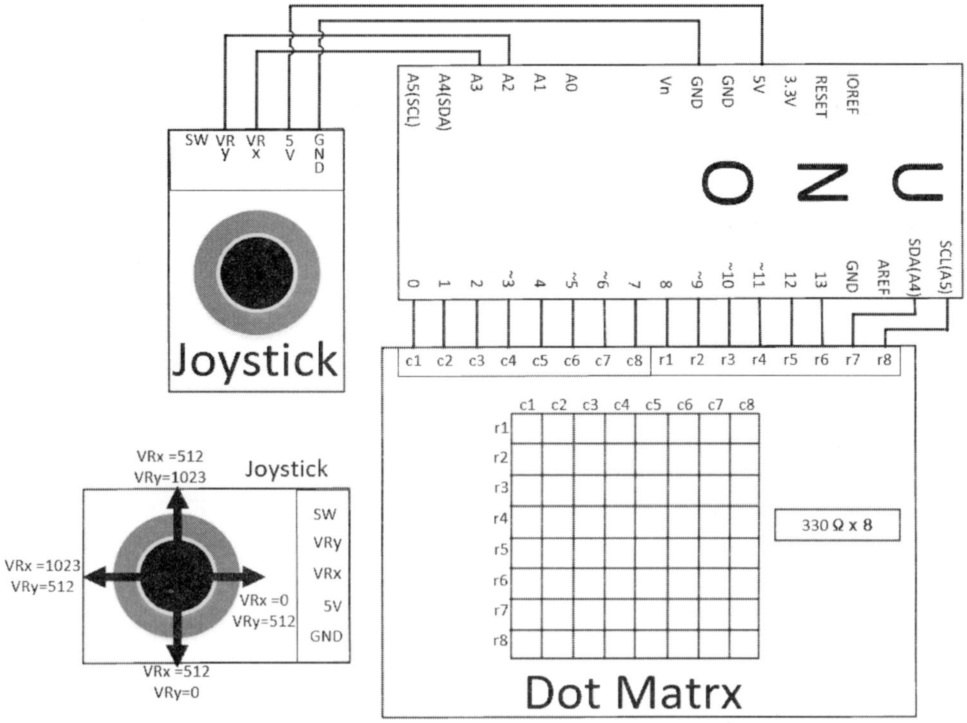

[그림 6-2] 아두이노 연결 배선도

[표 6-2] 아두이노 보드 연결핀

아두이노 보드	도트매트릭스 보드	아두이노 보드	조이스틱 보드
8	R1	A3	VRx
9	R2	A2	VRy
10	R3		
11	R4		
12	R5		
13	R6		
SDA(A4)	R7		
SCL(A5)	R8		
0	C1		
1	C2		
2	C3		
3	C4		
4	C5		
5	C6		
6	C7		
7	C8		

도트 매트릭스에서 커서 LED(ON 되어 있는 LED)를 이동시키기 위한 방법은 다음과 같다. 도트 매트릭스에서 커서 LED에 대한 값은 배열 disp_pat[]에 저장되어 있고, 커서 LED의 위치 좌표는 (rx, ry)로 나타내기로 한다.

(1) 커서 LED 아래로 이동하기

아래로 이동하는 경우에는 [그림 6-3]과 같이 커서 LED가 있는 행 위치의 값을 저장하고, 행의 좌표 ry를 1 증가시킨 후 저장된 값을 그 행의 값으로 저장하면 된다.

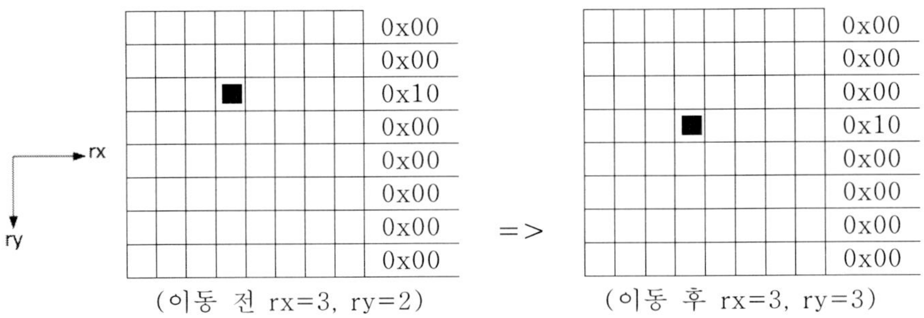


```
처리 : ry < 7 이면
          tmp = disp_pat[ry];
          disp_pat[ry] = 0;
          ry++;
          disp_pat[ry] = tmp;
```

[그림 6-3] 아래로 이동하기

(2) 커서 LED 위로 이동하기

위로 이동하는 경우에는 [그림 6-4]와 같이 커서 LED가 있는 행 위치의 값을 저장하고, 행의 좌표 ry를 1 감소시킨 후 저장된 값을 그 행의 값으로 저장하면 된다.

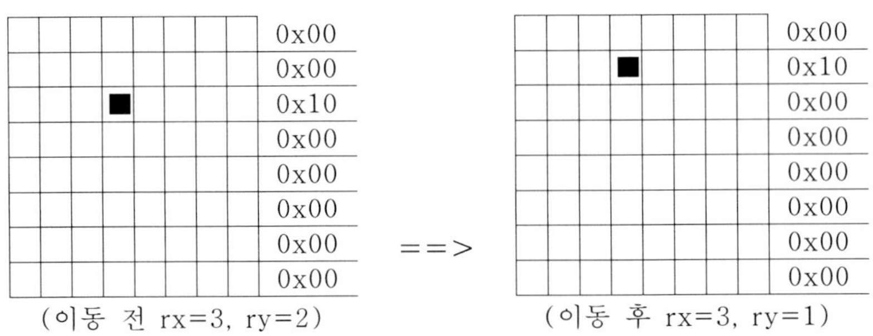

```
처리 : ry > 0 이면
        tmp = disp_pat[ry];
        disp_pat[ry] = 0;
        ry--;
        disp_pat[ry] = tmp;
```

[그림 6-4] 위로 이동하기

(3) 커서 LED 좌로 이동하기

좌로 이동하는 경우에는 [그림 6-5]와 같이 커서 LED의 열 좌표 rx를 1감소시키고, 그 행의 값을 왼쪽으로 1비트 쉬프트 한 값을 그 행의 새로운 값으로 저장하면 된다.

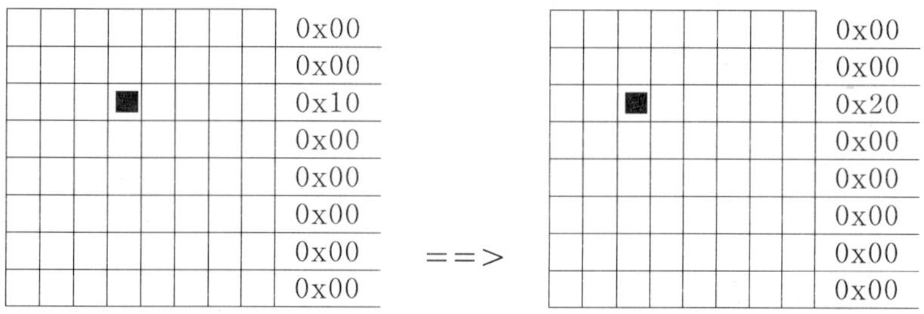

(이동 전 rx=3, ry=2) (이동 후 rx=2, ry=2)

```
처리 : rx > 0 이면
     rx--;
     disp_pat[ry] <<= 1;
```

[그림 6-5] 좌로 이동하기

(4) 커서 LED 우로 이동하기

우로 이동하는 경우에는 [그림 6-6]과 같이 커서 LED의 열 좌표 rx를 1증가시키고, 그 행의 값을 오른쪽으로 1비트 쉬프트 한 값을 그 행의 새로운 값으로 저장하면 된다.

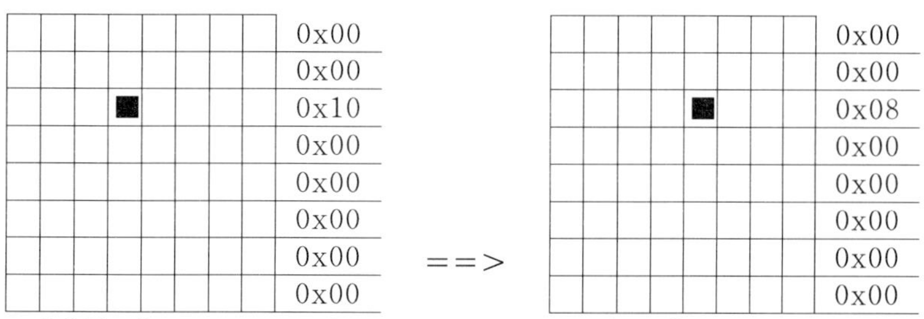

(이동 전 ry=2, rx=3) (이동 후 ry=2, rx=4)

```
처리 : rx < 7 이면
      rx++;
      dot_rval[ry] >>= 1;
```

[그림 6-6] 우로 이동하기

도트 매트릭스의 LED를 이동시키기 위한 전체 처리 흐름도는 [그림 6-7]과 같고, 인터럽트 함수는 반복 처리 loop() 함수가 실행되면서 인터럽트가 발생할 때마다 자동으로 실행된다.

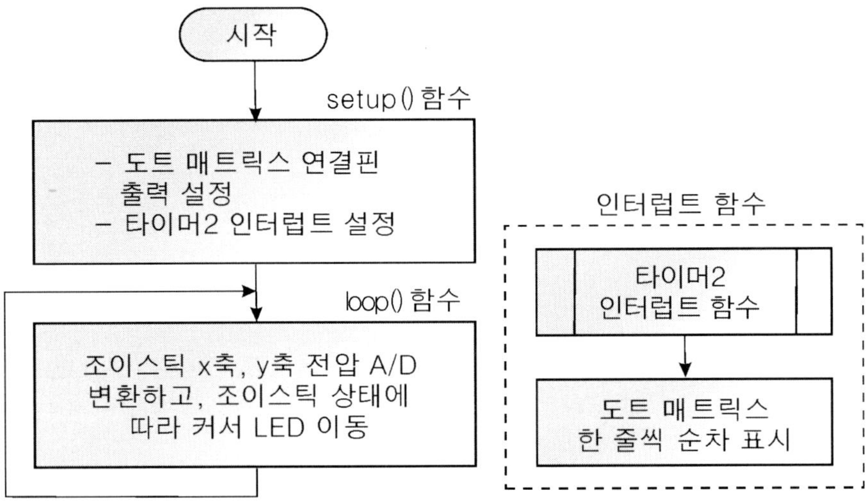

[그림 6-7] 도트 매트릭스 LED 이동시키기 처리 흐름도

〈프로그램 설명〉

❶
```
#include <MsTimer2.h>                                    // 타이머2 헤더 파일
```

❷
```
const byte row_pin[8] = {8, 9, 10, 11, 12, 13, A4, A5}; // 도트매트릭스 행연결핀(R1~R8)
const byte col_pin[8] = {7, 6, 5, 4, 3, 2, 1, 0};       // 도트매트릭스 열연결핀(C8~C1)
const byte joy_xpin = A3;                               // 조이스틱 VRx
const byte joy_ypin = A2;                               // 조이스틱 VRy
```

❸
```
volatile byte  disp_pat[8];                             // 표시할 데이터 저장 배열
volatile byte  dsp_lno = 0;                             // 타이머 인터럽트 함수에서 표시할 행 번호
volatile byte  bef_lno = 7;                             // 이전 표시 행 번호
byte     led_x = 0, led_y = 0;                          // 도트 매트릭스 ON LED 초기 위치(좌상귀)
```

❹
```
// 초기설정 함수
void setup()
{
    byte  m;

    for(m = 0;m < 8;m++){
        pinMode(row_pin[m], OUTPUT);                    // 행 연결 핀 출력 설정
        pinMode(col_pin[m], OUTPUT);                    // 열 연결 핀 출력 설정

        // 도트 매트릭스 LED 모두 off
        digitalWrite(row_pin[m], LOW);                  // 모든 행 연결핀 0 출력
        digitalWrite(col_pin[m], HIGH);                 // 모든 열 연결핀 1출력
    }

    disp_pat[0] = 0x80;                                 // 도트매트릭스 좌상귀 LED만 ON
    for(m = 1;m < 8;m++) disp_pat[m] =  0;

    // 타이머2 인터럽트 설정
    MsTimer2::set(3, dot_disp);                         // 3ms 주기와 인터럽트 함수 설정
    MsTimer2::start();                                  // 타이머2 동작 시작
}
```

❶	- 타이머2 인터럽트 함수를 사용하기 위한 헤더 파일 - 타이머2는 도트 매트릭스를 3ms간격으로 한 줄씩 표시하기 위해 사용
❷	- 도트 매트릭스 모듈(행, 열) 단자 아두이노 연결핀 - 조이스틱 아두이노 연결핀
❸	- 타이머2에서 도트 매트릭스에 표시할 데이터 저장 배열 - 타이머2에서 도트 매트릭스에 표시할 행 번호 - 타이머2에서 도트 매트릭스에 표시했던 이전 행 번호(마지막 표시 행 번호) - 도트 매트릭스 ON LED(커서 LED) 위치 변수
❹	<setup() : 초기 설정 함수> - 도트 매트릭스 모듈 단자 아두이노 연결핀 출력 설정 - 도드 매트릭스 행 연결핀(전원핀) LOW 출력(전원 OFF) - 도트 매트릯 열 연결핀(LED 캐소드) HIGH 출력(LED OFF) - 도트 매트릭스 좌상귀 LED 만 ON이 되도록 표시 배열 설정 - 도트 매트릭스를 3ms 단위로 한 줄씩 표시하기 위해 타이머2 인터럽트 주기와 인터럽트 함수 dot_disp() 설정 - 타이머2 동작 시작

❶	```
	// 반복처리 함수
	void loop()
	{
	    int dx, dy;
	
	    dx = analogRead(joy_xpin); // X축 방향 전압값(좌우)
	    dy = analogRead(joy_ypin); // Y축 방향 전압값(상하)
	``

❷	```
	    if(dx > 768 && led_x > 0) { // 조이스틱 왼쪽 위치
	        led_x--; // 커서 LED x좌표 -1
	        disp_pat[led_y] = disp_pat[led_y] << 1; // 저장배열 커서 LED 왼쪽
	                                                // 한 칸 이동
	    }
	    else if(dx < 256 && led_x < 7){ // 조이스틱 오른쪽 위치
	        led_x++; // 커서 LED x좌표 +1
	        disp_pat[led_y] = disp_pat[led_y] >> 1; // 저장배열 커서 LED 오른쪽
	                                                // 한 칸 이동
	    }
	    else if(dy > 768 && led_y > 0){ // 조이스틱 위쪽 위치
	         disp_pat[led_y - 1] = disp_pat[led_y]; // 저장 배열 커서 LED
	         disp_pat[led_y] = 0; // 한 줄 위로 이동
	         led_y--; // 커서 LED y좌표 -1
	    }
	    else if(dy < 256 && led_y < 7){ // 조이스틱 아래쪽 위치
	         disp_pat[led_y + 1] = disp_pat[led_y]; // 저장 배열 커서 LED
	         disp_pat[led_y] = 0; // 한 줄 아래로 이동
	         led_y++; // 커서 LED y좌표 +1
	    }
	    delay(200);
	}
	``

❶	**<loop() : 반복 처리 함수>** - 조이스틱 X축 방향(좌우) 위치 디지털 값 읽기 - 조이스틱 Y축 방향(상하) 위치 디지털 값 읽기
❷	- 조이스틱 핸들이 수평 방향 왼쪽에 위치해 있고 현재 ON LED의 위치가 맨 왼쪽에 있지 않으면 ON LED 위치 왼쪽으로 한 칸 이동(왼쪽 : 1023, 중간 : 512, 오른쪽 0) - 조이스틱 핸들이 수평 방향 오른쪽에 위치해 있고 현재 ON LED의 위치가 맨 오른쪽에 있지 않으면 ON LED 위치 왼쪽으로 한 칸 이동 - 조이스틱 핸들이 수직 방향 위쪽에 위치해 있고 현재 ON LED의 위치가 맨 위쪽에 있지 않으면 ON LED 위치 위쪽으로 한 칸 이동(위쪽 : 1023, 중간 : 512, 아래쪽 0) - 조이스틱 핸들이 수직 방향 아래쪽에 위치해 있고 현재 ON LED의 위치가 맨 아래쪽에 있지 않으면 ON LED 위치 아래쪽으로 한 칸 이동

❶

```
// 3ms 마다 자동 실행되는 타이머2 인터럽트 함수
// 3ms마다 한 라인씩 표시 => 3ms x 8라인 = 24ms
void dot_disp(void)
{
      byte n, tmp;
      boolean tmp1;

      digitalWrite(row_pin[bef_lno], LOW);     // 이전 표시 행 LOW출력(전원 off)
      digitalWrite(row_pin[dsp_lno], HIGH);    // 이번 표시할 행 HIGH(전원 on)

      tmp = disp_pat[dsp_lno];                 // dsp_lno 행에 표시할 패턴값
      for(n = 0;n < 8;n++){                    // 열 번호(맨오른쪽 0, 맨왼쪽 7)
            tmp1 = tmp & 0x01;                 // 오른쪽에서 왼쪽으로 한 개씩 표시
            digitalWrite(col_pin[n], !tmp1);   // tmp1이 1일때 LED ON 되도록 반전
            tmp = tmp >> 1;                    // 행에 출력할 값 1비트씩 shift
      }
      bef_lno = dsp_lno;                       // 이번 표시 행 번호 이전 표시 행 번호로 저장
      dsp_lno = (dsp_lno + 1) % 8;             // 다음에 표시할 행 번호
}
```

❶

<dot_disp() : 타이머2 인터럽트 함수(3ms마다 도트 매트릭스 한 줄씩 표시)>
- 바로 전에 표시했던 행에 LOW 출력(행에 LED 애노드 연결되어 있어 전원 차단 됨)
- 이번에 표시할 행에 HIGH 출력(행에 LED 애노드 연결되어 있어 5V 연결됨)

- 이번 행에 표시할 패턴 추출
- 오른쪽에서 왼쪽으로 열 연결핀에 한 개씩 출력 표시(8회 실행)
- LOW를 출력해야 ON이 되므로 1인 부분에서 표시되도록 반전 출력
- 한 비트 출력할 때마다 추출 패턴값 1비트씩 오른쪽으로 쉬프트

- 이번에 표시한 행번호를 마지막 표시한 행번호로 저장
- 다음에 표시할 행번호 갱신

[리스트 6-1] 도트 매트릭스 LED 조이스틱으로 이동시키기 프로그램

```
// report6
// 2019. 8.6  by SHIN
// 커서 LED 이동시키기

#include <MsTimer2.h>                                    // 타이머2 헤더 파일

const byte row_pin[8] = {8, 9, 10, 11, 12, 13, A4, A5};// 도트매트릭스 행연결핀(R1~R8)
const byte col_pin[8] = {7, 6, 5, 4, 3, 2, 1, 0};       // 도트 매트릭스 열 연결(C8~C1)

const byte joy_xpin = A3;                               // 조이스틱 Vx
const byte joy_ypin = A2;                               // 조이스틱 Vy

volatile byte  disp_pat[8];                             // 표시할 데이터 저장 배열
volatile byte  dsp_lno = 0;                             // 타이머 인터럽트 함수에서 표시할 행 번호
volatile byte  bef_lno = 7;                             // 이전 표시 행 번호

byte    led_x = 0, led_y = 0;                           // 도트매트릭스 ON LED 초기 위치(좌상귀)

// 초기설정 함수
void setup()
{
        byte  m;

        for(m = 0;m < 8;m++){
              pinMode(row_pin[m], OUTPUT);              // 행 연결 핀 출력 설정
              pinMode(col_pin[m], OUTPUT);              // 열 연결 핀 출력 설정

              // 도트 매트릭스 LED 모두 off
             digitalWrite(row_pin[m], LOW);             // 모든 행 연결핀 0 출력
             digitalWrite(col_pin[m], HIGH);            // 모든 열 연결핀 1출력
        }

        disp_pat[0] = 0x80;                             // 도트 매트릭스 좌상귀 LED만 ON
        for(m = 1;m < 8;m++) disp_pat[m] =  0;

        // 타이머2 인터럽트 설정
        MsTimer2::set(3, dot_disp);                     // 3ms 주기와 인터럽트 함수 설정
        MsTimer2::start();                              // 타이머2 동작 시작
}

// 반복처리 함수
void loop()
{
        int  dx, dy;

        dx = analogRead(joy_xpin);                      // X축 방향 전압값(좌우)
        dy = analogRead(joy_ypin);                      // Y축 방향 전압값(상하)
```

```
        if(dx > 768 && led_x > 0) {                     // 조이스틱 왼쪽 위치
            led_x--;                                    // 커서 LED x좌표 -1
            disp_pat[led_y] = disp_pat[led_y] << 1;     // 저장배열 커서 LED 왼쪽
                                                        // 한 칸 이동
        }
        else if(dx < 256 && led_x < 7){                 // 조이스틱 오른쪽 위치
            led_x++;                                    // 커서 LED x좌표 +1
            disp_pat[led_y] = disp_pat[led_y] >> 1;     // 저장배열 커서 LED 오른쪽
                                                        // 한 칸 이동
        }
        else if(dy > 768 && led_y > 0){                 // 조이스틱 위쪽 위치
            disp_pat[led_y - 1] = disp_pat[led_y];      // 저장 배열 커서 LED
            disp_pat[led_y] = 0;                        // 한 줄 위로 이동
            led_y--;                                    // 커서 LED y좌표 -1
        }
        else if(dy < 256 && led_y < 7){                 // 조이스틱 아래쪽 위치
            disp_pat[led_y + 1] = disp_pat[led_y];      // 저장 배열 커서 LED
            disp_pat[led_y] = 0;                        // 한 줄 아래로 이동
            led_y++;                                    // 커서 LED y좌표 +1
        }
        delay(200);
}

// 3ms 마다 자동 실행되는 타이머2 인터럽트 함수
// 3ms마다 한 라인씩 표시 => 3ms x 8라인 = 24ms
void dot_disp(void)
{
        byte n, tmp;
        boolean tmp1;

        digitalWrite(row_pin[bef_lno], LOW);            // 이전 표시 행 LOW출력(전원 off)
        digitalWrite(row_pin[dsp_lno], HIGH);           // 이번 표시할 행 HIGH(전원 on)

        tmp = disp_pat[dsp_lno];                        // dsp_lno 행에 표시할 패턴값
        for(n = 0;n < 8;n++){                           // 열 번호(맨오른쪽 0, 맨왼쪽 7)
            tmp1 = tmp & 0x01;                          // 오른쪽에서 왼쪽으로 한 개씩 표시
            digitalWrite(col_pin[n], !tmp1);            // tmp1이 1일때 LED ON 되도록 반전
            tmp = tmp >> 1;                             // 행에 출력할 값 1비트씩 shift
        }
        bef_lno = dsp_lno;                              // 이번 표시 행 번호 이전 표시 행 번호로 저장
        dsp_lno = (dsp_lno + 1) % 8;                    // 다음에 표시할 행 번호
}
```

Chapter

07

도트 매트릭스 패턴 그리기

Chapter

07

도트 매트릭스 패턴 그리기

6장에서처럼 조이스틱의 x축, y축 키로 커서 LED를 이동시킨 후 z축 스위치가 눌려지면 그 위치의 값을 반전(0/1)시키며 패턴을 그리거나 지우는 프로그램을 작성해보자. z축 스위치가 눌려진 후에도 커서 LED는 계속 ON이 되어 있어야 하므로 그 위치 LED의 ON/OFF 상태는 커서 LED를 이동시켜야 확인할 수 있다. [그림 7-1]은 도트 매트릭스에 그려진 패턴을 보여주며, [표 7-1]은 조이스틱의 기능을 보여준다.

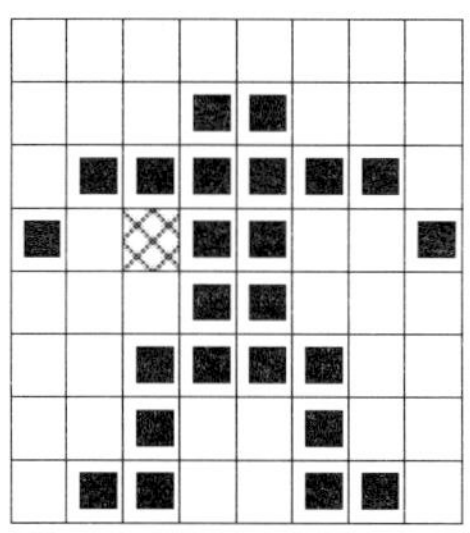

[그림 7-1] **도트 매트릭스 패턴 그리기**

[표 7-1] **조이스틱 기능**

<table>
<tr><th>조이스틱</th><th>기 능</th><th>비 고</th></tr>
<tr><td>x축</td><td>x축 이동</td><td rowspan="2">- 조이스틱 x축과 y축의 V값 A/D 변환
- 임계치보다 크거나 작을 때 x축, y축의 + 또는 -방향으로 이동</td></tr>
<tr><td>y축</td><td>y축 이동</td></tr>
<tr><td>z축</td><td>현 위치 값 반전</td><td>- 내부 풀업 저항 사용(폴링 방식)
- 스위치 눌려질 때마다 토글 동작</td></tr>
</table>

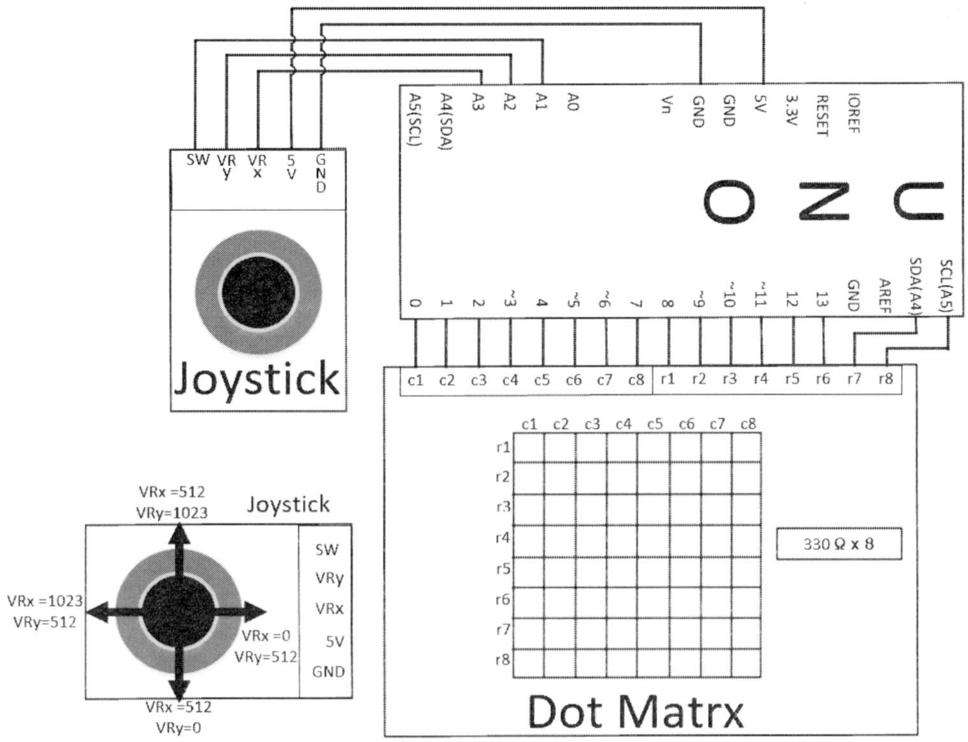

[그림 7-2] 아두이노 연결 배선도

[그림 7-2]는 조이스틱과 도트 매트릭스 보드의 배선도를 보여주며, [표 7-2]는 아두이노 보드 연결핀을 나타낸다.

[표 7-2] 아두이노 보드 연결핀

아두이노 보드	도트매트릭스 보드
8	R1
9	R2
10	R3
11	R4
12	R5
13	R6
SDA(A4)	R7
SCL(A5)	R8
0	C1
1	C2
2	C3
3	C4
4	C5
5	C6
6	C7
7	C8

아두이노 보드	조이스틱 보드
A3	VRx
A2	VRy
A1	Z_SW

커서 LED를 이동시키는 방법은 6장에서 설명하였으며, z축 스위치가 눌려질 때 반전 처리는 커서 위치의 값만 반전 처리하고 다른 부분은 변화가 없어야 한다. 이를 위해 표시 패턴을 저장하기 위한 배열 disp_pat[]와 커서를 저장하기 위한 배열 cur_pat[]를 이용하며, z축 스위치가 눌려지면 커서 LED가 있는 행의 두 배열 값을 XOR 연산하여 표시 배열의 새로운 값으로 하면 된다. [그림 7-3]과 [그림 7-4]는 이 처리과정을 보여준다.

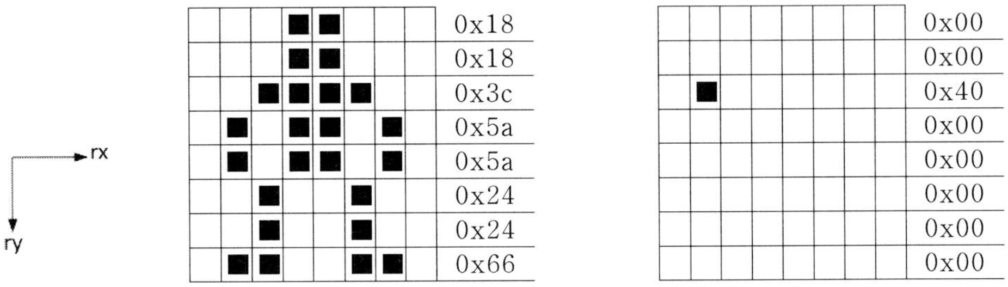

<표시 저장 배열 : disp_pat[]> <커서 저장 배열 cur_pat[] : rx=1, ry=2>

=> disp_pat[2] = disp_pat[2] ^ cur_pat[2] = 0b00111100 ^ 0b01000000 = 0b01111100 = 0x7c

=>

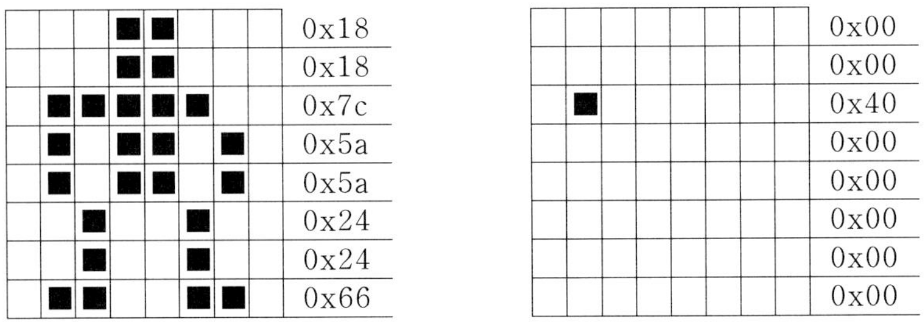

<표시 저장 배열 : disp_pat[]> <커서 저장 배열 cur_pat[]>

[그림 7-3] 스위치 눌려질 때의 처리(ON 시키기)

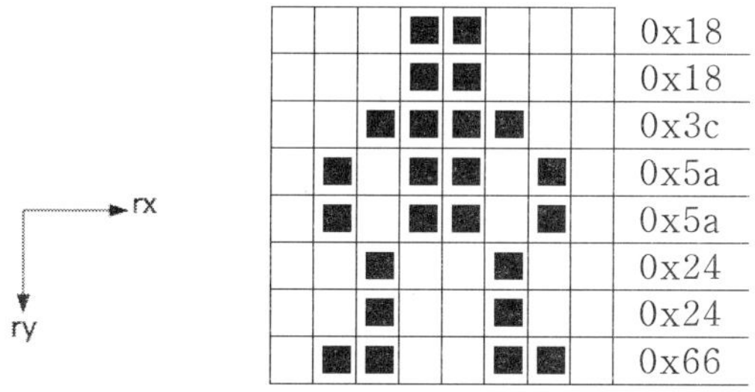

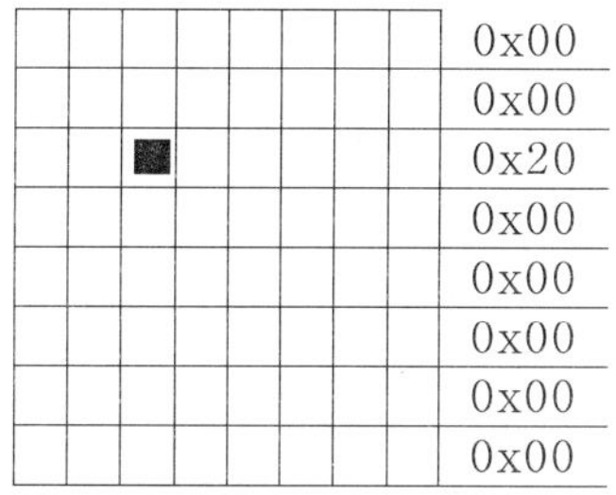

<표시 저장 배열 : disp_pat[]> <커서 저장 배열 cur_pat[]: rx=2, ry=2>

=> disp_pat[2] = disp_pat[2] ^ cur_pat[2] = 0b00111100 ^ 0b00100000 = 0b00011100 = 0x1c

=>

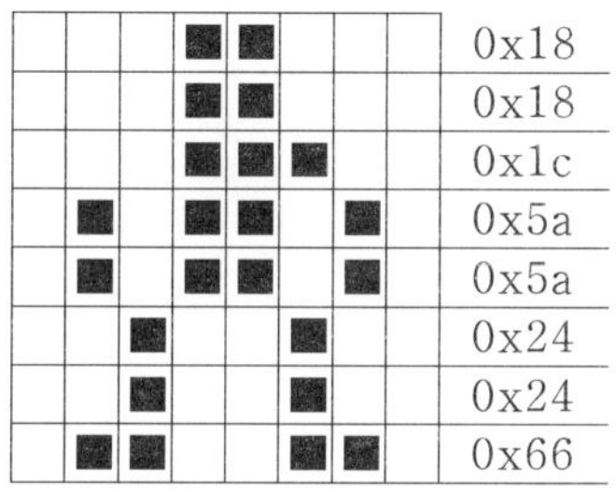

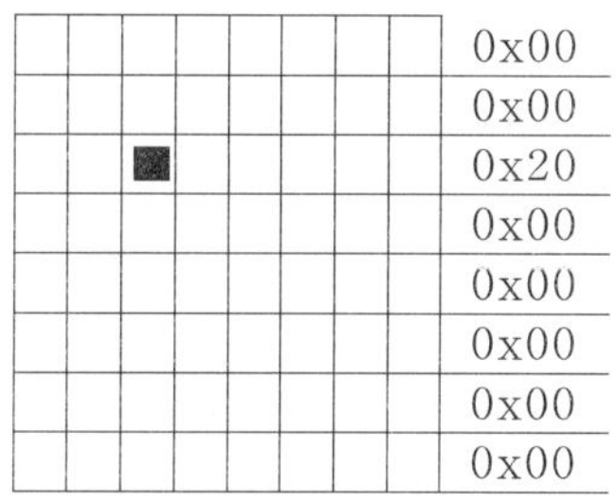

<표시 저장 배열 : disp_pat[]> <커서 저장 배열 cur_pat[]>

[그림 7-4] 스위치 눌려질 때의 처리(OFF 시키기)

도트 매트릭스 패턴 그리기 구현을 위한 전체 처리 흐름도는 [그림 7-5]와 같고, 인터럽트 함수는 반복 처리 loop() 함수가 실행되면서 인터럽트가 발생할 때마다 자동으로 실행된다.

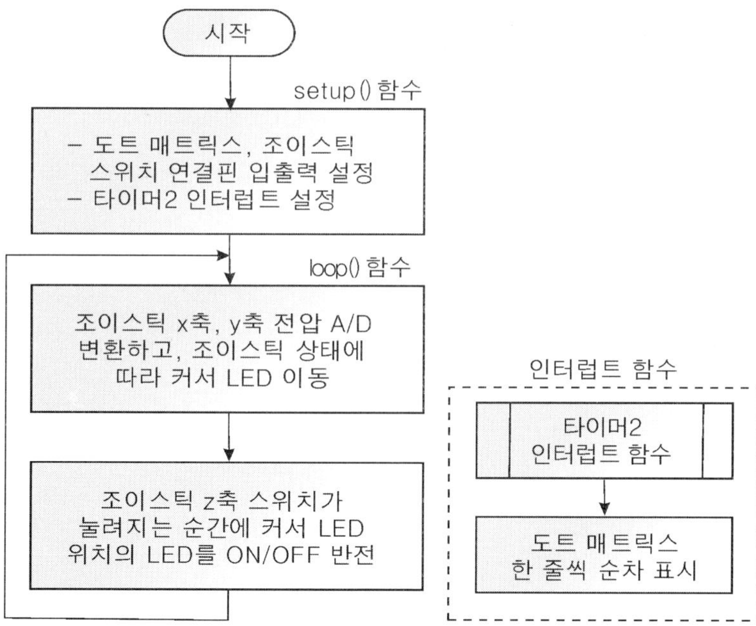

[그림 7-5] 도트 매트릭스 패턴 그리기 처리 흐름도

〈프로그램 설명〉

❶

```
#include <MsTimer2.h>                              // 타이머2 헤더 파일
```

❷

```
const byte row_pin[8] = {8, 9, 10, 11, 12, 13, A4, A5};// 도트매트릭스 행연결핀(R1~R8)
const byte col_pin[8] = {7, 6, 5, 4, 3, 2, 1, 0};     // 도트매트릭스 열연결핀(C8~C1)
const byte joy_xpin = A3;                              // 조이스틱 Vx
const byte joy_ypin = A2;                              // 조이스틱 Vy
const byte joy_zpin = A1;                              // 조이스틱 Z축 스위치
```

❸

```
volatile byte  cur_pat[8];                             // 커서 표시할 저장 배열
volatile byte  disp_pat[8];                            // 그려진 패턴 저장 배열
volatile byte  dsp_lno = 0;                            // 타이머 인터럽트함수에서 표시할 행번호
volatile byte  bef_lno = 7;                            // 이전 표시 행 번호
byte     led_x = 0, led_y = 0;                         // 도트 매트릭스 커서 LED 위치(좌상귀)
```

❹

```
// 초기설정 함수
void setup()
{
        byte  m;

        pinMode(joy_zpin, INPUT_PULLUP);               // 조이스틱 Z축 스위치 내부풀업 입력 설정

        // 도트 매트릭스 연결핀 설정
        for(m = 0;m < 8;m++){
                pinMode(row_pin[m], OUTPUT);           // 행 연결 핀 출력 설정
                pinMode(col_pin[m], OUTPUT);           // 열 연결 핀 출력 설정

                // 도트 매트릭스 LED 모두 off
                digitalWrite(row_pin[m], LOW);         // 모든 행 연결핀 0 출력
                digitalWrite(col_pin[m], HIGH);        // 모든 열 연결핀 1출력
        }

        cursor_pat[0] = 0x80;                          // 커서 저장 배열
        for(m = 1;m < 8;m++) cur_pat[m] =  0;          // 좌상귀 LED만 ON

        for(m = 0;m < 8;m++) disp_pat[m] =  0;         // 표시(그림) 패턴 클리어

        // 타이머2 인터럽트 설정
        MsTimer2::set(3, dot_disp);                    // 3ms 주기와 인터럽트 함수 설정
        MsTimer2::start();                             // 타이머2 동작 시작
}
```

❶	- 타이머2 인터럽트 함수를 사용하기 위한 헤더 파일 - 타이머2는 도트 매트릭스를 3ms간격으로 한 줄씩 표시하기 위해 사용
❷	- 도트 매트릭스 모듈(행, 열) 단자 아두이노 연결핀 - 조이스틱 아두이노 연결핀
❸	- 커서 표시를 위한 저장 배열 - 타이머2에서 도트 매트릭스에 표시할 데이터 저장 배열 - 타이머2에서 도트 매트릭스에 표시할 행 번호 - 타이머2에서 도트 매트릭스에 표시했던 이전 행 번호(마지막 표시 행 번호) - 도트 매트릭스 커서 LED 위치 변수 (초기화)
❹	<setup() : 초기 설정 함수> - 조이스틱 Z축 스위치 내부풀업 입력 설정 - 도트 매트릭스 모듈 단자 아두이노 연결핀 출력 설정 - 도드 매트릭스 행 연결핀(전원핀) LOW 출력(전원 OFF) - 도트 매트릭스 열 연결핀(LED 캐소드) HIGH 출력(LED OFF) - 커서 LED 초기위치 좌상귀로 하고 배열에 저장 - 그림 패턴 클리어 - 도트 매트릭스를 3ms 단위로 한 줄씩 표시하기 위해 타이머2 인터럽트 주기와 인터럽트 함수 dot_disp() 설정 - 타이머2 동작 시작

```
// 반복처리 함수
void loop()
{
    int  dx, dy;
    boolean  o_sw, n_sw;

    o_sw = digitalRead(joy_zpin);                  // 조이스틱 첫번째 상태 읽기
    delay(10);
    n_sw = digitalRead(joy_zpin);                  // 조이스틱 두 번째 상태 읽기

    dx = analogRead(joy_xpin);                     // X축 방향 전압값(좌우)
    dy = analogRead(joy_ypin);                     // Y축 방향 전압값(상하)
```

❶

```
    if(o_sw == HIGH && n_sw == LOW){               // 조이스틱 스위치 눌려지는 순간
        disp_pat[led_y] = disp_pat[led_y] ^ cur_pat[led_y];     // 반전
    }
    else if(dx > 768 && led_x > 0) {               // 조이스틱 왼쪽 위치
        led_x--;                                   // 커서 LED x좌표 -1
        disp_pat[led_y] = disp_pat[led_y] << 1;    // 저장배열 커서 LED 왼쪽
                                                   // 한 칸 이동
        delay(200);
    }
    else if(dx < 256 && led_x < 7){                // 조이스틱 오른쪽 위치
        led_x++;                                   // 커서 LED x좌표 +1
        disp_pat[led_y] = disp_pat[led_y] >> 1;    // 저장배열 커서 LED 오른쪽
                                                   // 한 칸 이동
        delay(200);
    }
    else if(dy > 768 && led_y > 0){                // 조이스틱 위쪽 위치
        disp_pat[led_y - 1] = disp_pat[led_y];     // 저장 배열 커서 LED
        disp_pat[led_y] = 0;                       // 한 줄 위로 이동
        led_y--;                                   // 커서 LED y좌표 -1
        delay(200);
    }
    else if(dy < 256 && led_y < 7){                // 조이스틱 아래쪽 위치
        disp_pat[led_y + 1] = disp_pat[led_y];     // 저장 배열 커서 LED
        disp_pat[led_y] = 0;                       // 한 줄 아래로 이동
        led_y++;                                   // 커서 LED y좌표 +1
        delay(200);
    }
}
```

❷

❶	<loop() : 반복 처리 함수> – 조이스틱 Z축 스위치 10ms 간격으로 2번 읽기 – 조이스틱 X축 방향(좌우) 위치 디지털 값 읽기 – 조이스틱 Y축 방향(상하) 위치 디지털 값 읽기
❷	– 조이스틱 Z축 스위치가 눌려지는 순간이면 커서 LED 위치의 도트 매트릭스 LED 상태 반전 – 조이스틱 핸들이 수평 방향 왼쪽에 위치해 있고 현재 커서 LED의 위치가 맨 왼쪽에 있지 않으면 커서 LED 위치 왼쪽으로 한 칸 이동 – 조이스틱 핸들이 수평 방향 오른쪽에 위치해 있고 현재 커서 LED의 위치가 맨 오른쪽에 있지 않으면 커서 LED 위치 오른쪽으로 한 칸 이동 – 조이스틱 핸들이 수직 방향 위쪽에 위치해 있고 현재 커서 LED의 위치가 맨 위쪽에 있지 않으면 커서 LED 위치 위쪽으로 한 칸 이동 – 조이스틱 핸들이 수직 방향 아래쪽에 위치해 있고 현재 커서 LED의 위치가 맨 아래쪽에 있지 않으면 커서 LED 위치 아래쪽으로 한 칸 이동

❶

```
// 3ms 마다 자동 실행되는 타이머2 인터럽트 함수
// 3ms마다 한 라인씩 표시 => 3ms x 8라인 = 24ms
void dot_disp(void)
{
      byte n, tmp;
      boolean tmp1;

      digitalWrite(row_pin[bef_lno], LOW);          // 이전 표시 행 LOW출력(전원 OFF)
      digitalWrite(row_pin[dsp_lno], HIGH);         // 이번 표시 행 HIGH출력(전원 ON)

      tmp = cursor_pat[dsp_lno] | draw_pat[dsp_lno]; // dsp_lno 행에 표시할 패턴값
      for(n = 0;n < 8;n++){                          // 열 번호(맨오른쪽 0, 맨왼쪽 7)
            tmp1 = tmp & 0x01;                       // 오른쪽에서 왼쪽으로 한 개씩 표시
            digitalWrite(col_pin[n], !tmp1);         // tmp1이 1일때 LED ON 되도록 반전
            tmp = tmp >> 1;                          // 행에 출력할 값 1비트씩 shift
      }
      bef_lno = dsp_lno;                             // 이번 표시 행 번호 이전 표시 행 번호로 저장
      dsp_lno = (dsp_lno + 1) % 8;                   // 다음에 표시할 행 번호
}
```

❶

<dot_disp() : 타이머2 인터럽트 함수(3ms마다 도트 매트릭스 한 줄씩 표시)>
- 바로 전에 표시했던 행에 LOW 출력(행에 LED 애노드 연결되어 있어 전원 차단 됨)
- 이번에 표시할 행에 HIGH 출력(행에 LED 애노드 연결되어 있어 5V 연결됨)

- 이번 행에 표시할 패턴 추출
- 오른쪽에서 왼쪽으로 열 연결핀에 한 개씩 출력 표시(8회 실행)
- LOW를 출력해야 ON이 되므로 1인 부분에서 표시되도록 반전 출력
- 한 비트 출력할 때마다 추출 패턴값 1비트씩 오른쪽으로 쉬프트

- 이번에 표시한 행번호를 마지막 표시한 행번호로 저장
- 다음에 표시할 행번호 갱신

[리스트 7-1] 도트 매트릭스 패턴 그리기 프로그램

```
// report7
// 2019. 8.6  by SHIN
// LED 이동시키며 패턴 그리기

#include <MsTimer2.h>                           // 타이머2 헤더 파일

const byte row_pin[8] = {8, 9, 10, 11, 12, 13, A4, A5};// 도트매트릭스 행연결핀(R1~R8)
const byte col_pin[8] = {7, 6, 5, 4, 3, 2, 1, 0};        // 도트 매트릭스 열 연결(C8~C1)

const byte joy_xpin = A3;                        // 조이스틱 Vx
const byte joy_ypin = A2;                        // 조이스틱 Vy
const byte joy_zpin = A1;                        // 조이스틱 Z축 스위치

volatile byte  cur_pat[8];                       // 커서 표시할 저장 배열
volatile byte  disp_pat[8];                      // 그려진 패턴 저앙 배열
volatile byte  dsp_lno = 0;                      // 타이머 인터럽트함수에서 표시할 행번호
volatile byte  bef_lno = 7;                      // 이전 표시 행 번호

byte    led_x = 0, led_y = 0;                    // 도트 매트릭스 커서 LED 초기 위치(좌상귀)

void setup()
{
      byte  m;

      pinMode(joy_zpin, INPUT_PULLUP);           // 조이스틱 Z축 스위치 내부 풀업 입력 설정

      // 도트 매트릭스 연결핀 설정
      for(m = 0;m < 8;m++){
            pinMode(row_pin[m], OUTPUT);         // 행 연결 핀 출력 설정
            pinMode(col_pin[m], OUTPUT);         // 열 연결 핀 출력 설정

            // 도트 매트릭스 LED 모두 off
            digitalWrite(row_pin[m], LOW);       // 모든 행 연결핀 0 출력
            digitalWrite(col_pin[m], HIGH);      // 모든 열 연결핀 1출력
      }

      cur_pat[0] = 0x80;                         // 커서 저장 배열
      for(m = 1;m < 8;m++) cur_pat[m] =  0;      // 좌상귀 LED만 ON

      for(m = 0;m < 8;m++) disp_pat[m] =  0;     // 그림 패턴 클리어

      // 타이머2 인터럽트 설정
      MsTimer2::set(3, dot_disp);                // 3ms 주기와 인터럽트 함수 설정
      MsTimer2::start();                         // 타이머2 동작 시작
}

// 반복 처리 함수
```

```
void loop()
{
        int  dx, dy;
        boolean  o_sw, n_sw;

        o_sw = digitalRead(joy_zpin);                 // 조이스틱 첫번째 상태 읽기
        delay(10);
        n_sw = digitalRead(joy_zpin);                 // 조이스틱 두 번째 상태 읽기

        dx = analogRead(joy_xpin);                    // X축 방향 전압값(좌우)
        dy = analogRead(joy_ypin);                    // Y축 방향 전압값(상하)

        if(o_sw == HIGH && n_sw == LOW){              // 조이스틱 스위치 눌려지는 순간
                disp_pat[led_y] = disp_pat[led_y] ^ cur_pat[led_y]; // 반전
        }
        else if(dx > 768 && led_x > 0) {              // 조이스틱 왼쪽 위치
                led_x--;                              // 커서 LED x좌표 -1
                disp_pat[led_y] = disp_pat[led_y] << 1;  // 저장배열 커서 LED 왼쪽
                                                      // 한 칸 이동
                delay(200);
        }
        else if(dx < 256 && led_x < 7){               // 조이스틱 오른쪽 위치
                led_x++;                              // 커서 LED x좌표 +1
                disp_pat[led_y] = disp_pat[led_y] >> 1;  // 저장배열 커서 LED 오른쪽
                                                      // 한 칸 이동
                delay(200);
        }
        else if(dy > 768 && led_y > 0){               // 조이스틱 위쪽 위치
                disp_pat[led_y - 1] = disp_pat[led_y];  // 저장 배열 커서 LED
                disp_pat[led_y] = 0;                  // 한 줄 위로 이동
                led_y--;                              // 커서 LED y좌표 -1
                delay(200);
        }
        else if(dy < 256 && led_y < 7){               // 조이스틱 아래쪽 위치
                disp_pat[led_y + 1] = disp_pat[led_y];  // 저장 배열 커서 LED
                disp_pat[led_y] = 0;                  // 한 줄 아래로 이동
                led_y++;                              // 커서 LED y좌표 +1
                delay(200);
        }
}

// 3ms 마다 자동 실행되는 타이머2 인터럽트 함수
// 3ms마다 한 라인씩 표시 => 3ms x 8라인 = 24ms
void dot_disp(void)
{
        byte n, tmp;
        boolean tmp1;
```

```
    digitalWrite(row_pin[bef_lno], LOW);          // 이전 표시 행 LOW출력(전원 off)
    digitalWrite(row_pin[dsp_lno], HIGH);         // 이번 표시할 행 HIGH(전원 on)

    tmp = cur_pat[dsp_lno] | disp_pat[dsp_lno];   // dsp_lno 행에 표시할 패턴값
    for(n = 0;n < 8;n++){                         // 열 번호(맨오른쪽 0, 맨왼쪽 7)
        tmp1 = tmp & 0x01;                        // 오른쪽에서 왼쪽으로 한 개씩 표시
        digitalWrite(col_pin[n], !tmp1);          // tmp1이 1일때 LED ON 되도록 반전
        tmp = tmp >> 1;                           // 행에 출력할 값 1비트씩 shift
    }
    bef_lno = dsp_lno;                            // 이번 표시 행 번호 이전 표시 행 번호로 저장
    dsp_lno = (dsp_lno + 1) % 8;                  // 다음에 표시할 행 번호
}
```

Memo.

Chapter

08

도트 매트릭스 패턴 지우기

Chapter

08

도트 매트릭스 패턴 지우기

도트 매트릭스에 임의의 패턴을 표시한 후 커서 LED를 이동시켜가며 표시된 패턴을 지워가는 프로그램을 작성해보자. 조이스틱의 x축, y축 키로 이동하는 커서 LED가 ON 되어 있는 LED를 통과하면 별도의 스위치 조작 없이 LED가 자동으로 OFF 되게끔 처리한다. [그림 8-1]은 비트맨 패턴을 지워가는 과정을 보여주며, [표 8-1]은 조이스틱의 기능을 보여준다. [그림 8-2]는 아두이노와의 연결 배선도를 보여주며, [표 8-2]는 아두이노 연결핀을 나타낸다.

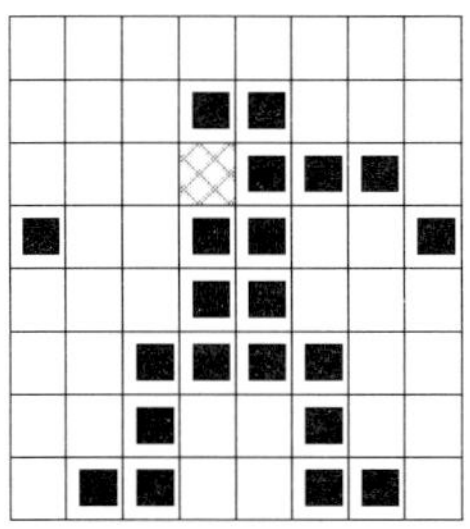

[그림 8-1] 도트 매트릭스 패턴 지우기

[표 8-1] 조이스틱 기능

조이스틱	기 능	비 고
x축	x축 이동	– 조이스틱 x축과 y축의 V값 A/D 변환 – 임계치보다 크거나 작을 때 x축, y축 + 또는 -방향으로 이동
y축	y축 이동	

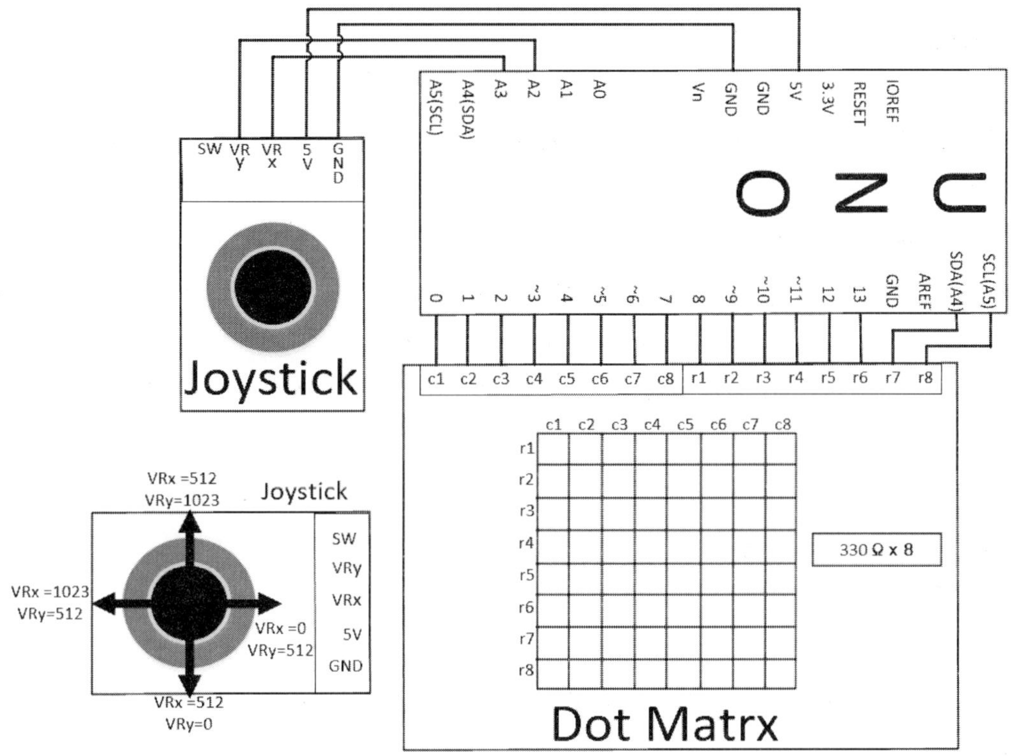

[그림 8-2] 아두이노 연결 배선도

[표 8-2] 아두이노 보드 연결핀

아두이노 보드	도트매트릭스 보드	아두이노 보드	조이스틱 보드
8	R1	A3	VRx
9	R2	A2	VRy
10	R3		
11	R4		
12	R5		
13	R6		
SDA(A4)	R7		
SCL(A5)	R8		
0	C1		
1	C2		
2	C3		
3	C4		
4	C5		
5	C6		
6	C7		
7	C8		

커서 LED(ON 되어 움직이는 LED)를 이동하면서 도트 매트릭스에 표시된 패턴을 지우는 방법을 설명하면 다음과 같다.

〈스위치 조작으로 커서 LED 이동시키면서 도트 매트릭스 LED 지우기〉

표시 저장 배열에는 비트맨 패턴을 저장하여 도트 매트릭스에 표시하고, 커서 LED에는 하나의 LED를 ON시킨 상태에서 조이스틱으로 움직여보자. 이 때 커서 LED가 지나는 위치에 표시 저장 배열 LED가 표시되어 있으면 하나씩 OFF 시킨다. 커서 LED에 대한 값은 배열 cur_pat[]에 저장되어 있고, 커서 LED의 위치좌표는 (rx, ry)로 나타내기로 한다. 도트매트릭스에 표시되는 패턴은 표시저장 배열 disp_pat[]에 저장한다.

[그림 8-3]과 같이 커서 LED가 오른쪽으로 1칸 이동하는 경우 표시 저장 배열 disp_pat[]와 커서 저장 배열 cur_pat[]가 어떻게 바뀌는지 살펴보자. 커서 LED가 이동한 후 그 위치의 표시 저장 배열의 LED가 OFF 되어야 하므로, 커서 LED가 있는 ry 위치의 배열 cur_pat[ry]를 반전시켜 적색 LED가 위치해 있는 부분만 0으로 하여 표시 저장 배열 disp_pat[[ry]와 AND 연산을 수행한 후 그 값을 dsp_pat[ry]에 저장한다. 다른 이동에 대해서도 같은 방법을 적용하면 된다.

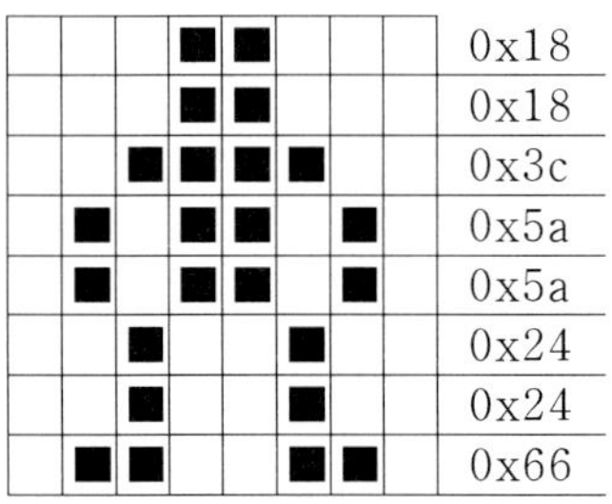

<표시 저장 배열 disp_pat[]>

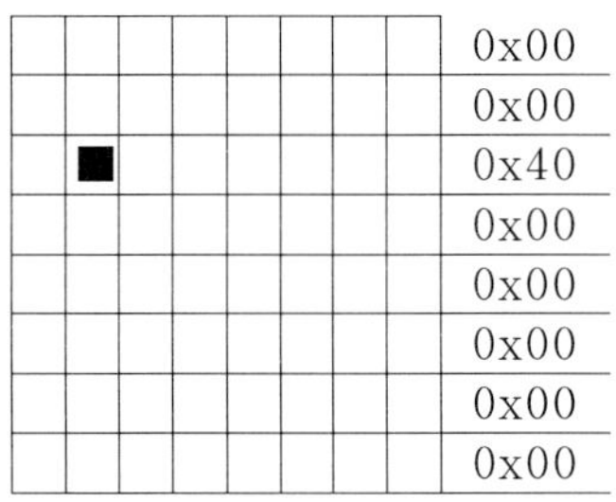

<커서 저장 배열 cur_pat[]>

우로 이동 =>

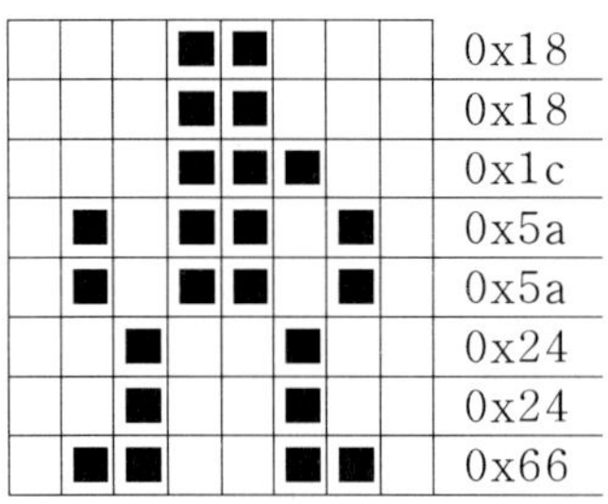

<표시 저장 배열 disp_pat[]>

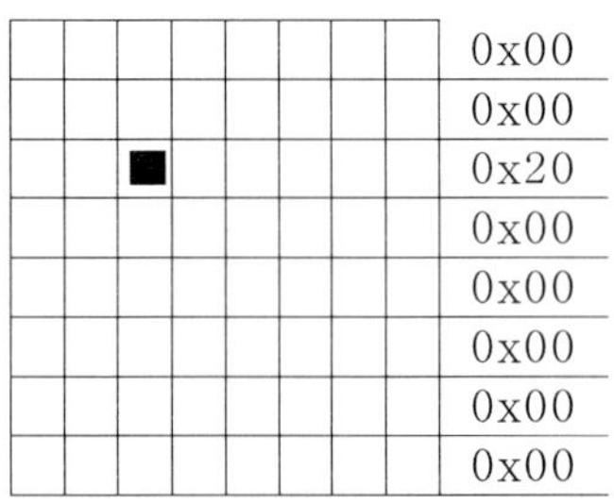

<커서 저장 배열 cur_pat[]>

```
처리 ; (이동 전 ry=2, rx=2)        이동 후 ry=2, rx=3)
       cur_pat[ry] >>= 1;              // 0x40 ===> 0x20
       disp_pat[ry] = disp_pat[ry] & (~cur_pat[ry]);
                    계산 ===> 0x3c & (~0x20)
                         ===> 0b00111100 & (~0b00100000)
                         ===> 0b00①11100 & 0b11⓪11111 = 0b00⓪11100 = 0x1c
           ===> 3번째 줄의 3번째 LED OFF
```

[그림 8-3] 이동하면서 LED 지우기(우측 이동)

도트 매트릭스 패턴 지우기 구현을 위한 전체 처리 흐름도는 [그림 8-4]와 같고, 인터럽트 함수는 반복 처리 loop() 함수가 실행되면서 인터럽트가 발생할 때마다 자동으로 실행된다.

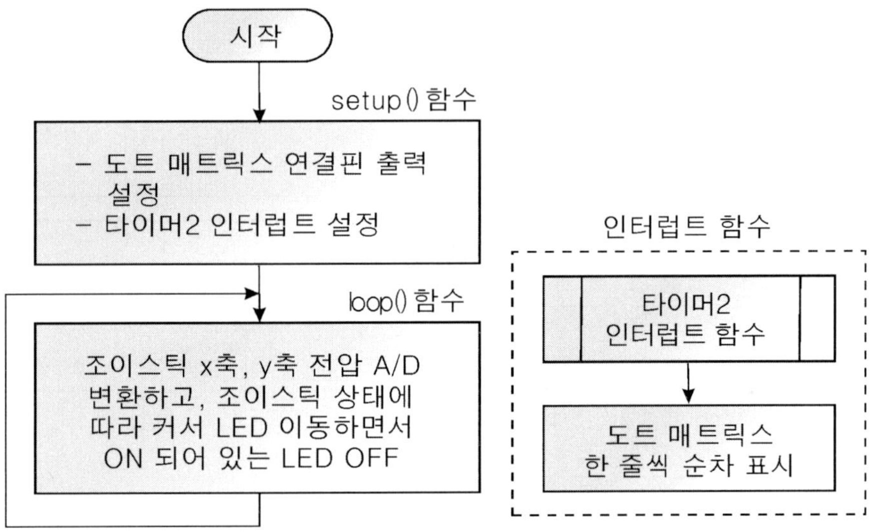

[그림 8-4] 도트 매트릭스 패턴 지우기 처리 흐름도

〈프로그램 설명〉

❶	`#include <MsTimer2.h>                // 타이머2 헤더 파일`

❷	`const byte row_pin[8] = {8, 9, 10, 11, 12, 13, A4, A5};  // 도트매트릭스 행 연결핀(R1~R8)`
	`const byte col_pin[8] = {7, 6, 5, 4, 3, 2, 1, 0};        // 도트매트릭스 열 연결핀(C8~C1)`
	`const byte joy_xpin = A3;              // 조이스틱 Vx`
	`const byte joy_ypin = A2;              // 조이스틱 Vy`

❸	`const byte bitman[4][8] = {            // 표시 비트맨 패턴 4개`
	`    {0x18,0x18,0x3C,0x5A,0x5A,0x24,0x24,0x66},`
	`    {0x00,0x18,0x7E,0x99,0x18,0x3C,0x24,0x66},`
	`    {0x00,0x00,0xDB,0x3C,0x18,0x3C,0x3C,0x66},`
	`    {0x00,0x18,0x7E,0x99,0x18,0x3C,0x24,0x66}};`

❹	`volatile byte  cur_pat[8];        // 커서 LED 저장 배열`
	`volatile byte  disp_pat[8];       // 표시 패턴 저장 배열`
	`volatile byte  dsp_lno = 0;       // 타이머 인터럽트 함수에서 표시할 행 번호`
	`volatile byte  bef_lno = 7;       // 이전 표시 행 번호`
	
	`byte    led_x = 0, led_y = 0;      // 도트 매트릭스 ON LED 초기 위치(좌상귀)`
	`byte    pat_no = 0;                // 표시 패턴 번호`
	
	`void pat_check(void);              // 커서 위치의 LED 지우기 함수`

❶	- 타이머2 인터럽트 함수를 사용하기 위한 헤더 파일 - 타이머2는 도트 매트릭스를 3ms간격으로 한 줄씩 표시하기 위해 사용
❷	- 도트 매트릭스 모듈(행, 열) 단자 아두이노 연결핀 - 조이스틱 아두이노 연결핀
❸	- 도트 매트릭스에 표시할 4개의 비트맨 패턴 - 지울 때마다 다음 패턴이 순차적으로 표시
❹	- 커서 표시를 위한 저장 배열 - 도트 매트릭스에 표시할 데이터 저장 배열 - 타이머2에서 도트 매트릭스에 표시할 행 번호 - 타이머2에서 도트 매트릭스에 표시했던 이전 행 번호(마지막 표시 행 번호) - 커서(ON LED) 위치 변수 (초기화) - 현재 표시된 비트맨 패턴 번호 지정 변수 - 커서 LED 위치의 LED 지우기 함수 : pat_check()

❶	<pre>// 초기설정 함수
	void setup()
	{
	      byte m;
	
	      // 도트 매트릭스 연결핀 설정
	      for(m = 0;m < 8;m++){
	            pinMode(row_pin[m], OUTPUT); // 행 연결 핀 출력 설정
	            pinMode(col_pin[m], OUTPUT); // 열 연결 핀 출력 설정
	
	            // 도트 매트릭스 LED 모두 off
	           digitalWrite(row_pin[m], LOW); // 모든 행 연결핀 0 출력
	           digitalWrite(col_pin[m], HIGH); // 모든 열 연결핀 1출력
	      }</pre>

❷	<pre> cur_pat[0] = 0x80; // 커서 LED 저장 배열
	      for(m = 1;m < 8;m++) cur_pat[m] = 0; // 좌상귀 LED만 ON
	
	      for(m = 0;m < 8;m++)
	            disp_pat[m] = bitman[pat_no][m]; // 첫 번째 비트맨 표시 배열 저장</pre>

❸	<pre> // 타이머2 인터럽트 설정
	      MsTimer2::set(3, dot_disp); // 3ms 주기와 인터럽트 함수 설정
	      MsTimer2::start(); // 타이머2 동작 시작
	}</pre>

❶	<setup() : 초기 설정 함수> - 도트 매트릭스 모듈 단자 아두이노 연결핀 출력 설정 - 도드 매트릭스 행 연결핀(전원핀) LOW 출력(전원 OFF) - 도트 매트릯 열 연결핀(LED 캐소드) HIGH 출력(LED OFF)
❷	- 커서 LED 초기위치 좌상귀로 하고 배열에 저장 - 첫 번째 비트맨 데이터 표시 배열에 저장
❸	- 도트 매트릭스를 3ms 단위로 한 줄씩 표시하기 위해 타이머2 인터럽트 주기와 인터럽트 함수 dot_disp() 설정

```
// 반복처리 함수
void loop()
{
    int  dx, dy, m, n;

    for(m = 0;m < 8;m++){                               // LED 모두 OFF 되었는지 체크
        if(disp_pat[m] != 0) break;                     // ON LED 있으면 break
    }

❶   if(m == 8){                                         // 모두 OFF 되었으면
                                                        // 표시 패턴 다음 패턴으로 갱신
        pat_no = (pat_no + 1) % 4;
        for(n = 0;n < 8;n++)
                disp_pat[n] = bitman[pat_no][n];       // 비트맨 데이터 표시 배열 저장
    }

    dx = analogRead(joy_xpin);                          // X축 방향 전압값(좌우)
    dy = analogRead(joy_ypin);                          // Y축 방향 전압값(상하)

    if(dx > 768 && led_x > 0) {                         // 조이스틱 왼쪽 위치
        led_x--;                                        // 커서 LED x좌표 -1
        disp_pat[led_y] = disp_pat[led_y] << 1;         // 저장배열 커서 LED 왼쪽
                                                        // 한 칸 이동
        pat_check();                                    // 지우기 함수 호출
        delay(200);
    }
    else if(dx < 256 && led_x < 7){                     // 조이스틱 오른쪽 위치
        led_x++;                                        // 커서 LED x좌표 +1
        disp_pat[led_y] = disp_pat[led_y] >> 1;         // 저장배열 커서 LED 오른쪽
                                                        // 한 칸 이동
        pat_check();                                    // 지우기 함수 호출
        delay(200);
    }
❷   else if(dy > 768 && led_y > 0){                     // 조이스틱 위쪽 위치
        disp_pat[led_y - 1] = disp_pat[led_y];          // 저장 배열 커서 LED
        disp_pat[led_y] = 0;                            // 한 줄 위로 이동
        led_y--;                                        // 커서 LED y좌표 -1
        pat_check();                                    // 지우기 함수 호출
        delay(200);
    }
    else if(dy < 256 && led_y < 7){                     // 조이스틱 아래쪽 위치
        disp_pat[led_y + 1] = disp_pat[led_y];          // 저장 배열 커서 LED
        disp_pat[led_y] = 0;                            // 한 줄 아래로 이동
        led_y++;                                        // 커서 LED y좌표 +1
        pat_check();                                    // 지우기 함수 호출
        delay(200);
    }
}
```

❶	<loop() : **반복 처리 함수**> - 현재 표시된 비트맨의 패턴을 모두 지웠는지 체크하고, 모두 지웠으면 다음 비트맨 패턴 표시 배열에 저장 - 조이스틱 X축 방향(좌우) 위치 디지털 값 읽기 - 조이스틱 Y축 방향(상하) 위치 디지털 값 읽기
❷	- 조이스틱 핸들이 수평 방향 왼쪽에 위치해 있고 커서 위치가 맨 왼쪽에 있지 않으면 커서 위치를 왼쪽으로 한 칸 이동하고 pat_check()함수 호출 - 조이스틱 핸들이 수평 방향 오른쪽에 위치해 있고 커서 위치가 맨 오른쪽에 있지 않으면 커서 위치를 오른쪽으로 한 칸 이동하고 pat_check()함수 호출 - 조이스틱 핸들이 수직 방향 위쪽에 위치해 있고 커서 위치가 맨 위쪽에 있지 않으면 커서 위치를 위쪽으로 한 줄 이동하고 pat_check()함수 호출 - 조이스틱 핸들이 수직 방향 아래쪽에 위치해 있고 커서 위치가 맨 아래쪽에 있지 않으면 커서 위치를 아래쪽으로 한 줄 이동하고 pat_check()함수 호출

❶	<pre>// 커서 위치의 LED 지우기 함수
	void pat_check()
	{
	    if((disp_pat[led_y] & (0x80 >> led_x)) != 0){ // 커서 LED 위치의 LED가 ON 이면
	        disp_pat[led_y] = disp_pat[led_y] & ~(cur_pat[led_y]); // 지우기
	    }
	}</pre>

❷	<pre>// 3ms 마다 자동 실행되는 타이머2 인터럽트 함수
	// 3ms마다 한 라인씩 표시 => 3ms x 8라인 = 24ms
	void dot_disp(void)
	{
	    byte n, tmp;
	    boolean tmp1;
	
	    digitalWrite(row_pin[bef_lno], LOW); // 이전 표시 행 LOW출력(전원 off)
	    digitalWrite(row_pin[dsp_lno], HIGH); // 이번 표시할 행 HIGH(전원 on)
	
	    tmp = cur_pat[dsp_lno]
		disp_pat[dsp_lno]; // dsp_lno 행에 표시할 패턴값
		    for(n = 0;n < 8;n++){ // 열 번호(맨오른쪽 0, 맨왼쪽 7)
		        tmp1 = tmp & 0x01; // 오른쪽에서 왼쪽으로 한 개씩 표시
		        digitalWrite(col_pin[n], !tmp1); // tmp1이 1일때 LED ON 되도록 반전
		        tmp = tmp >> 1; // 행에 출력할 값 1비트씩 shift
		    }
		    bef_lno = dsp_lno; // 이번 표시 행 번호 이전 표시 행 번호로 저장
		    dsp_lno = (dsp_lno + 1) % 8; // 다음에 표시할 행 번호
		}</pre>

❶	<pat_check() : 커서 위치의 LED OFF 처리 함수> - 현재 커서 위치의 도트 매트릭스 LED가 ON 상태이면 OFF 처리
❷	<dot_disp() : 타이머2 인터럽트 함수(3ms마다 도트 매트릭스 한 줄씩 표시)> - 바로 전에 표시했던 행에 LOW 출력(행에 LED 애노드 연결되어 있어 전원 차단 됨) - 이번에 표시할 행에 HIGH 출력(행에 LED 애노드 연결되어 있어 5V 연결됨) - 이번 행에 표시할 패턴 추출 - 오른쪽에서 왼쪽으로 열 연결핀에 한 개씩 출력 표시(8회 실행) - LOW를 출력해야 ON이 되므로 1인 부분에서 표시되도록 반전 출력 - 한 비트 출력할 때마다 추출 패턴값 1비트씩 오른쪽으로 쉬프트 - 이번에 표시한 행번호를 마지막 표시한 행번호로 저장 - 다음에 표시할 행번호 갱신

[리스트 8-1] 도트 매트릭스 패턴 지우기 프로그램

```
// report8
// 2019. 8.6  by SHIN
// 과제8
// LED 이동시키며 패턴 지우기

#include <MsTimer2.h>                                    // 타이머2 헤더 파일

const byte row_pin[8] = {8, 9, 10, 11, 12, 13, A4, A5};  // 도트 매트릭스 행 연결핀(R1~R8)
const byte col_pin[8] = {7, 6, 5, 4, 3, 2, 1, 0};        // 도트 매트릭스 열 연결핀(C8~C1)
const byte joy_xpin = A3;                                // 조이스틱 Vx
const byte joy_ypin = A2;                                // 조이스틱 Vy

const byte bitman[4][8] = {
      {0x18,0x18,0x3C,0x5A,0x5A,0x24,0x24,0x66},
      {0x00,0x18,0x7E,0x99,0x18,0x3C,0x24,0x66},
      {0x00,0x00,0xDB,0x3C,0x18,0x3C,0x3C,0x66},
      {0x00,0x18,0x7E,0x99,0x18,0x3C,0x24,0x66}};

volatile byte  cursor_pat[8];                            // 커서 표시할 저장 배열
volatile byte  disp_pat[8];                              // 표시 패턴 저장 배열
volatile byte  dsp_lno = 0;                              // 타이머 인터럽트 함수에서 표시할 행 번호
volatile byte  bef_lno = 7;                              // 이전 표시 행 번호

byte      led_x = 0, led_y = 0;                          // 도트 매트릭스 ON LED 초기 위치(좌상귀)
byte      pat_no = 0;                                    // 표시 패턴 번호

void pat_check(void);                                    // 커서 위치의 LED 지우기 함수

// 초기설정 함수
void setup()
{
      byte  m;

      // 도트 매트릭스 연결핀 설정
      for(m = 0;m < 8;m++){
            pinMode(row_pin[m], OUTPUT);                 // 행 연결 핀 출력 설정
            pinMode(col_pin[m], OUTPUT);                 // 열 연결 핀 출력 설정

            // 도트 매트릭스 LED 모두 off
           digitalWrite(row_pin[m], LOW);                // 모든 행 연결핀 0 출력
           digitalWrite(col_pin[m], HIGH);               // 모든 열 연결핀 1출력
      }

      cur_pat[0] = 0x80;                                 // 커서 LED 저장 배열
      for(m = 1;m < 8;m++) cur_pat[m] =  0;              // 좌상귀 LED만 ON

      for(m = 0;m < 8;m++)
```

```
            disp_pat[m] = bitman[pat_no][m];         // 첫번째 비트맨 표시 배열 저장

        // 타이머2 인터럽트 설정
        MsTimer2::set(3, dot_disp);                  // 3ms 주기와 인터럽트 함수 설정
        MsTimer2::start();                           // 타이머2 동작 시작
}

// 반복처리 함수
void loop()
{
        int   dx, dy, m, n;

        for(m = 0;m < 8;m++){                        // LED 모두 OFF 되었는지 체크
            if(disp_pat[m] != 0) break;              // ON LED 있으면 break
        }

        if(m == 8){                                  // 모두 OFF 되었으면 표시 패턴 다음 패턴으로 갱신
            pat_no = (pat_no + 1) % 4;
            for(n = 0;n < 8;n++)
                disp_pat[n] = bitman[pat_no][n];     // 비트맨 데이터 표시 배열 저장
        }

        dx = analogRead(joy_xpin);                   // X축 방향 전압값(좌우)
        dy = analogRead(joy_ypin);                   // Y축 방향 전압값(상하)

        if(dx > 768 && led_x > 0) {                  // 조이스틱 왼쪽 위치
            led_x--;                                 // 커서 LED x좌표 -1
            disp_pat[led_y] = disp_pat[led_y] << 1;  // 저장배열 커서 LED 왼쪽
                                                     // 한 칸 이동
            pat_check();                             // 지우기 함수 호출
            delay(200);
        }
        else if(dx < 256 && led_x < 7){              // 조이스틱 오른쪽 위치
            led_x++;                                 // 커서 LED x좌표 +1
            disp_pat[led_y] = disp_pat[led_y] >> 1;  // 저장배열 커서 LED 오른쪽
                                                     // 한 칸 이동
            pat_check();                             // 지우기 함수 호출
            delay(200);
        }
        else if(dy > 768 && led_y > 0){              // 조이스틱 위쪽 위치
            disp_pat[led_y - 1] = disp_pat[led_y];   // 저장 배열 커서 LED
            disp_pat[led_y] = 0;                     // 한 줄 위로 이동
            led_y--;                                 // 커서 LED y좌표 -1
            pat_check();                             // 지우기 함수 호출
            delay(200);
        }
        else if(dy < 256 && led_y < 7){              // 조이스틱 아래쪽 위치
            disp_pat[led_y + 1] = disp_pat[led_y];   // 저장 배열 커서 LED
```

```
            disp_pat[led_y] = 0;                        // 한 줄 아래로 이동
            led_y++;                                    // 커서 LED y좌표 +1
            pat_check();                                // 지우기 함수 호출
            delay(200);
        }
}

// 커서 위치의 LED 지우기 함수
void pat_check()
{
    if((disp_pat[led_y] & (0x80 >> led_x)) != 0){  // 커서 LED 위치의 LED가 ON 이면
            disp_pat[led_y] = disp_pat[led_y] & ~(cur_pat[led_y]);    // 지우기
    }
}

// 3ms 마다 자동 실행되는 타이머2 인터럽트 함수
// 3ms마다 한 라인씩 표시 => 3ms x 8라인 = 24ms
void dot_disp(void)
{
    byte n, tmp;
    boolean tmp1;

    digitalWrite(row_pin[bef_lno], LOW);            // 이전 표시 행 LOW 출력(전원 off)
    digitalWrite(row_pin[dsp_lno], HIGH);           // 이번 표시할 행 HIGH(전원 on)

    tmp = cursor_pat[dsp_lno] | disp_pat[dsp_lno];  // dsp_lno 행에 표시할 패턴값
    for(n = 0;n < 8;n++){                           // 열 번호(맨오른쪽 0, 맨왼쪽 7)
        tmp1 = tmp & 0x01;                          // 오른쪽에서 왼쪽으로 한 개씩 표시
        digitalWrite(col_pin[n], !tmp1);            // tmp1이 1일때 LED ON 되도록 반전
        tmp = tmp >> 1;                             // 행에 출력할 값 1비트씩 shift
    }
    bef_lno = dsp_lno;                              // 이번 표시 행 번호 이전 표시 행 번호로 저장
    dsp_lno = (dsp_lno + 1) % 8;                    // 다음에 표시할 행 번호
}
```

Memo.

Chapter

09

도트 매트릭스 바이너리 시계

Chapter

09

도트 매트릭스 바이너리 시계

도트 매트릭스를 이용하여 [그림 9-1]과 같이 동작하는 바이너리(Binary) 시계를 구현해보자. 바이너리 표현은 표시하는 값의 범위에 따라 2개~4개의 LED를 이용하여 LED가 ON이면 1을 LED가 OFF이면 0을 나타내도록 한다. [그림 9-1]에서 알 수 있듯이 시, 분, 초에 대해 각각 2열씩 사용하여 10자리와 1자리를 따로 표시하도록 한다. 시 10자리는 0~2(00, 01, 10)의 값을 표현해야 하므로 LED 2개를 이용하고, 시/분/초 1자리는 0~9(0000~1001)의 값을 표현해야 하므로 각각 LED 4개를 이용한다. 그리고 분/초 10자리는 0~5(000~101)의 값을 표현해야 하므로 LED 3개를 각각 이용한다.

[그림 9-2]는 14시 59분 37초의 시간 표시 예를 보여주며, [표 9-1]은 4개 스위치의 기능을 보여준다. 그리고 [그림 9-3]은 아두이노 연결 배선도를 보여주며, [표 9-2]는 아두이노 연결핀을 나타낸다.

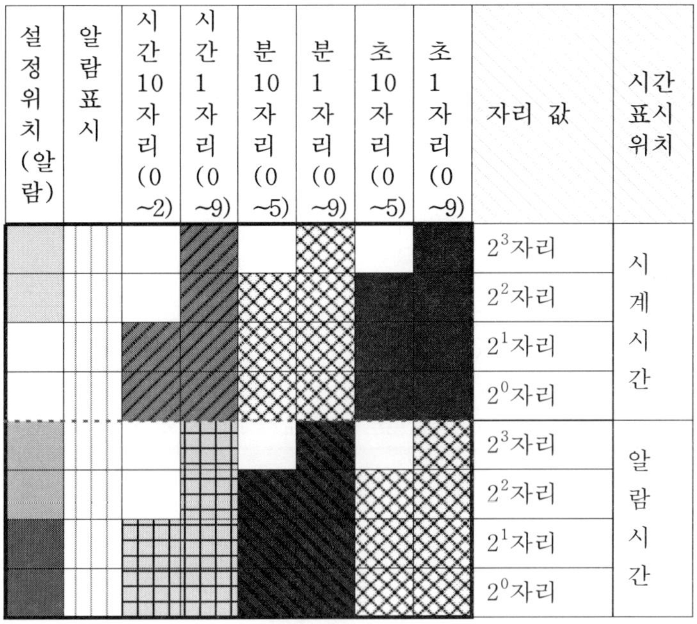

[그림 9-1] 도트 매트릭스 바이너리 시계

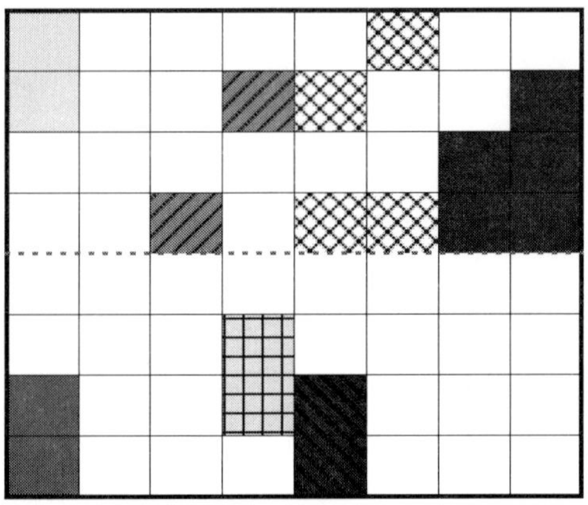

[그림 9-2] 표시 예

(시계 시간 : 14시 59분 37초, 알람 시간 : 6시 30분, 시계 모드, 알람 설정)

[표 9-1] 스위치 기능

스위치	기 능	비 고
SW1	자리 선택	- 시간 설정 00:00~23:59 - 시계와 알람 시간은 각각의 모드에서 설정
SW2	선택 자리 값 +1	
SW3	알람 설정/해제	- 알람이 설정되면 도트 매트릭스 맨 좌측 1열 7,8행 LED ON - 알람 시간이 되면 도트 매트릭스 좌측 2열 1초 간격 ON/OFF 점멸 - 스위치 눌려져 해제 상태이면 점멸 OFF
SW4	시계/알람 모드 토글 선택	- 시계 모드이면 도트 매트릭스 맨 좌측 1열 1,2행 LED ON - 알람 모드이면 도트 매트릭스 맨 좌측 1열 5,6행 LED ON

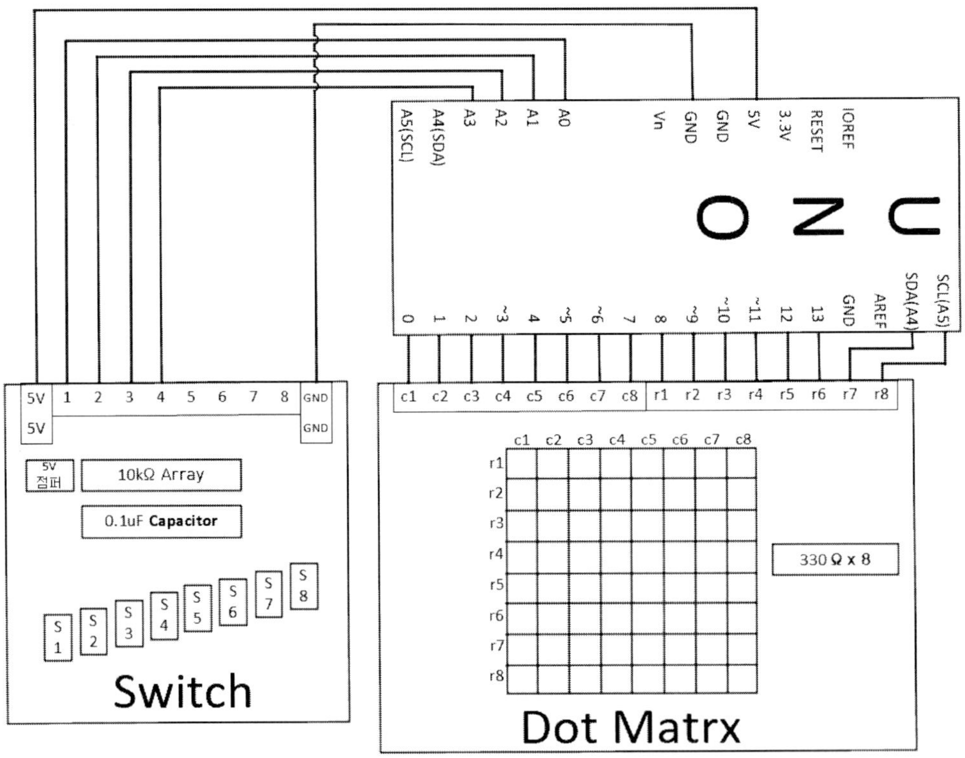

[그림 9-3] 아두이노 연결 배선도

[표 9-2] 아두이노 보드 연결핀

아두이노 보드	도트매트릭스 보드	아두이노 보드	스위치 보드
8	R1	A0	SW1
9	R2	A1	SW2
10	R3	A2	SW3
11	R4	A3	SW4
12	R5		
13	R6		
SDA(A4)	R7		
SCL(A5)	R8		
0	C1		
1	C2		
2	C3		
3	C4		
4	C5		
5	C6		
6	C7		
7	C8		

[그림 9-4], [그림 9-5]는 시간 10자리와 시간 1자리 표시 패턴을 각각 보여준다.

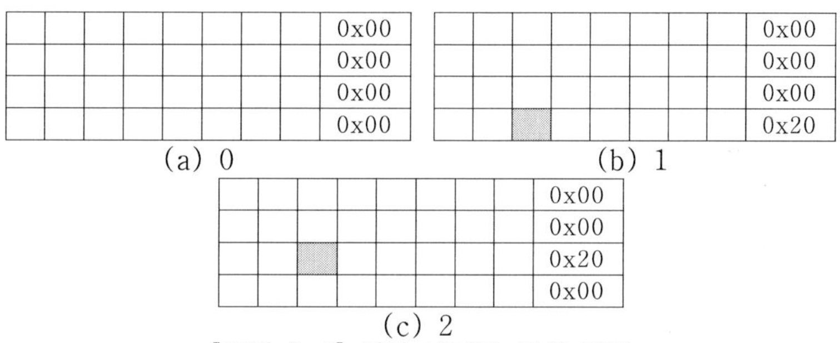

[그림 9-4] 시간 10자리 표시 패턴

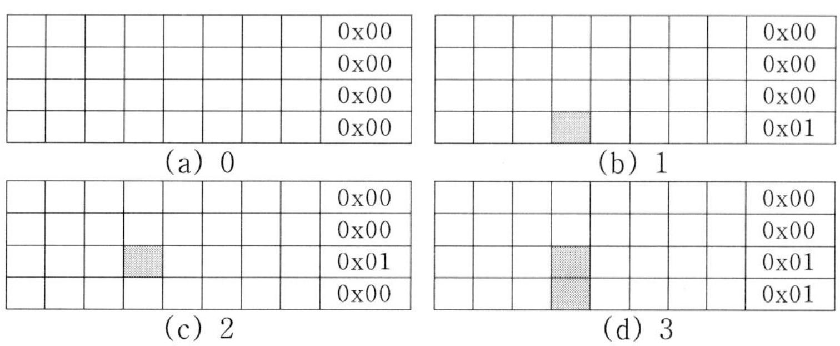

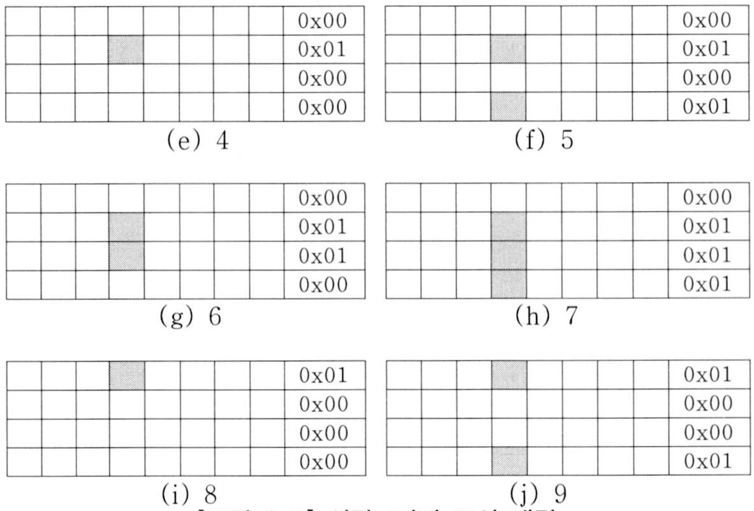

[그림 9-5] 시간 1자리 표시 패턴

[그림 9-6], [그림 9-7]은 분 10자리와 분 1자리 표시 패턴을 각각 보여준다.

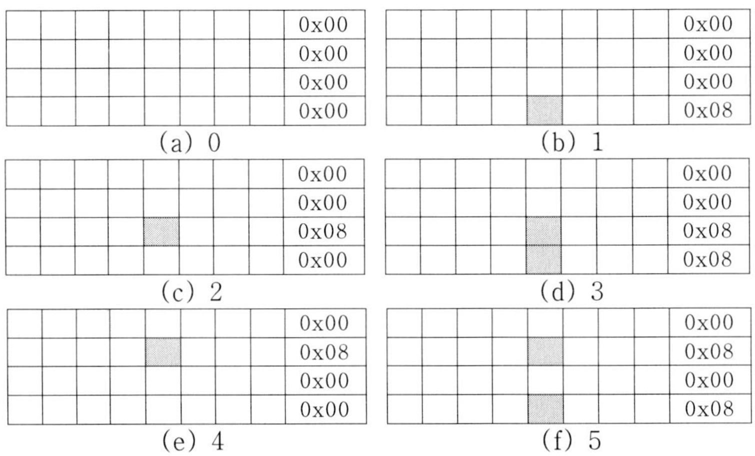

[그림 9-6] 분 10자리 표시 패턴

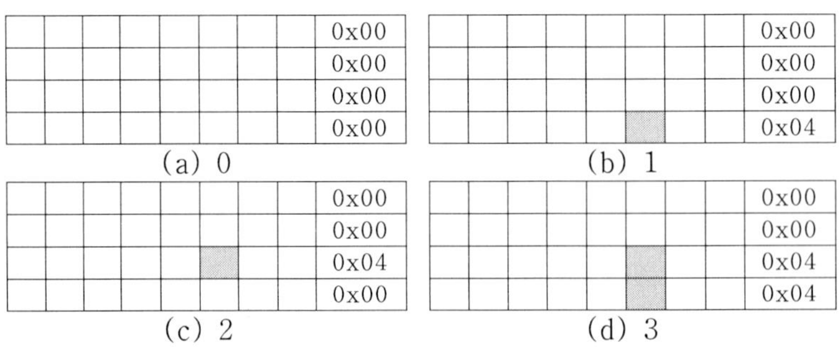

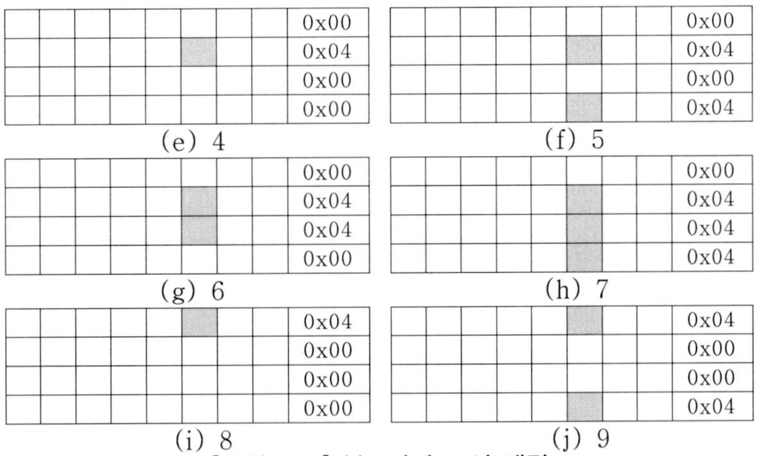

[그림 9-7] 분 1자리 표시 패턴

[그림 9-8], [그림 9-9]는 초 10자리와 초 1자리 표시 패턴을 각각 보여준다.

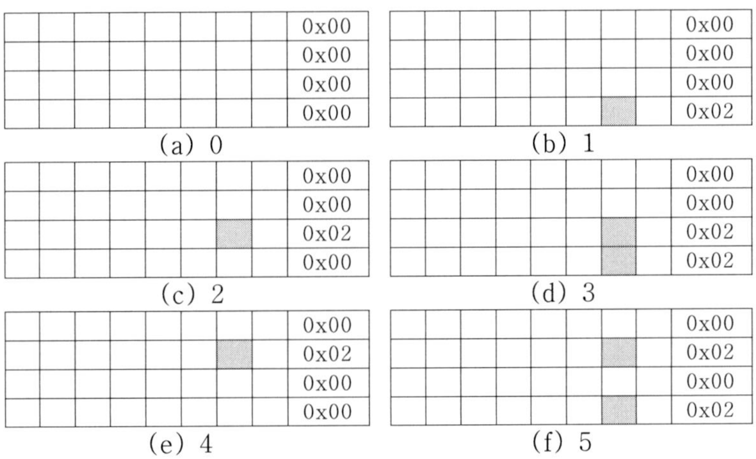

[그림 9-8] 초 10자리 표시 패턴

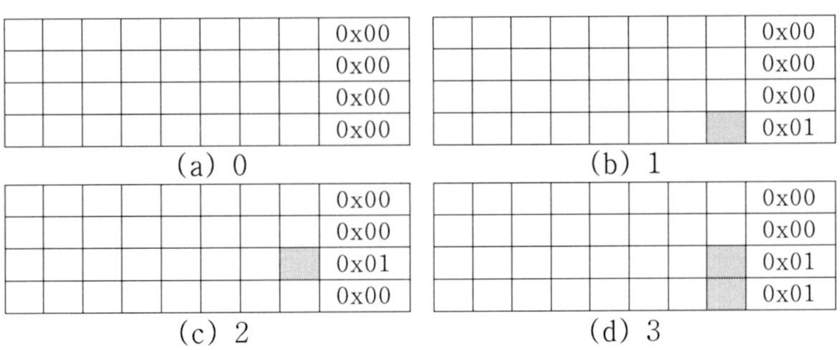

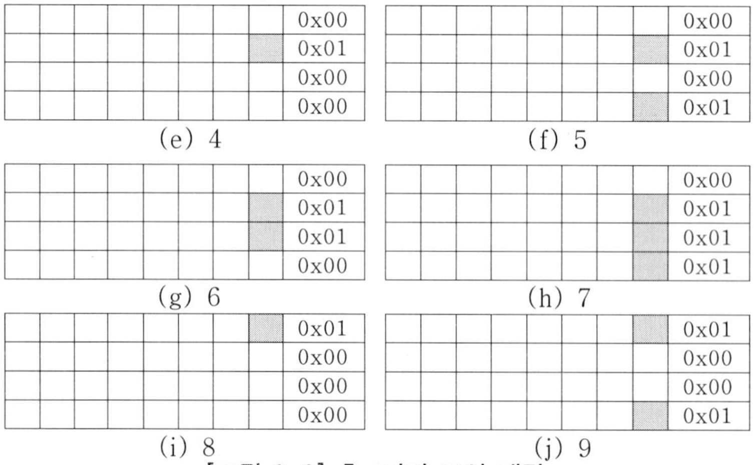

[그림 9-9] 초 1자리 표시 패턴

[그림 9-10]은 모드 표시를 위한 패턴을 보여준다.

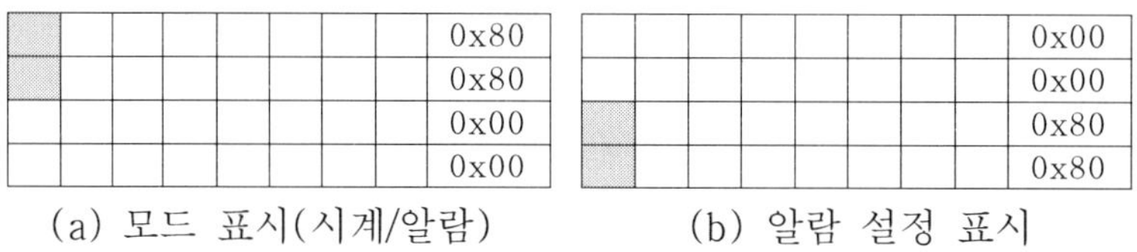

[그림 9-10] 모드 표시 패턴

바이너리 시계 구현을 위한 전체 처리 흐름도는 [그림 9-11]과 같고, 인터럽트 함수는 반복 처리 loop() 함수가 실행되면서 인터럽트가 발생할 때마다 자동으로 실행된다.

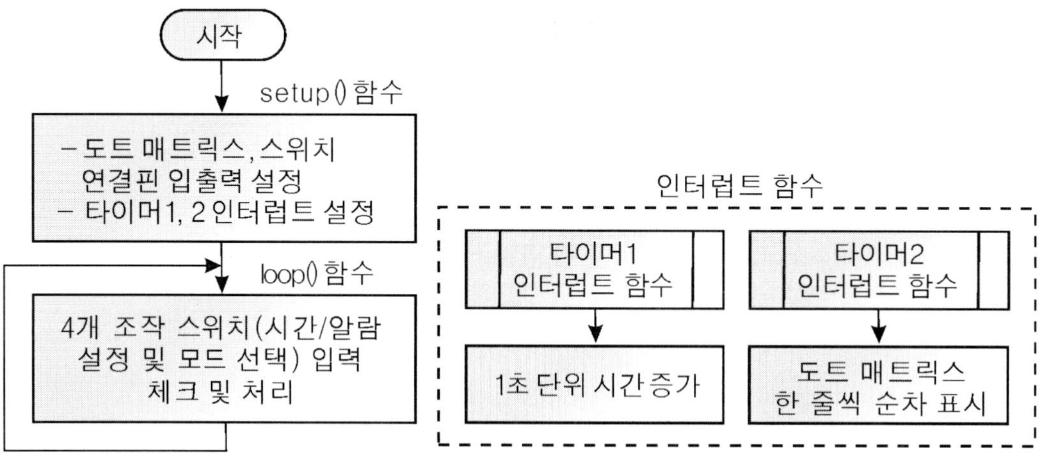

[그림 9-11] 바이너리 시계 처리 흐름도

〈프로그램 설명〉

❶
```
#include <TimerOne.h>                                    // 타이머1 헤더 파일
#include <MsTimer2.h>                                    // 타이머2 헤더 파일
```

❷
```
const byte row_pin[8] = {8, 9, 10, 11, 12, 13, A4, A5}; // 도트매트릭스 행연결핀(R1~R8)
const byte col_pin[8] = {7, 6, 5, 4, 3, 2, 1, 0};       // 도트매트릭스 열연결핀(C8~C1)
const byte sw_pin[4] = {A0, A1, A2, A3};                 // 조작 스위치 연결핀
```

❸
```
const byte h10_pat[3][4] = {                             // 시간 10자리 패턴(0~2)
      {0x00,0x00,0x00,0x00}, {0x00,0x00,0x00,0x20}, {0x00,0x00,0x20,0x00}};

const byte h1_pat[10][4] = {                             // 시간 1자리 패턴(0~9)
      {0x00,0x00,0x00,0x00}, {0x00,0x00,0x00,0x10}, {0x00,0x00,0x10,0x00},
      {0x00,0x00,0x10,0x10}, {0x00,0x10,0x00,0x00}, {0x00,0x10,0x00,0x10},
      {0x00,0x10,0x10,0x00}, {0x00,0x10,0x10,0x10}, {0x10,0x00,0x00,0x00},
      {0x10,0x00,0x00,0x10}};
```

❹
```
const byte m10_pat[6][4] = {                             // 분 10자리 패턴(0~5)
      {0x00,0x00,0x00,0x00}, {0x00,0x00,0x00,0x08}, {0x00,0x00,0x08,0x00},
      {0x00,0x00,0x08,0x08}, {0x00,0x08,0x00,0x00}, {0x00,0x08,0x00,0x08}};

const byte m1_pat[10][4] = {                             // 분 1자리 패턴(0~9)
      {0x00,0x00,0x00,0x00}, {0x00,0x00,0x00,0x04}, {0x00,0x00,0x04,0x00},
      {0x00,0x00,0x04,0x04}, {0x00,0x04,0x00,0x00}, {0x00,0x04,0x00,0x04},
      {0x00,0x04,0x04,0x00}, {0x00,0x04,0x04,0x04}, {0x04,0x00,0x00,0x00},
      {0x04,0x00,0x00,0x04}};
```

❺
```
const byte s10_pat[6][4] = {                             // 초 10자리 패턴(0~5)
      {0x00,0x00,0x00,0x00}, {0x00,0x00,0x00,0x02}, {0x00,0x00,0x02,0x00},
      {0x00,0x00,0x02,0x02}, {0x00,0x02,0x00,0x00}, {0x00,0x02,0x00,0x02}};

const byte s1_pat[10][4] = {                             // 초 1자리 패턴(0~9)
      {0x00,0x00,0x00,0x00}, {0x00,0x00,0x00,0x01}, {0x00,0x00,0x01,0x00},
      {0x00,0x00,0x01,0x01}, {0x00,0x01,0x00,0x00}, {0x00,0x01,0x00,0x01},
      {0x00,0x01,0x01,0x00}, {0x00,0x01,0x01,0x01}, {0x01,0x00,0x00,0x00},
      {0x01,0x00,0x00,0x01}};
```

```
const byte mode_pat[4] = {0x80,0x80,0x00,0x00};          // 모드 표시 패턴(시계/알람)
const byte alarm_pat[4] = {0x00,0x00,0x80,0x80};         // 알람 표시 패턴(설정/비설정)
```

❶	<타이머1과 타이머2 인터럽트 함수를 사용하기 위한 헤더 파일> - 타이머1은 1초 주기 인터럽트 함수 실행 - 타이머2는 도트 매트릭스를 3ms간격으로 한 줄씩 표시하기 위해 사용
❷	- 도트 매트릭스 모듈(행, 열) 단자 아두이노 연결핀 - 4개 스위치 아두이노 연결핀
❸	- 도트 매트릭스에 시간값을 표시하기 위한 10자리와 1자리 패턴(3열 2줄, 4열 4줄)
❹	- 도트 매트릭스에 분값을 표시하기 위한 10자리와 1자리 패턴(5열 3줄, 6열 4줄)
❺	- 도트 매트릭스에 초값를 표시하기 위한 10자리와 1자리 패턴(7열 3줄, 8열 4줄)
❻	- 도트 매트릭스에 모드(시계/알람)를 표시하기 위한 패턴(시계 : 1열 1, 2행 , 알람 : 7. 8행) - 알람 설정을 표시하기 위한 패턴(1열 5, 6행)

❶	const byte alonoff_pat = 0x40;	// 알람 점멸 표시 패턴(2열)

❷	volatile byte disp_pat[8];
	volatile byte dsp_lno = 0;
	
	volatile byte bef_lno = 7;
		// 표시 패턴 저장 배열
		// 타이머2 인터럽트 함수에서
		// 표시할 행 번호
		// 이전 표시 행 번호

❸	volatile byte t_h = 12, t_m = 34, t_s = 56;
	volatile byte al_h = 12, al_m = 40, al_s = 0;
	volatile byte al_onoff = 0;
	volatile byte al_led = 0;
	
	byte mode = 0;
	byte alarm = 0;
	byte pos = 0;
		// 시계 시간(12시 34분 56초)
		// 알람 시간(12시 40분)
		// 알람 동작 상태(1: ON, 0 : OFF)
		// 알람 LED 출력 값(ON/OFF)
		
		// 모드(0:시계, 1:알람)
		// 알람(0:비설정, 1: 설정)
		// 시간/알람 입력위치(0:초1자리~5:시10자리)

❹	void time_setting(void);
	void alarm_setting(void);
	void time_hapsung(void);
		// 시간 설정 함수
		// 알람시간 설정 함수
		// 표시 시간 합성 함수

❶	– 알람 점멸 표시 패턴 : 2열 LED를 ON 시키는 값(8줄 모두 ON/OFF 토글 출력)
❷	– 타이머2에서 도트 매트릭스에 표시할 데이터 저장 배열 – 타이머2에서 도트 매트릭스에 표시할 행 번호 – 타이머2에서 도트 매트릭스에 표시했던 이전 행 번호(마지막 표시 행 번호)
❸	– 시계 시간을 나타내는 변수 – 알람 시간을 나타내는 변수 – 알람 동작 상태 변수(1 : ON, 0 : OFF) – 알람 LED 값(1 : ON, 0 : OFF) – 모드(시계/알람)를 나타내는 변수 – 알람 설정/비설정 변수 – 시계/알람 시간 입력 위치(0:초1자리 ~ 5:시10자리)
❹	<사용자 함수 정의> – 시계 시간 표시를 위한 시간 설정 함수(1행~4행) – 알람 시간 표시를 위한 알람 설정 함수(5행 ~8행) – 표시 시간 합성 함수 : 시계, 알람시간, 모드 합성하는 함수

❶	`// 초기설정 함수`
	`void setup()`
	`{`
	`      byte  m;`
	
	`      for(m = 0;m < 4;m++)`
	`            pinMode(sw_pin[m], INPUT);                  // 스위치 연결핀 입력 설정`
	
	`      // 도트 매트릭스 연결핀 설정`
	`      for(m = 0;m < 8;m++){`
	`            pinMode(row_pin[m], OUTPUT);                // 행 연결핀 출력 설정`
	`            pinMode(col_pin[m], OUTPUT);                // 열 연결핀 출력 설정`
	
	`            // 도트 매트릭스 LED 모두 off`
	`            digitalWrite(row_pin[m], LOW);              // 모든 행 연결핀 0 출력`
	`            digitalWrite(col_pin[m], HIGH);             // 모든 열 연결핀 1 출력`
	`      }`

❷	`      time_hapsung();                                   // 시간 초기값 표시`

❸	`      // 타이머2 인터럽트 설정`
	`      MsTimer2::set(3, dot_disp);                      // 3ms 주기와 인터럽트 함수 설정`
	`      MsTimer2::start();                               // 타이머2 동작 시작`
	
	`      // 타이머1 인터럽트 설정`
	`      Timer1.initialize(1000000);                      // 1sec 주기 설정`
	`      Timer1.attachInterrupt(one_sec);                 // 타이머1 인터럽트 함수 지정`
	`      Timer1.start();                                  // 타이머1 동작 시작`
	`}`

❶	<setup() : 초기 설정 함수> - 4개의 스위치 단자 아두이노 연결핀 입력 설정 - 도트 매트릭스 모듈 단자 아두이노 연결핀 출력 설정 - 도드 매트릭스 행 연결핀(전원핀) LOW 출력(전원 OFF) - 도트 매트릭스 열 연결핀(LED 캐소드) HIGH 출력(LED OFF)
❷	- 시간 초기값을 표시하기 위해 time_hapsung() 함수 호출
❸	- 도트 매트릭스를 3ms 단위로 한 줄씩 표시하기 위해 타이머2 인터럽트 주기 및 함수 dot_disp() 설정 - 타이머2 동작 시작 - 타이머1 1초 주기와 인터럽트 함수 one_sec() 설정 - 타이머1 동작 시작

```
// 반복처리 함수
void loop()
{
    boolean  o_sw[4], n_sw[4];
    byte     m;

❶   // SW1~SW4 첫 번째 상태 읽기
    for(m = 0;m < 4;m++) o_sw[m] = digitalRead(sw_pin[m]);

    // SW1~SW4 두 번째 상태 읽기
    delay(10);
    for(m = 0;m < 4;m++) n_sw[m] = digitalRead(sw_pin[m]);


    if(o_sw[0] == HIGH && n_sw[0] == LOW){          // SW1 눌려질 때 : 입력자리+1
        pos  = (pos + 1) % 6;                       // 0~5
    }
    else if(o_sw[1] == HIGH && n_sw[1] == LOW){     // SW2 눌려질 때 : 입력자리값+1
        if(mode == 0) time_setting();               // 시간 설정
        else alarm_setting();                       // 알람시간 설정

        time_hapsung();                             // 변경된 시간 새로 표시
    }
    else if(o_sw[2] == HIGH && n_sw[2] == LOW){     // SW3눌려질때: 알람 설정/해제
        alarm = (alarm + 1) % 2;                    // 알람 설정/해제 토글
❷       if(al_onoff == 1) {                         // 알람 동작 상태 ON이면
            al_onoff = 0;                           // 알람 동작 상태 OFF
            al_led = 0;                             // 알람 LED 출력값 OFF
        }
        time_hapsung();                             // 알람 상태 새로 표시
    }
    else if(o_sw[3] == HIGH && n_sw[3] == LOW){     // SW4 눌려질 때 :
                                                    // 시계/알람 모드 선택
        mode = (mode + 1) % 2;                      // 시계/알람 모드 토글
        time_hapsung();                             // 모드 새로 표시
    }
}
```

❶	<loop() : **반복 처리 함수**> - 스위치 4개의 상태 10ms 간격을 두고 2번 읽기
❷	- SW1이 눌려지는 순간(SW1 첫 번째 상태 OFF이고 두 번째 상태 ON)이면 입력 자리 이동 (초1자리 -> 초10자리 -> 분1자리-> 분10자리 -> 시1자리 -> 시10자리) - SW2가 눌려지는 순간(SW2 첫 번째 상태 OFF이고 두 번째 상태 ON)이면 입력 자리값 +1 : 시계 모드이면 time_setting() 함수 호출하고, 알람 모드이면 alarm_setting() 함수 호출 : 변경된 시간 표시를 위해 time_hapsung() 함수 호출 - SW3이 눌려지는 순간(SW3 첫 번째 상태 OFF이고 두 번째 상태 ON)이면 알람 설정/해제 토글 => 알람 동작 상태이면 알람 동작 상태를 OFF 상태로 하고, 알람 LED 출력값을 OFF로 설정 : 변경된 알람 상태 표시를 위해 time_hapsung() 함수 호출 - SW4가 눌려지는 순간(SW4 첫 번째 상태 OFF이고 두 번째 상태 ON)이면 시계/알람 모드 토글하고 time_hapsung() 함수를 호출하여 변경된 모드 표시

❶

```
// 시계 시간 설정 함수
void time_setting()
{
	byte	tmp;

	if(pos == 0) {				// 입력자리 초 1자리이면
		tmp = t_s % 10;			// 초 값에서 초 1자리 추출
		tmp = (tmp + 1) % 10;		// 초 1자리 +1(0~9)
		t_s = (t_s / 10) * 10 + tmp;	// 초 값 갱신
	}
	else if(pos == 1){			// 입력자리 초 10자리이면
		tmp = t_s / 10;			// 초 값에서 초 10자리 추출
		tmp = (tmp + 1) % 6;		// 초 10자리 +1(0~5)
		t_s = tmp * 10 + (t_s % 10);	// 초 값 갱신
	}
	else if(pos == 2) {			// 입력자리 분 1자리이면
		tmp = t_m % 10;			// 분 값에서 분 1자리 추출
		tmp = (tmp + 1) % 10;		// 분 1자리 +1(0~9)
		t_m = (t_m / 10) * 10 + tmp;	// 분 값 갱신
	}
	else if(pos == 3){			// 입력자리 분 10자리이면
		tmp = t_m / 10;			// 분 값에서 분 10자리 추출
		tmp = (tmp + 1) % 6;		// 분 10자리 +1(0~5)
		t_m = tmp * 10 + (t_m % 10);	// 분 값 갱신
	}
	else if(pos == 4) {			// 입력자리 시 1자리이면
		tmp = t_h % 10;			// 시 값에서 시 1자리 추출
		tmp = (tmp + 1) % 10;		// 시 1자리 +1(0~9)
		if((t_h / 10) == 2 && tmp > 3) tmp = 0;	// 23시 넘지 않도록
		t_h = (t_h / 10) * 10 + tmp;	// 시 값 갱신
	}
	else if(pos == 5){			// 입력자리 시 10자리이면
		tmp = t_h / 10;			// 시 값에서 시 10자리 추출
		tmp = (tmp + 1) % 3;		// 시 10자리 +1(0~2)
		if((t_h % 10) > 3 && tmp == 2) tmp = 0; // 23시 넘지 않도록
		t_h = tmp * 10 + (t_h % 10);	// 시 값 갱신
	}
}
```

❶

<time_setting() : 시계 시간 설정 함수>
- 입력 자리에 따라 시간 값 + 1
- 초의 1자리는 0~9, 초의 10자리는 0~5
- 분의 1자리는 0~9, 분의 10자리는0~5
- 시의 10자리가 0 또는 1일 때 시의 1자리는 9까지
  (시 10자리가 2이고 시 1자리가 3보다 크면 시 1자리 0으로 리셋)
- 시의 10자리가 2일 때 시의 1자리는 3까지
  (시 10자리가 2이고 시 1자리가 3보다 크면 시 10자리 0으로 리셋)

```
// 알람 시간 설정 함수
void alarm_setting()
{
    byte    tmp;

    if(pos == 0) {                              // 입력자리 초 1자리이면
        tmp = al_s % 10;                        // 초 값에서 초 1자리 추출
        tmp = (tmp + 1) % 10;                   // 초 1자리 +1(0~9)
        al_s = (al_s / 10) * 10 + tmp;          // 초 값 갱신
    }
    else if(pos == 1){                          // 입력자리 초 10자리이면
        tmp = al_s / 10;                        // 초 값에서 초 10자리 추출
        tmp = (tmp + 1) % 6;                    // 초 10자리 +1(0~5)
        al_s = tmp * 10 + (al_s % 10);          // 초 값 갱신
    }
    else if(pos == 2) {                         // 입력자리 분 1자리이면
        tmp = al_m % 10;                        // 분 값에서 분 1자리 추출
        tmp = (tmp + 1) % 10;                   // 분 1자리 +1(0~9)
        al_m = (al_m / 10) * 10 + tmp;          // 분 값 갱신
    }
    else if(pos == 3){                          // 입력자리 분 10자리이면
        tmp = al_m / 10;                        // 분 값에서 분 10자리 추출
        tmp = (tmp + 1) % 6;                    // 분 10자리 +1(0~5)
        al_m = tmp * 10 + (al_m % 10);          // 분 값 갱신
    }
    else if(pos == 4) {                         // 입력자리 시 1자리이면
        tmp = al_h % 10;                        // 시 값에서 시 1자리 추출
        tmp = (tmp + 1) % 10;                   // 시 1자리 +1(0~9)
        if((al_h / 10) == 2 && tmp > 3) tmp = 0; // 23시 넘지 않도록
        al_h = (al_h / 10) * 10 + tmp;          // 시 값 갱신
    }
    else if(pos == 5){                          // 입력자리 시 10자리이면
        tmp = al_h / 10;                        // 시 값에서 시 10자리 추출
        tmp = (tmp + 1) % 3;                    // 시 10자리 +1(0~2)
        if((al_h % 10) > 3 && tmp == 2) tmp = 0; // 23시 넘지 않도록
        al_h = tmp * 10 + (al_h % 10);          // 시 값 갱신
    }
}
```
❶

❶ <alarm_setting() : 알람 시간 설정 함수>
- 입력 자리에 따라 시간 값 + 1
- 초의 1자리는 0~9, 초의 10자리는 0~5
- 분의 1자리는 1~9, 분의 10자리는 0~5
- 시의 10자리가 0 또는 1일 때 시의 1자리는 9까지
 (시 10자리가 2이고 시 1자리가 3보다 크면 시 1자리 0으로 리셋)
- 시의 10자리가 2일 때 시의 1자리는 3까지
 (시 10자리가 2이고 시 1자리가 3보다 크면 시 10자리 0으로 리셋)

❶
```
// 시간 표시 합성 함수
void time_hapsung()
{
        byte  m, t_h10, t_h1, t_m10, t_m1, t_s10, t_s1;
        byte  al_h10, al_h1, al_m10, al_m1, al_s10, al_s1;

        // 시간 각 자리 추출
        t_h10 = t_h / 10;                                  // 시간 10자리
        t_h1 = t_h % 10;                                   // 시간 1자리
        t_m10 = t_m / 10;                                  // 분 10자리
        t_m1 = t_m % 10;                                   // 분 1자리
        t_s10 = t_s / 10;                                  // 초 10자리
        t_s1 = t_s % 10;                                   // 초 1자리
```

❷
```
        // 알람 각 자리 추출
        al_h10 = al_h / 10;                                // 알람 시간 10자리
        al_h1 = al_h % 10;                                 // 알람 시간 1자리
        al_m10 = al_m / 10;                                // 알람 분 10자리
        al_m1 = al_m % 10;                                 // 알람 분 1자리
        al_s10 = al_s / 10;                                // 알람 초 10자리
        al_s1 = al_s % 10;                                 // 알람 초 1자리
```

❸
```
        for(m = 0;m < 4;m++) disp_pat[m] = 0;              // 표시 배열 클리어

        // 위 4줄 표시 데이터 설정(시계 시간)
        for(m = 0;m < 4;m++){
                disp_pat[m] = h10_pat[t_h10][m] | h1_pat[t_h1][m];          // 시간 값
                disp_pat[m] |= (m10_pat[t_m10][m] | m1_pat[t_m1][m]);       // 분 값
                disp_pat[m] |= (s10_pat[t_s10][m] | s1_pat[t_s1][m]);       // 초 값
                if(mode == 0) disp_pat[m] |= mode_pat[m];                   // 모드

                  if(al_onoff == 1)                                // 알람 동작 상태이면
                      if(al_led == 1)                              // 알람 LED 출력값 1이면
                            disp_pat[m + 4] |= alonoff_pat;        // 2열 LED ON
        }
```

❹
```
        // 아래 4줄 표시 데이터 설정(알람 시간)
        for(m = 0;m < 4;m++){
                disp_pat[m + 4] = h10_pat[al_h10][m] | h1_pat[al_h1][m];        // 시간 값
                disp_pat[m + 4] |= (m10_pat[al_m10][m] | m1_pat[al_m1][m]);    // 분 값
                disp_pat[m + 4] |= (s10_pat[al_s10][m] | s1_pat[al_s1][m]);    // 초 값
                if(mode == 1) disp_pat[m + 4] |= mode_pat[m];                  // 모드
                if(alarm == 1) disp_pat[m + 4] |= alarm_pat[m];                // 알람

                if(al_onoff == 1)                                  // 알람 동작 상태이면
                      if(al_led == 1)                              // 알람 LED 출력값 1이면
                            disp_pat[m + 4] |= alonoff_pat;        // 2열 LED ON
        }
```

❺
```
       if(al_onoff == 1) al_led = (al_led + 1) % 2;        // 알람 LED출력값 반전
```

❶	<time_hapsung() : 시간 표시 함성 함수> - 시계 시간 시, 분, 초 10자리와 1자리 추출
❷	- 알람 시간 시계 시, 분, 초 10자리와 1자리 추출
❸	- 표시 배열 클리어 - 도트 매트릭스 상위 4줄 표시 데이터 설정(시계 시간) : 시계 모드, 시계 시간, 알람 점멸 부분 - 알람 동작 상태이고 알람 LED 출력값이 1이면 2열 LED ON
❹	- 도트 매트릭스 하위 4줄 표시 데이터 설정(알람 시간) : 알람 모드, 알람 설정, 알람 시간, 알람 점멸 부분 - 알람 동작 상태이고 알람 LED 출력값이 1이면 2열 LED ON
❺	- 알람 동작 상태이면 점멸을 위해 알람 LED 출력값 반전

❶

```
// 타이머1 인터럽트 함수(1초 주기 : 초값 +1)
void one_sec()
{
	t_s++;                                       // 1초 증가
	if(t_s == 60){                               // 60초면 분 증가
		t_s = 0;                                 // 초 값 리셋
		t_m++;                                   // 분 값 +1
		if(t_m == 60) {                          // 60분이면 시간 증가
			t_m = 0;                             // 분 값 리셋
			t_h++;                               // 시 +1
			if(t_h == 24) t_h = 0;               // 24시이면 0시로
		}
	}

	if(alarm == 1)                               // 알람 설정 상태면
		// 알람 시간 일치하면 알람 동작 상태 1(ON)
		if(t_h == al_h && t_m == al_m && t_s == al_s) al_onoff = 1;

	time_hapsung();                              // 새 시간 표시
}
```

❷

```
// 3ms 마다 자동 실행되는 타이머2 인터럽트 함수
// 3ms마다 한 라인씩 표시 => 3ms x 8라인 = 24ms
void dot_disp(void)
{
	byte n, tmp;
	boolean tmp1;

	digitalWrite(row_pin[bef_lno], LOW);       // 이전 표시행 LOW출력(전원 off)
	digitalWrite(row_pin[dsp_lno], HIGH);      // 이번 표시할 행 HIGH(전원 on)

	tmp = disp_pat[dsp_lno];                   // dsp_lno 행에 표시할 패턴값
	for(n = 0;n < 8;n++){                      // 열 번호(맨오른쪽 0, 맨왼쪽 7)
		tmp1 = tmp & 0x01;                     // 오른쪽에서 왼쪽으로 한 개씩 표시
		digitalWrite(col_pin[n], !tmp1);       // tmp1이 1일때 LED ON 되도록 반전
		tmp = tmp >> 1;                        // 행에 출력할 값 1비트씩 shift
	}
	bef_lno = dsp_lno;                         // 이번 표시 행 번호 이전 표시 행 번호로 저장
	dsp_lno = (dsp_lno + 1) % 8;               // 다음에 표시할 행 번호
}
```

❶	<one_sec() : 타이머1 1초 주기 인터럽트 함수> - 초값 +1 - 알람 설정 모드이면 현재 시간과 알람 시간 비교하여 같으면 알람 동작 상태 ON - 갱신된 시간 표시를 위해 time_hapsung() 함수 호출
❷	<dot_disp() : 타이머2 인터럽트 함수(3ms마다 도트 매트릭스 한 줄씩 표시)> - 바로 전에 표시했던 행에 LOW 출력(행에 LED 애노드 연결되어 있어 전원 차단 됨) - 이번에 표시할 행에 HIGH 출력(행에 LED 애노드 연결되어 있어 5V 연결됨) - 이번 행에 표시할 패턴 추출 - 오른쪽에서 왼쪽으로 열 연결핀에 한 개씩 출력 표시(8회 실행) - LOW를 출력해야 ON이 되므로 1인 부분에서 표시되도록 반전 출력 - 한 비트 출력할 때마다 추출 패턴값 1비트씩 오른쪽으로 쉬프트 - 이번에 표시한 행번호를 마지막 표시한 행번호로 저장 - 다음에 표시할 행번호 갱신

[리스트 9-1] 도트 매트릭스 바이너리 시계 프로그램

```
// report9
// 2019. 8.6  by SHIN
// Binary Watch

#include <TimerOne.h>                          // 타이머1 헤더 파일
#include <MsTimer2.h>                          // 타이머2 헤더 파일

const byte row_pin[8] = {8, 9, 10, 11, 12, 13, A4, A5}; // 도트 매트릭스 행 연결핀(R1~R8)
const byte col_pin[8] = {7, 6, 5, 4, 3, 2, 1, 0};       // 도트 매트릭스 열 연결핀(C8~C1)
const byte sw_pin[4] = {A0, A1, A2, A3};                // 조작 스위치 연결핀

const byte h10_pat[3][4] = {                   // 시간 10자리 패턴(0~2)
      {0x00,0x00,0x00,0x00}, {0x00,0x00,0x00,0x20},  {0x00,0x00,0x20,0x00}};

const byte h1_pat[10][4] = {                   // 시간 1자리 패턴(0~9)
      {0x00,0x00,0x00,0x00}, {0x00,0x00,0x00,0x10}, {0x00,0x00,0x10,0x00},
      {0x00,0x00,0x10,0x10}, {0x00,0x10,0x00,0x00}, {0x00,0x10,0x00,0x10},
      {0x00,0x10,0x10,0x00}, {0x00,0x10,0x10,0x10}, {0x10,0x00,0x00,0x00},
      {0x10,0x00,0x00,0x10}};

const byte m10_pat[6][4] = {                   // 분 10자리 패턴(0~5)
      {0x00,0x00,0x00,0x00}, {0x00,0x00,0x00,0x08}, {0x00,0x00,0x08,0x00},
      {0x00,0x00,0x08,0x08}, {0x00,0x08,0x00,0x00}, {0x00,0x08,0x00,0x08}};

const byte m1_pat[10][4] = {                   // 분 1자리 패턴(0~9)
      {0x00,0x00,0x00,0x00}, {0x00,0x00,0x00,0x04}, {0x00,0x00,0x04,0x00},
      {0x00,0x00,0x04,0x04}, {0x00,0x04,0x00,0x00}, {0x00,0x04,0x00,0x04},
      {0x00,0x04,0x04,0x00}, {0x00,0x04,0x04,0x04}, {0x04,0x00,0x00,0x00},
      {0x04,0x00,0x00,0x04}};
```

```
const byte s10_pat[6][4] = {                            // 초 10자리 패턴(0~5)
        {0x00,0x00,0x00,0x00}, {0x00,0x00,0x00,0x02}, {0x00,0x00,0x02,0x00},
        {0x00,0x00,0x02,0x02}, {0x00,0x02,0x00,0x00}, {0x00,0x02,0x00,0x02}};


const byte s1_pat[10][4] = {                            // 초 1자리 패턴(0~9)
        {0x00,0x00,0x00,0x00}, {0x00,0x00,0x00,0x01}, {0x00,0x00,0x01,0x00},
        {0x00,0x00,0x01,0x01}, {0x00,0x01,0x00,0x00}, {0x00,0x01,0x00,0x01},
        {0x00,0x01,0x01,0x00}, {0x00,0x01,0x01,0x01}, {0x01,0x00,0x00,0x00},
        {0x01,0x00,0x00,0x01}};

const byte mode_pat[4] = {0x80,0x80,0x00,0x00};         // 모드 표시 패턴(시계/알람)
const byte alarm_pat[4] = {0x00,0x00,0x80,0x80};        // 알람 표시 패턴(설정/비설정)

const byte alonoff_pat = 0x40;                          // 알람 점멸 표시 패턴(2열)

volatile byte  disp_pat[8];                             // 표시 패턴 저장 배열
volatile byte  dsp_lno = 0;                             // 타이머 인터럽트 함수에서 표시할 행 번호
volatile byte  bef_lno = 7;                             // 이전 표시 행 번호

volatile byte  t_h = 12, t_m = 34, t_s = 56;            // 시작 시간(12시 34분 56초)
volatile byte  al_h = 12, al_m = 40, al_s = 0;          // 알람 시간(12시 40분)
volatile byte  al_onoff = 0;                            // 알람 동작 상태(1 : ON, 0 : OFF)
volatile byte  al_led = 0;                              // 알람 LED 출력값(1 : ON, 0 : OFF)

byte    mode = 0;                                       //  모드(0:시계, 1:알람)
byte    alarm = 0;                                      // 알람(0:비설정, 1: 설정)
byte    pos = 0;                                        // 시간/알람 입력위치(0:초1자리~5:시10자리)


void    time_setting(void);                             // 시간 설정 함수
void    alarm_setting(void);                            // 알람시간 설정 함수
void    time_hapsung(void);                             // 표시 시간 합성 함수

// 초기설정 함수
void setup()
{
        byte  m;

        for(m = 0;m < 4;m++)
                pinMode(sw_pin[m], INPUT);              // 스위치 연결핀 입력 설정

        // 도트 매트릭스 연결핀 설정
        for(m = 0;m < 8;m++){
                pinMode(row_pin[m], OUTPUT);            // 행 연결핀 출력 설정
                pinMode(col_pin[m], OUTPUT);            // 열 연결핀 출력 설정
```

```
        // 도트 매트릭스 LED 모두 off
        digitalWrite(row_pin[m], LOW);          // 모든 행 연결핀 0 출력
        digitalWrite(col_pin[m], HIGH);         // 모든 열 연결핀 1 출력
    }

    time_hapsung();                             // 시간 초기값 표시

    // 타이머2 인터럽트 설정
    MsTimer2::set(3, dot_disp);                 // 3ms 주기와 인터럽트 함수 설정
    MsTimer2::start();                          // 타이머2 동작 시작

    // 타이머1 인터럽트 설정
    Timer1.initialize(1000000);                 // 1초 주기 설정
    Timer1.attachInterrupt(one_sec);            // 타이머1 인터럽트 함수 지정
    Timer1.start();                             // 타이머1 동작 시작
}

// 반복처리 함수
void loop()
{
    boolean  o_sw[4], n_sw[4];
    byte     m;

    // SW1~SW4 첫 번째 상태 읽기
    for(m = 0;m < 4;m++) o_sw[m] = digitalRead(sw_pin[m]);

    // SW1~SW4 두 번째 상태 읽기
    delay(10);
    for(m = 0;m < 4;m++) n_sw[m] = digitalRead(sw_pin[m]);

    if(o_sw[0] == HIGH && n_sw[0] == LOW){      // SW1 눌려질 때 : 입력자리+1
        pos  = (pos + 1) % 6;                   // 0~5
    }
    else if(o_sw[1] == HIGH && n_sw[1] == LOW){ // SW2 눌려질 때 : 입력자리값+1
        if(mode == 0) time_setting();           // 시간 설정
        else alarm_setting();                   // 알람시간 설정

        time_hapsung();                         // 변경된 시간 새로 표시
    }
    else if(o_sw[2] == HIGH && n_sw[2] == LOW){ // SW3 눌려질 때: 알람 설정/해제
        alarm = (alarm + 1) % 2;                // 알람 설정/해제 토글
        if(al_onoff == 1) {                     // 알람 동작 상태 ON이면
            al_onoff = 0;                       // 알람 동작 상태 OFF
            al_led = 0;                         // 알람 LED 출력값 OFF
        }
        time_hapsung();                         // 알람 상태 새로 표시
    }
    else if(o_sw[3] == HIGH && n_sw[3] == LOW){ // SW4 눌려질 때 : 시계/알람 모드 선택
```

```
            mode = (mode + 1) % 2;                  // 시계/알람 모드 토글
            time_hapsung();                         // 모드 새로 표시
        }
}

// 시계 시간 설정 함수
void time_setting()
{
        byte    tmp;

        if(pos == 0) {                              // 입력자리 초 1자리이면
                tmp = t_s % 10;                     // 초 값에서 초 1자리 추출
                tmp = (tmp + 1) % 10;               // 초 1자리 +1(0~9)
                t_s = (t_s / 10) * 10 + tmp;        // 초 값 갱신
        }
        else if(pos == 1){                          // 입력자리 초 10자리이면
                tmp = t_s / 10;                     // 초 값에서 초 10자리 추출
                tmp = (tmp + 1) % 6;                // 초 10자리 +1(0~5)
                t_s = tmp * 10 + (t_s % 10);        // 초 값 갱신
        }
        else if(pos == 2) {                         // 입력자리 분 1자리이면
                tmp = t_m % 10;                     // 분 값에서 분 1자리 추출
                tmp = (tmp + 1) % 10;               // 분 1자리 +1(0~9)
                t_m = (t_m / 10) * 10 + tmp;        // 분 값 갱신
        }
        else if(pos == 3){                          // 입력자리 분 10자리이면
                tmp = t_m / 10;                     // 분 값에서 분 10자리 추출
                tmp = (tmp + 1) % 6;                // 분 10자리 +1(0~5)
                t_m = tmp * 10 + (t_m % 10);        // 분 값 갱신
        }
        else if(pos == 4) {                         // 입력자리 시 1자리이면
                tmp = t_h % 10;                     // 시 값에서 시 1자리 추출
                tmp = (tmp + 1) % 10;               // 시 1자리 +1(0~9)
                if((t_h / 10) == 2 && tmp > 3) tmp = 0; // 23시 넘지 않도록
                t_h = (t_h / 10) * 10 + tmp;        // 시 값 갱신
        }
        else if(pos == 5){                          // 입력자리 시 10자리이면
                tmp = t_h / 10;                     // 시 값에서 시 10자리 추출
                tmp = (tmp + 1) % 3;                // 시 10자리 +1(0~2)
                if((t_h % 10) > 3 && tmp == 2) tmp = 0; // 23시 넘지 않도록
                t_h = tmp * 10 + (t_h % 10);        // 시 값 갱신
        }
}

// 알람 시간 설정 함수
void alarm_setting()
{
        byte    tmp;
```

```
    if(pos == 0) {                              // 입력자리 초 1자리이면
        tmp = al_s % 10;                        // 초 값에서 초 1자리 추출
        tmp = (tmp + 1) % 10;                   // 초 1자리 +1(0~9)
        al_s = (al_s / 10) * 10 + tmp;          // 초 값 갱신
    }
    else if(pos == 1){                          // 입력자리 초 10자리이면
        tmp = al_s / 10;                        // 초 값에서 초 10자리 추출
        tmp = (tmp + 1) % 6;                    // 초 10자리 +1(0~5)
        al_s = tmp * 10 + (al_s % 10);          // 초 값 갱신
    }
    else if(pos == 2) {                         // 입력자리 분 1자리이면
        tmp = al_m % 10;                        // 분 값에서 분 1자리 추출
        tmp = (tmp + 1) % 10;                   // 분 1자리 +1(0~9)
        al_m = (al_m / 10) * 10 + tmp;          // 분 값 갱신
    }
    else if(pos == 3){                          // 입력자리 분 10자리이면
        tmp = al_m / 10;                        // 분 값에서 분 10자리 추출
        tmp = (tmp + 1) % 6;                    // 분 10자리 +1(0~5)
        al_m = tmp * 10 + (al_m % 10);          // 분 값 갱신
    }
    else if(pos == 4) {                         // 입력자리 시 1자리이면
        tmp = al_h % 10;                        // 시 값에서 시 1자리 추출
        tmp = (tmp + 1) % 10;                   // 시 1자리 +1(0~9)
        if((al_h / 10) == 2 && tmp > 3) tmp = 0; // 23시 넘지 않도록
        al_h = (al_h / 10) * 10 + tmp;          // 시 값 갱신
    }
    else if(pos == 5){                          // 입력자리 시 10자리이면
        tmp = al_h / 10;                        // 시 값에서 시 10자리 추출
        tmp = (tmp + 1) % 3;                    // 시 10자리 +1(0~2)
        if((al_h % 10) > 3 && tmp == 2) tmp = 0;  // 23시 넘지 않도록
        al_h = tmp * 10 + (al_h % 10);          // 시 값 갱신
    }
}

// 시간 표시 합성 함수
void time_hapsung()
{
    byte  m, t_h10, t_h1, t_m10, t_m1, t_s10, t_s1;
    byte  al_h10, al_h1, al_m10, al_m1, al_s10, al_s1;

    // 시간 각 자리 추출
    t_h10 = t_h / 10;                                   // 시간 10자리
    t_h1 = t_h % 10;                                    // 시간 1자리
    t_m10 = t_m / 10;                                   // 분 10자리
    t_m1 = t_m % 10;                                    // 분 1자리
    t_s10 = t_s / 10;                                   // 초 10자리
    t_s1 = t_s % 10;                                    // 초 1자리
```

```
    // 알람 각 자리 추출
    al_h10 = al_h / 10;                                          // 알람 시간 10자리
    al_h1 = al_h % 10;                                           // 알람 시간 1자리
    al_m10 = al_m / 10;                                          // 알람 분 10자리
    al_m1 = al_m % 10;                                           // 알람 분 1자리
    al_s10 = al_s / 10;                                          // 알람 초 10자리
    al_s1 = al_s % 10;                                           // 알람 초 1자리

    for(m = 0;m < 4;m++) disp_pat[m] = 0;                        // 표시 배열 클리어

    // 위 4줄 표시 데이터 설정(시계 시간)
    for(m = 0;m < 4;m++){
        disp_pat[m] = h10_pat[t_h10][m] | h1_pat[t_h1][m];       // 시간 값
        disp_pat[m] |= (m10_pat[t_m10][m] | m1_pat[t_m1][m]);    // 분 값
        disp_pat[m] |= (s10_pat[t_s10][m] | s1_pat[t_s1][m]);    // 초 값
        if(mode == 0) disp_pat[m] |= mode_pat[m];                // 모드

        if(al_onoff == 1)                                        // 알람 동작 상태이면
            if(al_led == 1)                                      // 알람 LED 출력값 1이면
                disp_pat[m] |= alonoff_pat;                      // 2열 LED ON
    }

    // 아래 4줄 표시 데이터 설정(알람 시간)
    for(m = 0;m < 4;m++){
        disp_pat[m + 4] = h10_pat[al_h10][m] | h1_pat[al_h1][m];     // 시간 값
        disp_pat[m + 4] |= (m10_pat[al_m10][m] | m1_pat[al_m1][m]); // 분 값
        disp_pat[m + 4] |= (s10_pat[al_s10][m] | s1_pat[al_s1][m]); // 초 값
        if(mode == 1) disp_pat[m + 4] |= mode_pat[m];            // 모드
        if(alarm == 1) disp_pat[m + 4] |= alarm_pat[m];          // 알람

        if(al_onoff == 1)                                        // 알람 동작 상태이면
            if(al_led == 1)                                      // 알람 LED 출력값 1이면
                disp_pat[m] |= alonoff_pat;                      // 2열 LED ON
    }

    if(al_onoff == 1)                                            // 알람 동작 상태이면
        al_led = (al_led + 1) % 2;                               // 알람 LED 출력값 반전
}

// 타이머1 인터럽트 함수(1초 주기 : 초값 +1)
void one_sec()
{
    t_s++;                                                       // 1초 증가
    if(t_s == 60){                                               // 60초면 분 증가
        t_s = 0;                                                 // 초 값 리셋
        t_m++;                                                   // 분 +1
        if(t_m == 60) {                                          // 60분이면 시간 증가
```

```
            t_m = 0;                                         // 분 값 리셋
            t_h++;                                           // 시 +1
            if(t_h == 24) t_h = 0;                           // 24시이면 0시로
        }
    }

    if(alarm == 1)                                           // 알람 설정 상태면
        // 알람 시간 일치하면 알람 동작 상태 1(ON)
        if(t_h == al_h && t_m == al_m && t_s == al_s) al_onoff = 1;

    time_hapsung();                                          // 새 시간 표시
}

// 3ms 마다 자동 실행되는 타이머2 인터럽트 함수
// 3ms마다 한 라인씩 표시 => 3ms x 8라인 = 24ms
void dot_disp(void)
{
    byte n, tmp;
    boolean tmp1;

    digitalWrite(row_pin[bef_lno], LOW);           // 이전 표시 행 LOW 출력(전원 off)
    digitalWrite(row_pin[dsp_lno], HIGH);          // 이번 표시할 행 HIGH(전원 on)

    tmp = disp_pat[dsp_lno];                       // dsp_lno 행에 표시할 패턴값
    for(n = 0;n < 8;n++){                          // 열 번호(맨오른쪽 0, 맨왼쪽 7)
        tmp1 = tmp & 0x01;                         // 오른쪽에서 왼쪽으로 한 개씩 표시
        digitalWrite(col_pin[n], !tmp1);           // tmp1이 1일때 LED ON 되도록 반전
        tmp = tmp >> 1;                            // 행에 출력할 값 1비트씩 shift
    }
    bef_lno = dsp_lno;                             // 이번에 표시한 행 번호
    dsp_lno = (dsp_lno + 1) % 8;                   // 다음에 표시할 행 번호
}
```

Memo.

Chapter

10

지렁이 게임

Chapter

10

지렁이 게임

[그림 10-1]과 같이 먹이를 먹으면 마디가 하나씩 증가하는 지렁이 게임을 구현해보자. 먹이는 먹을 때마다 새로운 위치에 랜덤하게 위치하도록 랜덤 함수를 이용하도록 한다. 아두이노 라이브러리에서 두 개의 랜덤 함수 randomSeed(seed)와 rand()가 지원된다. [그림 10-2], [표 10-1]은 아두이노 연결 배선도와 연결핀을 보여주며, [표 10-2]는 조이스틱의 기능을 보여준다.

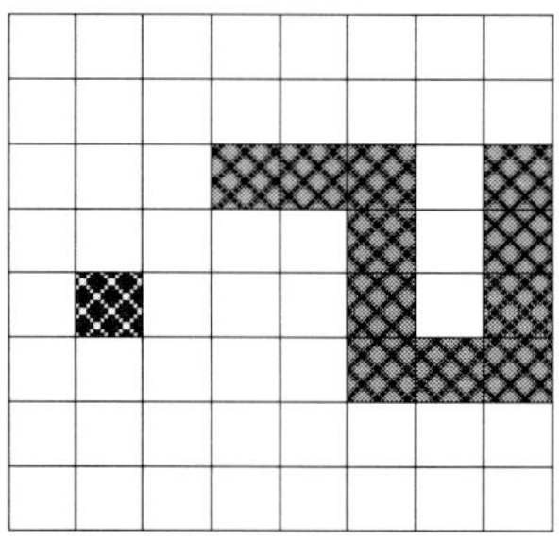

[그림 10-1] 지렁이 게임(먹이와 몸체)

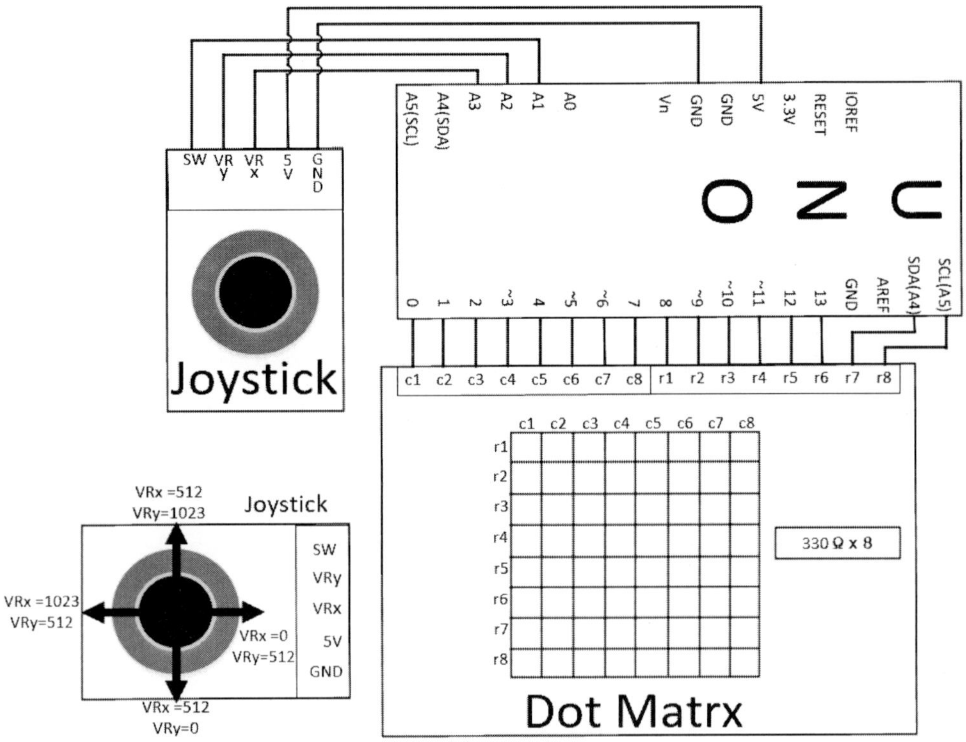

[그림 10-2] 연결 배선도

[표 10-1] 아두이노 보드 연결핀

아두이노 보드	도트매트릭스 보드	아두이노 보드	조이스틱 보드
8	R1	A3	VRx
9	R2	A2	VRy
10	R3	A1	Z_SW
11	R4		
12	R5		
13	R6		
SDA(A4)	R7		
SCL(A5)	R8		
0	C1		
1	C2		
2	C3		
3	C4		
4	C5		
5	C6		
6	C7		
7	C8		

[표 10-2] 조이스틱 기능

조이스틱	기 능	비 고
x축	x축 이동	- 조이스틱 x축과 y축의 V값 A/D 변환 - 임계치보다 크거나 작을 때 x축, y축의 + 또는 -방향으로 이동
y축	y축 이동	
z축	시작 스위치	- 내부 풀업 저항 사용(폴링 방식), 스위치 눌려질 때 시작

지렁이 게임 구현을 위한 전체 처리 흐름도는 [그림 10-3]과 같고, 인터럽트 함수는 반복 처리 loop() 함수가 실행되면서 인터럽트가 발생할 때마다 자동으로 실행된다. 처리 흐름도에서 처리되는 주요 내용을 간략히 기술하면 [표 10-3]과 같다.

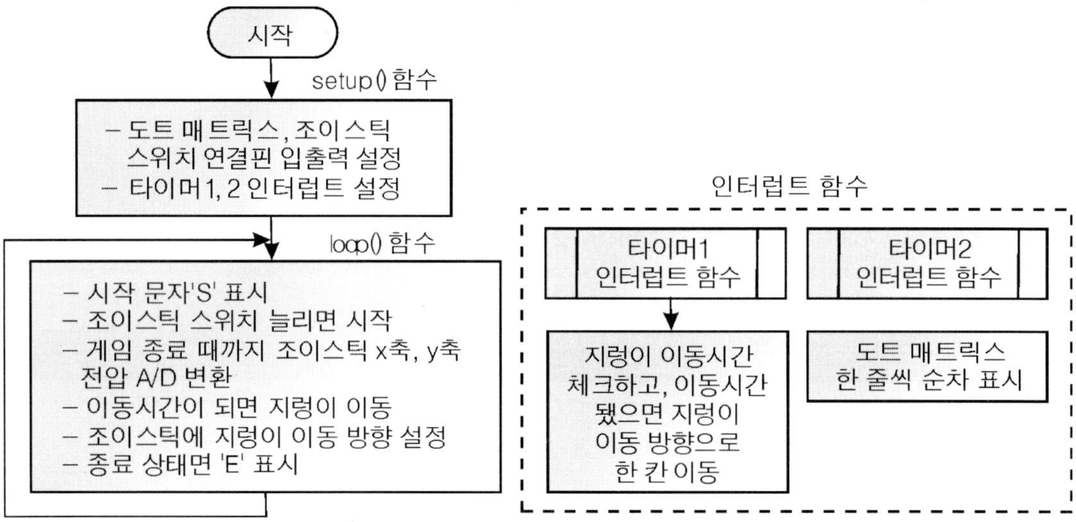

[그림 10-3] 지렁이 게임 처리 흐름도

[표 10-3] 주요 처리 내용

★ **지렁이 마디 좌표** : 지렁이가 움직이게 되면 머리좌표는 새로 저장되고, 꼬리좌표는 없어지게 되는데 이에 대한 처리가 필요하다. 이에 대해 2가지 방법을 이용하여 구현해 보도록 한다.

★ **지렁이 이동** : 일정 시간이 경과되면 이동 방향으로 자동 이동하도록 한다. 지렁이 마디수가 늘어나면 이동속도를 점차 빠르게 하도록 처리한다.

★ **지렁이 이동 방향** : 조이스틱 두 축의 움직임에 따라 상하좌우 4방향으로 이동방향을 결정한다.

★ **충돌 체크** : 지렁이가 이동할 때마다 머리 부분이 벽 또는 지렁이 몸에 부딪치는지 체크하도록 하고, 충돌이 있는 경우에는 종료하도록 한다.

10.1 알고리즘1(지렁이 마디 좌표 저장법)

각 마디의 좌표가 저장된 상태에서 지렁이가 움직이면 [그림 10-4]와 같이 먼저 위치에서 꼬리좌표를 저장한 배열에 새로운 머리의 좌표를 저장하며 이러한 과정을 반복한다. 그리고, 먹이를 먹게 되면 길이가 하나 증가되며, 꼬리부분 좌표가 배열 앞부분에 저장되도록 재정렬하여 다시 저장한다.

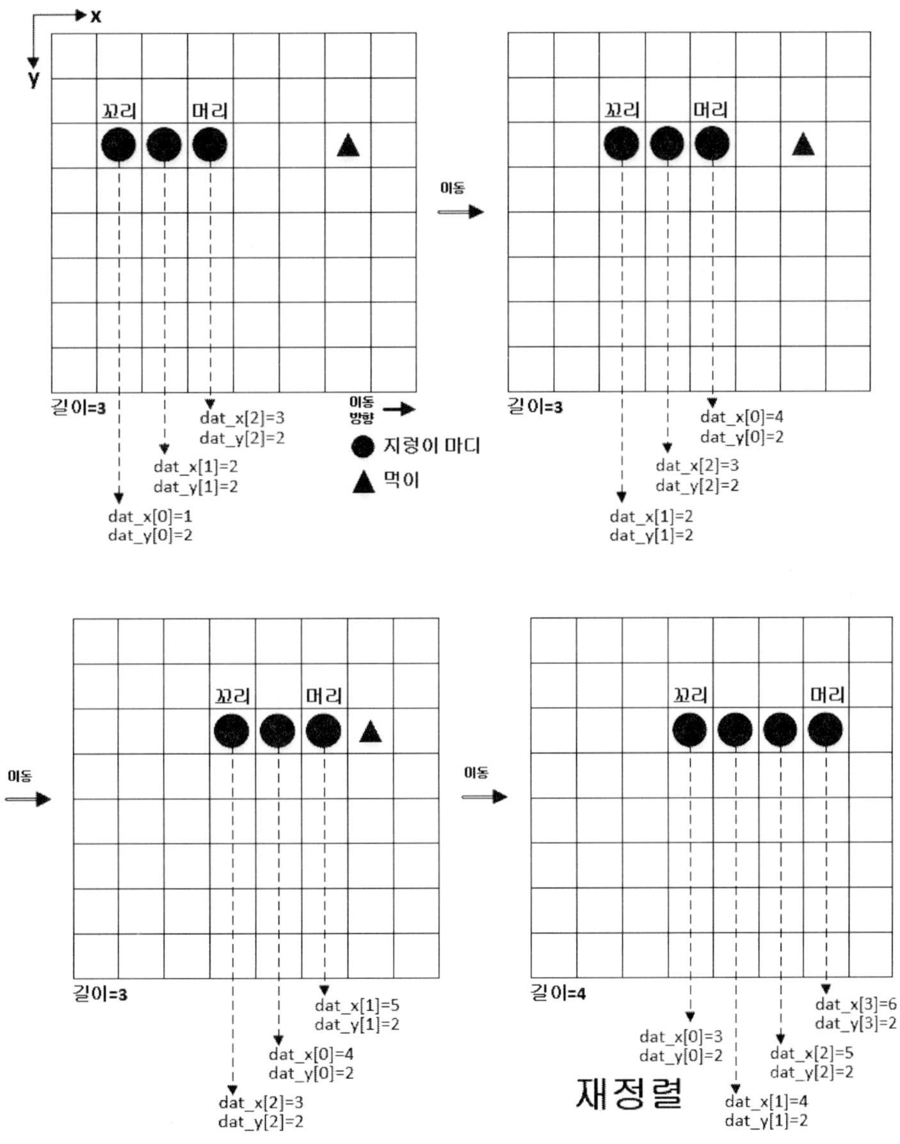

[그림 10-4] 지렁이 마디 좌표 저장
(dat_x[], dat_y[] : 지렁이 마디 좌표 저장 배열)

〈게임 종료〉

① 머리 부분이 이동하면서 벽에 충돌하는 경우에는 게임을 종료한다.

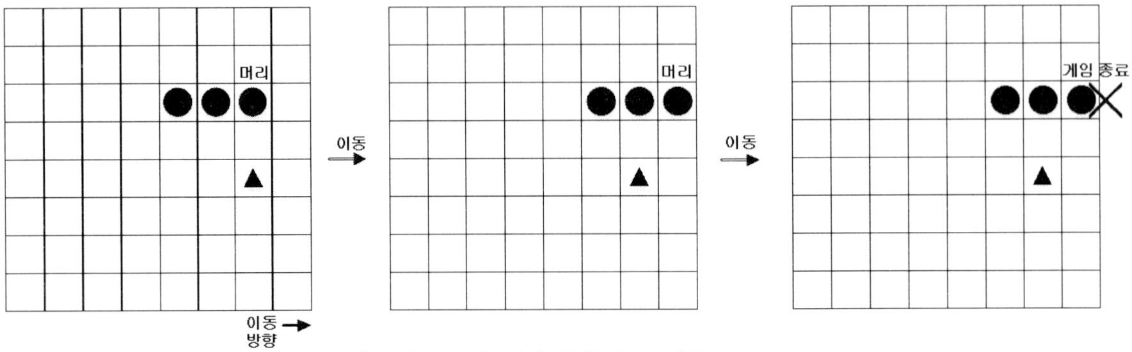

[그림 10-5] **벽에 충돌하는 경우**

② 머리 부분이 몸의 일부에 충돌하는 경우에는 게임을 종료한다.
(머리의 새로운 좌표에서 LED가 ON인 경우)

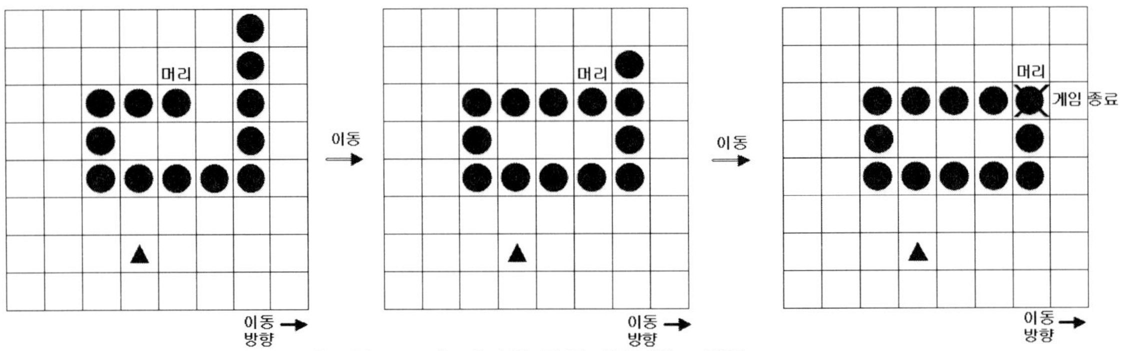

[그림 10-6] **머리와 몸이 충돌하는 경우**

〈프로그램 설명〉

❶
```
#include <TimerOne.h>                     // 타이머1 헤더 파일
#include <MsTimer2.h>                     // 타이머2 헤더 파일
#define  UP        1                      // 지렁이 움직이는 방향 위
#define  DOWN      2                      // 지렁이 움직이는 방향 아래
#define  LEFT      3                      // 지렁이 움직이는 방향 왼쪽
#define  RIGHT     4                      // 지렁이 움직이는 방향 오른쪽
```

❷
```
const byte row_pin[8] = {8, 9, 10, 11, 12, 13, A4, A5}; // 도트매트릭스 행 연결핀(R1~R8)
const byte col_pin[8] = {7, 6, 5, 4, 3, 2, 1, 0};      // 도트매트릭스 열 연결핀(C8~C1)
const byte joy_xpin = A3;                 // 조이스틱 Vx
const byte joy_ypin = A2;                 // 조이스틱 Vy
const byte joy_zsw = A1;                  // 조이스틱 Z축 스위치
```

❸
```
// 표시 문자
const byte alpha_E[8] = {0x00, 0x3e, 0x20, 0x20, 0x3c, 0x20, 0x20, 0x3e};   // 'E'
const byte alpha_S[8] = {0x00, 0x1e, 0x20, 0x20, 0x1c, 0x02, 0x02, 0x3c};   // 'S'
```

❹
```
// 지렁이 관련 변수
byte   w_init[3][2] = {{0, 0}, {1, 0}, {2, 0}};   // 지렁이 시작 마디 좌표

byte   o_x, o_y;                          // 먹이 x, y 좌표
byte   len = 0;                           // 지렁이 마디 수
byte   kk;                       // 꼬리 배열 번호(다음에 머리 좌표를 저장할 배열 번호)
byte   lent_time;                         // 지렁이 이동 시간 설정 변수
byte   move_chk;                          // 지렁이 이동 체크 변수
```

❺
```
volatile byte    st = 0;                  // 시작(1)/종료(0) 상태
volatile byte    dir;                     // 지렁이 이동 방향
volatile byte    tcnt = 0;                // 타이머1 인터럽트 발생 횟수
volatile byte    h_x, h_y;                // 머리 x, y 좌표

byte   dot_worm[8][8];                    // 도트 매트릭스 지렁이 몸체 저장 배열
byte   dot_food[8][8];                    // 먹이데이터 저장 배열
byte   dat_x[64], dat_y[64];              // 마디 좌표 저장 배열 변수
byte   buf_x[64], buf_y[64];              // 마디 좌표 일시 저장 작업 배열 변수
```

❶	<타이머1과 타이머2 인터럽트 함수를 사용하기 위한 헤더 파일> – 타이머1은 지렁이 마디에 따라 이동시간 조절을 위해 사용(3ms 주기 인터럽트) – 타이머2는 도트 매트릭스를 3ms간격으로 한 줄씩 표시하기 위해 사용 – 지렁이의 이동 방향을 나타내는 4개의 심볼
❷	– 도트 매트릭스 행, 열 아두이노 연결핀 – 조이스틱 아두이노 연결핀
❸	– 시작과 종료시 도트 매트릭스에 표시하는 'S'와 'E' 패턴
❹	<지렁이 관련 변수들> – 3마디로 시작하는 지렁이 마디 좌표 – 먹이 좌표 변수, 마디수 – 꼬리 배열 저장 번호(이동하면서 꼬리 부분의 좌표는 불필요하므로 이동하면서 새로 생기는 머리 부분의 좌표를 저장함) – 지렁이 마디가 늘어갈 때마다 난이도를 높이기 위해 이동 시간을 설정하는 변수이며, 정지시간이 이 값보다 커지는 순간 move_chk 변수를 1로 하여 지렁이를 이동하게끔 함
❺	– 시작/종료, 이동 방향 변수 – 타이머1 인터럽트 발생 횟수를 나타내며 lent_time과 비교되는 변수 – 머리 좌표 – 지렁이 몸체 및 먹이 데이터 저장 배열 – 지렁이 마디 좌표 저장 배열 – 작업용 배열(지렁이 마디 좌표 재정렬 시 사용)

❶
```
volatile byte  dsp_lno = 0;                      // 도트 매트릭스 표시 행 번호
volatile byte  bef_lno = 7;                      // 이전 표시 행
```

❷
```
void  worm_init(void);                           // 게임 시작을 위한 초기설정 함수
void  joystick_input(void);                      // 조이스틱 입력 처리 함수
void  worm_move(void);                           // 지렁이 이동 함수
```

❸
```
// 초기설정 함수
void setup()
{
      byte  m;

      for(m = 0;m < 8;m++){
            pinMode(row_pin[m], OUTPUT);         // 행 연결 핀 출력 설정
            pinMode(col_pin[m], OUTPUT);         // 열 연결 핀 출력 설정

            // 도트 매트릭스 LED 모두 off
            digitalWrite(row_pin[m], LOW);       // 모든 행 연결핀 0 출력
            digitalWrite(col_pin[m], HIGH);      // 모든 열 연결핀 1 출력
      }
      pinMode(joy_zsw, INPUT_PULLUP);            // 조이스틱 z축스위치 내부풀업 설정

      // 타이머2 인터럽트 설정
      MsTimer2::set(3, dot_disp);                // 3ms 주기와 인터럽트 함수 설정
      MsTimer2::start();                         // 타이머2 동작 시작

      // 타이머1 인터럽트 설정
      Timer1.initialize(3000);                   // 타이머1 인터럽트주기(3ms)
      Timer1.attachInterrupt(move_time);         // 타이머1 인터럽트 함수
}
```

❶	- 타이머2 인터럽트 함수에서 도트 매트릭스에 표시할 행 번호 - 타이머2 인터럽트 함수에서 도트 매트릭스에 표시했던 이전 행 번호(마지막 표시 행 번호)
❷	<사용 함수 선언> - 게임 시작을 위한 초기 설정 함수 - 조이스틱 입력 처리 함수 - 지렁이 이동 함수
❸	<setup() : 초기 설정 함수> - 도트 매트릭스 모듈 단자(행, 열) 아두이노 연결핀 출력 설정 - 도드 매트릭스 행 연결핀(전원핀) LOW 출력(전원 OFF) - 도트 매트릭스 열 연결핀(LED 캐소드) HIGH 출력(LED OFF) - 조이스틱 Z축 스위치 내부 풀업 모드로 입력 설정 - 도트 매트릭스를 3ms 단위로 한 줄씩 표시하기 위해 타이머2 인터럽트 함수 dot_disp() 설정 - 지렁이의 이동시간을 조절하기 위해 3ms 단위의 타이머1 인터럽트 함수 move_time() 설정

```
// ❶
// 반복처리 함수
void loop()
{
	byte  m, n, seed = 0;

	// 'S' 표시
	for(m = 0;m < 8;m++){
		for(n = 0;n < 8;n++){
			if(((alpha_S[m] << n) & 0x80) != 0) dot_worm[m][n] = 1;
			else  dot_worm[m][n] = 0;
		}
	}
// ❷
	dir = RIGHT;                                // 지렁이 이동방향 오른쪽 설정

	// 조이스틱 스위치가 눌려질 때까지 대기
	while(1){
		seed++;                                 // 랜덤 SEED 값
		if(digitalRead(joy_zsw) == LOW) break;
	}
	worm_init();                                // 지렁이 게임 시작 상태 설정

	st = 1;                                     // 게임 진행
	srand(seed);                                // 랜덤 seed 함수 실행
// ❸
	while(st) {
	    joystick_input();                       // 조이스틱 입력 체크
	    if(move_chk == 1) worm_move();          // 지렁이 이동
	}

	// 'E' 표시
	for(m = 0;m < 8;m++){
		for(n = 0;n < 8;n++){
			if(((alpha_E[m] << n) & 0x80) != 0) dot_worm[m][n] = 1;
			else  dot_worm[m][n] = 0;
		}
	}
	delay(2000);
}
```

❶	<loop() 함수 : 반복 처리 함수> - 시작에 앞서 문자 'S' 패턴 표시 배열에 저장
❷	- 지렁이 초기 이동 방향 오른쪽 설정 - 조이스틱 Z축 방향 스위치 눌려질 때까지 랜덤 함수 seed 값을 바꿔가며 대기 - 지렁이 게임 동작 초기 상태 설정 함수 호출 : worm_init() - 동작/종료 변수 동작 상태(1)로 설정 - 랜덤 seed 함수 실행
❸	- 동작 상태이면 조이스틱 입력 체크 함수 joystick_input()을 호출하고 , 지렁이를 강제 이동 할 시간이 됐으면 지렁이 이동 함수 worm_move() 호출 : 게임 종료될 때까지 반복 - 종료 상태이면 도트매트릭스에 'E' 표시하고 2초 대기 후 처음부터 다시 실행

❶	<pre>// 게임 초기 상태 설정 함수
	void worm_init(void)
	{
	        int i, j, x, y;
	
	        // 도트매트릭스 클리어
	        for(j = 0;j < 8;j++){
	                for(i = 0;i < 8;i++){
	                        dot_worm[j][i] = 0; // 지렁이 몸체 표시용
	                        dot_food[j][i] = 0; // 먹이 표시용
	                }
	        }</pre>

❷	<pre> // 지렁이 초기 상태의 마디 좌표 설정(길이 3)
	        for(i = 0;i < 3;i++){
	                x = w_init[i][0];
	                y = w_init[i][1];
	                dat_x[i] = x; // 마디 x좌표
	                dat_y[i] = y; // 마디 y좌표
	
	                dot_worm[y][x] = 1; // 적색 LED on(지렁이 몸체)
	        }</pre>

❸	<pre> h_x = w_init[2][0]; // 머리 x 좌표
	        h_y = w_init[2][1]; // 머리 y 좌표
	
	        len = 3; // 길이 3
	        kk = 0; // 꼬리 배열 번호
	
	        o_x = 6; // 초기 먹이 위치
	        o_y = 6;
	
	        dot_food[o_y][o_x] = 1; // 먹이 위치 저장
	        lent_time = 500 - len * 5; // 지렁이 이동 시간 설정
	}</pre>

❶	<worm_init() : 게임 초기 상태 설정 함수> - 지렁이 몸체 표시용 배열과 먹이 표시용 배열 클리어
❷	- 지렁이 초기 상태 3마디 좌표 저장 - 지렁이 초기 상태 3마디 표시용 배열에 저장
❸	- 머리 좌표, 마디 길이, 꼬리 배열 번호 설정 - 초기 먹이 위치 지정하고 표시 배열에 저장 - 지렁이 이동 시간 설정

❶	<pre>// 조이스틱 입력 처리 함수
	void joystick_input()
	{
	    int dx, dy;
	
	    dx = analogRead(joy_xpin); // X축 방향 전압값(좌우)
	    dy = analogRead(joy_ypin); // Y축 방향 전압값(상하)
	
	    if(dx > 668 && dir != RIGHT) dir = LEFT; // 왼쪽 이동
	    else if(dx < 356 && dir != LEFT) dir = RIGHT; // 오른쪽 이동
	    else if(dy > 668 && dir != DOWN) dir = UP; // 위로 이동
	    else if(dy < 356 && dir != UP) dir = DOWN; // 아래로 이동
	}</pre>

❶	**<joystick_input() : 조이스틱 입력 처리 함수>** - X축 방향과 Y축 방향의 조이스틱 위치값 읽기(A/D 변환) **<지렁이는 이동 방향과 반대 방향으로는 바꿀 수 없는 점을 고려하여 방향 전환 처리>** - X축 방향의 조이스틱이 왼쪽으로 기울어져 있고 지렁이의 현재 이동방향이 오른쪽이 아니면 이동방향을 왼쪽으로 갱신(조이스틱 왼쪽 : 1023, 중간 : 512, 오른쪽 : 0) - X축 방향의 조이스틱이 오른쪽으로 기울어져 있고 지렁이의 현재 이동방향이 왼쪽이 아니면 이동 방향을 오른쪽으로 갱신 - Y축 방향의 조이스틱이 위쪽으로 기울어져 있고 지렁이의 현재 이동방향이 아래쪽이 아니면 이동방향을 위쪽으로 갱신(조이스틱 위쪽 : 1023, 중간 : 512, 아래쪽 : 0) - Y축 방향의 조이스틱이 아래쪽으로 기울어져 있고 지렁이의 현재 이동방향이 위쪽이 아니면 이동 방향을 아래쪽으로 갱신

❶	`// 타이머/카운터1 인터럽트 함수(3ms 주기)`
	`void move_time(void)`
	`{`
	`    if(st == 0) return;                          // 종료 상태이면 리턴`
	
	`    // 게임 진행속도에 맞춰 지렁이 이동방행으로 1칸 이동 처리`
	`    tcnt++;                                      // 타이머1 인터럽트 횟수 +1`
	`    if(tcnt < lent_time) return;                 // 지렁이 이동시간 보다 작으면 리턴`
	
	`    tcnt = 0;                                    // 타이머1 인터럽트 횟수 리셋`
	`    move_chk = 1;                                // 지렁이 이동 체크 변수 셋`

❷	`    // 벽 충돌 체크`
	`    if(dir == UP) {                              // 이동방향이 위이면`
	`        if(h_y > 0) h_y--;                       // 머리 Y좌표 1감소`
	`        else st = 0;                             // 윗쪽 벽 충돌 게임종료`
	`    }`
	`    else if(dir == DOWN){                        // 이동방향이 아래이면`
	`        if(h_y < 7) h_y++;                       // 머리 Y좌표 1증가`
	`        else st = 0;                             // 아래쪽 벽 충돌 게임종료`
	`    }`
	`    else if(dir == LEFT){                        // 이동방향이 왼쪽이면`
	`        if(h_x > 0) h_x--;                       // 머리 X좌표 1감소`
	`        else st = 0;                             // 왼쪽 벽 충돌 게임종료`
	`    }`
	`    else {                                       // 이동방향이 오른쪽이면`
	`        if(h_x < 7) h_x++;                       // 머리 X좌표 1증가`
	`        else st = 0;                             // 오른쪽 벽 충돌 게임종료`
	`    }`
	`}`

❶	<move_time() : 타이머1 3ms 주기 인터럽트 함수(자동 이동 처리)>
	- 종료 상태이면 리턴
	- 타이머1 인터럽트 발생 횟수 +1
	- 인터럽트 발생 횟수가 지렁이 이동 시간보다 작으면 리턴
	- 인터럽트 발생 횟수가 지렁이 이동 시간보다 작지 않으면
	  => 타이머1 인터럽트 발생 횟수 리셋
	  => 지렁이 이동 체크 변수 셋

❷	<지렁이를 이동하기 전에 벽과의 충돌을 체크하고 충돌하지 않는 경우에는 이동 후의 머리 좌표 갱신> - 이동 방향이 위쪽이고 머리 y좌표가 0보다 크면 1감소, 그렇지 않으면 종료 상태 설정 - 이동 방향이 아래쪽이고 머리 y좌표가 7보다 작으면 1증가, 그렇지 않으면 종료 상태 설정 - 이동 방향이 왼쪽이고 머리 x좌표가 0보다 크면 1감소, 그렇지 않으면 종료 상태 설정 - 이동 방향이 오른쪽이고 머리 x좌표가 7보다 작으면 1증가, 그렇지 않으면 종료 상태 설정

❶

```
// 지렁이 이동 함수
void worm_move()
{
	int	bx, by, i;

	move_chk = 0;				// 지렁이 이동 체크 변수 리셋
	if(st == 0) return;			// 게임종료이면 리턴
```

❷

```
	if(o_x == h_x && o_y == h_y){		// 먹이좌표와 새로운 머리좌표가 일치하면
		// 지렁이 마디 좌표 재정렬 저장
		// 꼬리 좌표가 배열 선두에 오도록 작업용 저장 배열에 순차적으로 저장
		for(i = 0;i < len;i++){
			buf_x[i] = dat_x[kk];
			buf_y[i] = dat_y[kk];
			kk = (kk + 1) % len;
		}

		// 작업용 저장 배열의 좌표 값을 지렁이 마디 좌표 저장 배열에 복사
		for(i = 0;i < len;i++){
			dat_x[i] = buf_x[i];
			dat_y[i] = buf_y[i];
		}

		dat_x[len] = h_x;			// 머리 좌표 배열 끝에 저장
		dat_y[len] = h_y;
		kk = 0;				// 꼬리부분 배열 번호

		len = len + 1;			// 길이 1증가

		if(len < 50)			// 지렁이 마디가 50보다 작으면
			lent_time = 500 - len * 5;	// 지렁이 이동 시간 갱신

		dot_food[o_y][o_x] = 0;		// 현재 먹이 제거(먹이 저장 배열)
		dot_worm[h_y][h_x] = 1;		// 먹이 부분 마디 추가
						// (지렁이 마디 저장 배열)

		// 새 먹이 발생
		// 지렁이 마디가 없는 위치에 먹이가 위치할 때까지
		while(1){
			o_x = rand() % 8;		// x좌표 랜덤 발생
			o_y = rand() % 8;		// y좌표 랜덤 발생
			if(dot_worm[o_y][o_x] != 0) continue;	// 지렁이 없는 위치에

			dot_food[o_y][o_x] = 1;	// 먹이 위치 배열 저장
			break;
		}
	}
```

❸

```
    else {                                          // 지렁이 단순이동(먹이 먹지 않고 이동)
            bx = dat_x[kk];                         // 꼬리 좌표 백업
            by = dat_y[kk];

            dat_x[kk] = h_x;                        // 현재 머리좌표를
            dat_y[kk] = h_y;                        // 꼬리좌표 저장 위치에 저장
            dot_worm[by][bx] = 0;                   // 현재 꼬리부분 저장 배열 클리어

            kk= (kk + 1) % len;                     // 새 꼬리부분 배열번호 갱신

            if(dot_worm[h_y][h_x] == 1) st = 0;     // 몸부분과 충돌 체크
            else dot_worm[h_y][h_x] = 1;            // 새 머리 부분 저장 배열 셋
        }
}
```

❶	<worm_move() : 지렁이 이동 함수> - 지렁이 이동 체크 변수 리셋 - 종료 상태이면 리턴
❷	<먹이 좌표와 지렁이 머리 새 좌표가 일치하는 경우에 대한 처리> - 꼬리 부분의 좌표가 지렁이 좌표 저장 배열에서 0번째 오도록 재배열하여 저장 - 머리 부분의 좌표를 저장 배열의 맨 마지막에 저장 - 꼬리 부분 배열 번호 0으로 리셋 - 지렁이 마디 +1 - 지렁이 마디수가 50보다 작으면 마디수에 따라 강제 이동 시간이 작아지게끔 계산하여 강제 이동 시간 갱신(lent_time = 500 - len * 5) - 먹이 저장 배열에서 먹이 부분 제거 - 지렁이 몸체 저장 배열에서 머리 부분을 지렁이 몸체에 추가 설정 - 지렁이 몸체가 없는 위치에 새로운 먹이가 랜덤하게 위치하도록 하여 먹이 저장 배열에 저장
❸	<강제 이동인 경우(먹이와 지렁이 머리 새 좌표가 일치하지 않는 경우)에 대한 처리> - 꼬리 좌표 백업 - 지렁이 몸체 저장 배열에서 꼬리 좌표가 저장된 위치에 새로운 머리 위치 좌표 저장 - 지렁이 몸체 저장 배열에서 백업해둔 꼬리 좌표 부분 제거 - 새 꼬리 부분 배열 번호 갱신 - 새 머리 부분에 지렁이의 몸체가 있는 상태이면 종료상태로 하고, 그렇지 않은 경우에는 지렁이 저장 배열에 머리 부분을 지렁이 몸체로 추가

❶

```
// 3ms 마다 자동 실행되는 타이머2 인터럽트 함수
// 3ms마다 한 라인씩 표시 => 3ms x 8라인 = 24ms
void dot_disp(void)
{
	byte n, tmp;

	digitalWrite(row_pin[bef_lno], LOW);		// 이전 표시행 LOW출력(전원 off)
	digitalWrite(row_pin[dsp_lno], HIGH);		// 이번 표시행 HIGH출력(전원 on)

	for(n = 0;n < 8;n++){				// 열 번호(맨오른쪽 0, 맨왼쪽 7)
		// 오른쪽에서 왼쪽으로 한 개씩 표시
		tmp = dot_worm[dsp_lno][7 - n] | dot_food[dsp_lno][7 - n];
		digitalWrite(col_pin[n], !tmp);		// tmp1이 1일때 LED ON 되도록 반전
	}
	bef_lno = dsp_lno;				// 이번에 표시한 행 번호
	dsp_lno = (dsp_lno + 1) % 8;			// 다음에 표시할 행 번호
}
```

❶

<dot_disp() 함수 : 타이머2 3ms 주기 인터럽트 함수(도트 매트릭스 한 줄씩 표시)>
- 바로 전에 표시했던 행에 LOW 출력(행에 LED 애노드 연결되어 있어 전원 차단 됨)
- 이번에 표시할 행에 HIGH 출력(행에 LED 애노드 연결되어 있어 5V 연결됨)

<이번 행에 표시할 패턴 추출>
- 오른쪽에서 왼쪽으로 열 연결핀에 한 개씩 출력 표시(8회 실행)
- 지렁이 몸체 표시 배열과 먹이 표시 배열을 OR 연산하여 표시 패턴 추출
- LOW를 출력해야 ON이 되므로 1인 부분에서 표시되도록 반전 출력

- 이번에 표시한 행번호를 마지막 표시한 행번호로 저장
- 다음에 표시할 행번호 갱신

[리스트 10-1] 지렁이 게임 프로그램(마디 좌표 저장)

```
// report10
// 지렁이 게임
// 2019. 8. 6 by SHIN

#include <TimerOne.h>                                     // 타이머1 헤더 파일
#include <MsTimer2.h>                                     // 타이머2 헤더 파일

#define  UP       1                                       // 지렁이 움직이는 방향 위
#define  DOWN     2                                       // 지렁이 움직이는 방향 아래
#define  LEFT     3                                       // 지렁이 움직이는 방향 왼쪽
#define  RIGHT    4                                       // 지렁이 움직이는 방향 오른쪽

const byte row_pin[8] = {8, 9, 10, 11, 12, 13, A4, A5};  // 도트 매트릭스 행 연결핀(R1~R8)
const byte col_pin[8] = {7, 6, 5, 4, 3, 2, 1, 0};        // 도트 매트릭스 열 연결핀(C8~C1)

const byte joy_xpin = A3;                                 // 조이스틱 Vx
const byte joy_ypin = A2;                                 // 조이스틱 Vy
const byte joy_zsw = A1;                                  // 조이스틱 Z축 스위치

// 표시 문자
const byte alpha_E[8] = {0x00, 0x3e, 0x20, 0x20, 0x3c, 0x20, 0x20, 0x3e};   // 'E'
const byte alpha_S[8] = {0x00, 0x1e, 0x20, 0x20, 0x1c, 0x02, 0x02, 0x3c};   // 'S'

// 지렁이 관련 변수
byte   w_init[3][2] = {{0, 0}, {1, 0}, {2, 0}};     // 지렁이 시작 마디 좌표

byte   o_x, o_y;                                     // 먹이 x, y 좌표
byte   len = 0;                                      // 지렁이 마디 수
byte   kk;                                           // 꼬리 배열 번호(새로운 머리 좌표 저장할 배열 번호)
byte   lent_time;                                    // 지렁이 이동 시간 설정 변수
byte   move_chk;                                     // 지렁이 강제 이동 체크 변수

volatile byte    st = 0;                             // 시작(1)/종료(0) 상태
volatile byte    dir;                                // 지렁이 이동 방향
volatile byte    tcnt = 0;                           // 타이머1 인터럽트 횟수(lent_time과 비교)
volatile byte    h_x, h_y;                           // 머리 x, y 좌표

byte   dot_worm[8][8];                               // 도트 매트릭스 지렁이 몸체 저장 배열
byte   dot_food[8][8];                               // 먹이데이터 저장 배열
byte   dat_x[64], dat_y[64];                         // 마디 좌표 저장 배열 변수
byte   buf_x[64], buf_y[64];                         // 마디 좌표 일시 저장 작업 배열 변수

volatile byte  dsp_lno = 0;                          // 도트 매트릭스 표시 행 번호
volatile byte  bef_lno = 7;                          // 이전 표시 행

void  worm_init(void);                               // 게임 시작을 위한 초기설정
void  joystick_input(void);                          // 조이스틱 입력 처리
```

```
void  worm_move(void);                                  // 지렁이 이동 함수

// 초기설정 함수
void setup()
{
      byte  m;

      for(m = 0;m < 8;m++){
            pinMode(row_pin[m], OUTPUT);                // 행 연결 핀 출력 설정
            pinMode(col_pin[m], OUTPUT);                // 열 연결 핀 출력 설정

            // 도트 매트릭스 LED 모두 off
            digitalWrite(row_pin[m], LOW);              // 모든 행 연결핀 0 출력
            digitalWrite(col_pin[m], HIGH);             // 모든 열 연결핀 1 출력
      }
      pinMode(joy_zsw, INPUT_PULLUP);                   // 조이스틱 z축 스위치 내부풀업 입력 설정

      // 타이머2 인터럽트 설정
      MsTimer2::set(3, dot_disp);                       // 3ms 주기와 인터럽트 함수 설정
      MsTimer2::start();                                // 타이머2 동작 시작

      // 타이머1 인터럽트 설정
      Timer1.initialize(3000);                          // 타이머1 인터럽트주기(3ms)
      Timer1.attachInterrupt(move_time);                // 타이머1 인터럽트 함수
}

// 반복처리 함수
void loop()
{
      byte  m, n, seed = 0;

      // 'S' 표시
      for(m = 0;m < 8;m++){
            for(n = 0;n < 8;n++){
                  if(((alpha_S[m] << n) & 0x80) != 0) dot_worm[m][n] = 1;
                  else  dot_worm[m][n] = 0;
            }
      }

      dir = RIGHT;                                      // 지렁이 이동방향 오른쪽 설정

      // 조이스틱 스위치가 눌려질 때까지 대기
      while(1){
            seed++;                                     // 랜덤 SEED 값
            if(digitalRead(joy_zsw) == LOW) break;
      }
      worm_init();                                      // 지렁이 게임 시작 상태 설정

      st = 1;                                           // 게임 진행
```

```
    srand(seed);                                          // seed값으로 랜덤 함수 실행

    while(st) {
        joystick_input();                                 // 조이스틱 입력 체크
        if(move_chk == 1) worm_move();                    // 지렁이 이동
    }

    // 'E' 표시
    for(m = 0;m < 8;m++){
        for(n = 0;n < 8;n++){
            if(((alpha_E[m] << n) & 0x80) != 0) dot_worm[m][n] = 1;
            else  dot_worm[m][n] = 0;
        }
    }
    delay(2000);
}

// 게임 초기 상태 설정
void worm_init(void)
{
    int i, j, x, y;

    // 도트매트릭스 클리어
    for(j = 0;j < 8;j++){
        for(i = 0;i < 8;i++){
            dot_worm[j][i] = 0;                           // 지렁이 몸체 표시용
            dot_food[j][i] = 0;                           // 먹이 표시용
        }
    }

    // 지렁이 초기 상태의 마디 좌표 설정(길이 3)
    for(i = 0;i < 3;i++){
        x = w_init[i][0];
        y = w_init[i][1];
        dat_x[i] = x;                                     // 마디 x좌표
        dat_y[i] = y;                                     // 마디 y좌표

        dot_worm[y][x] = 1;                               // 적색 LED on(지렁이 몸체)
    }
    h_x = w_init[2][0];                                   // 머리 x 좌표
    h_y = w_init[2][1];                                   // 머리 y 좌표

    len = 3;                                              // 길이 3
    kk = 0;                                               // 꼬리 배열 번호

    o_x = 6;                                              // 초기 먹이 위치
    o_y = 6;

    dot_food[o_y][o_x] = 1;                               // 먹이 위치 저장
```

```
    lent_time = 500 - len * 5;                  // 지렁이 이동 시간 설정
}

// 조이스틱 입력 처리 함수
void joystick_input()
{
    int   dx, dy;

    dx = analogRead(joy_xpin);                  // X축 방향 전압값(좌우)
    dy = analogRead(joy_ypin);                  // Y축 방향 전압값(상하)

    if(dx > 668 && dir != RIGHT) dir = LEFT;        // 왼쪽 이동
    else if(dx < 356 && dir != LEFT) dir = RIGHT;   // 오른쪽 이동
    else if(dy > 668 && dir != DOWN) dir = UP;      // 위로 이동
    else if(dy < 356 && dir != UP) dir = DOWN;      // 아래로 이동
}

// 타이머/카운터1 인터럽트 함수(3ms 주기)
void move_time(void)
{
    if(st == 0) return;                         // 종료 상태이면 리턴

    // 게임 진행속도에 맞춰 지렁이 이동방행으로 1칸 이동 처리
    tcnt++;                                     // 타이머1 인터럽트 횟수 +1
    if(tcnt < lent_time) return;                // 지렁이 이동시간 보다 작으면 리턴

    tcnt = 0;                                   // 타이머1 인터럽트 횟수 리셋
    move_chk = 1;                               // 지렁이 이동 체크 변수 셋

    // 충돌 체크
    if(dir == UP) {                             // 이동방향이 위이면
        if(h_y > 0) h_y--;                      // 머리 Y좌표 1감소
        else st = 0;                            // 윗쪽 벽 충돌 게임종료
    }
    else if(dir == DOWN){                       // 이동방향이 아래이면
        if(h_y < 7) h_y++;                      // 머리 Y좌표 1증가
        else st = 0;                            // 아래쪽 벽 충돌 게임종료
    }
    else if(dir == LEFT){                       // 이동방향이 왼쪽이면
        if(h_x > 0) h_x--;                      // 머리 X좌표 1감소
        else st = 0;                            // 왼쪽 벽 충돌 게임종료
    }
    else {                                      // 이동방향이 오른쪽이면
        if(h_x < 7) h_x++;                      // 머리 X좌표 1증가
        else st = 0;                            // 오른쪽 벽 충돌 게임종료
    }
}

// 지렁이 이동 함수
```

```
void worm_move()
{
	int	bx, by, i;

	move_chk = 0;						// 지렁이 이동 체크 변수 리셋
	if(st == 0) return;					// 게임종료이면 리턴

	if(o_x == h_x && o_y == h_y){				// 먹이좌표와 새로운 머리좌표가 일치하면
		// 지렁이 마디 좌표 재정렬 저장
		// 꼬리 좌표가 배열 선두에 오도록 작업용 저장 배열에 순차적으로 저장
		for(i = 0;i < len;i++){
			buf_x[i] = dat_x[kk];
			buf_y[i] = dat_y[kk];
			kk = (kk + 1) % len;
		}

		// 작업용 저장 배열의 좌표 값을 지렁이 마디 좌표 저장 배열에 복사
		for(i = 0;i < len;i++){
			dat_x[i] = buf_x[i];
			dat_y[i] = buf_y[i];
		}

		dat_x[len] = h_x;					// 머리부분 좌표
		dat_y[len] = h_y;
		kk = 0;							// 꼬리부분 배열 번호

		len = len + 1;						// 길이 1증가

		if(len < 50) lent_time = 500 - len * 5;		// 지렁이 이동 시간 갱신

		dot_food[o_y][o_x] = 0;				// 현재 먹이 제거
		dot_worm[h_y][h_x] = 1;				// 먹이 부분 마디 추가

		// 새 먹이 발생
		// 지렁이 마디가 없는 위치에 먹이가 위치할 때까지
		while(1){
			o_x = rand() % 8;				// x좌표 랜덤 발생
			o_y = rand() % 8;				// y좌표 랜덤 발생
			if(dot_worm[o_y][o_x] != 0) continue;	// 지렁이 없는 위치에

			dot_food[o_y][o_x] = 1;			// 먹이 위치 배열 저장
			break;
		}
	}
	else {						// 지렁이 단순이동(먹이 먹지 않고 이동)
		bx = dat_x[kk];				// 꼬리 좌표 백업
		by = dat_y[kk];

		dat_x[kk] = h_x;			// 현재 머리좌표를
```

```
            dat_y[kk] = h_y;                        // 꼬리좌표 저장 위치에 저장
            dot_worm[by][bx] = 0;                   // 현재 꼬리부분 저장 배열 클리어

            kk= (kk + 1) % len;                     // 새 꼬리부분 배열번호 갱신

            if(dot_worm[h_y][h_x] == 1) st = 0;     // 몸부분과 충돌 체크
            else dot_worm[h_y][h_x] = 1;            // 새 머리 부분 저장 배열 셋
      }
}

// 3ms 마다 자동 실행되는 타이머2 인터럽트 함수
// 3ms마다 한 라인씩 표시 => 3ms x 8라인 = 24ms
void dot_disp(void)
{
      byte n, tmp;

      digitalWrite(row_pin[bef_lno], LOW);          // 이전 표시 행 LOW출력(LED off)
      digitalWrite(row_pin[dsp_lno], HIGH);         // 이번 표시할 행 HIGH

      for(n = 0;n < 8;n++){                         // 열 번호(맨오른쪽 0, 맨왼쪽 7)
            // 오른쪽에서 왼쪽으로 한 개씩 표시
            tmp = dot_red[dsp_lno][7 - n] | dot_green[dsp_lno][7 - n];
            digitalWrite(col_pin[n], !tmp);         // tmp1이 1일때 LED ON 되도록 반전
      }
      bef_lno = dsp_lno;                            // 이번에 표시한 행 번호
      dsp_lno = (dsp_lno + 1) % 8;                  // 다음에 표시할 행 번호
}
```

10.2 알고리즘2(지렁이 마디 번호 저장법)

지렁이 마디의 좌표를 저장하기 않고 지렁이 저장 배열에 마디 번호를 저장하는 방법이다. 지렁이의 마디 번호가 [그림 10-7a]와 같은 상태에서 한 칸 이동하게 되면 [그림 10-7b]와 같이 꼬리 번호 3이 새 머리의 번호가 되며, 이 상태에서 또 한 칸 이동하게 되면 똑같이 꼬리 번호 2가 새 머리의 번호가 되어 [그림 10-7c]와 같은 상태가 된다.

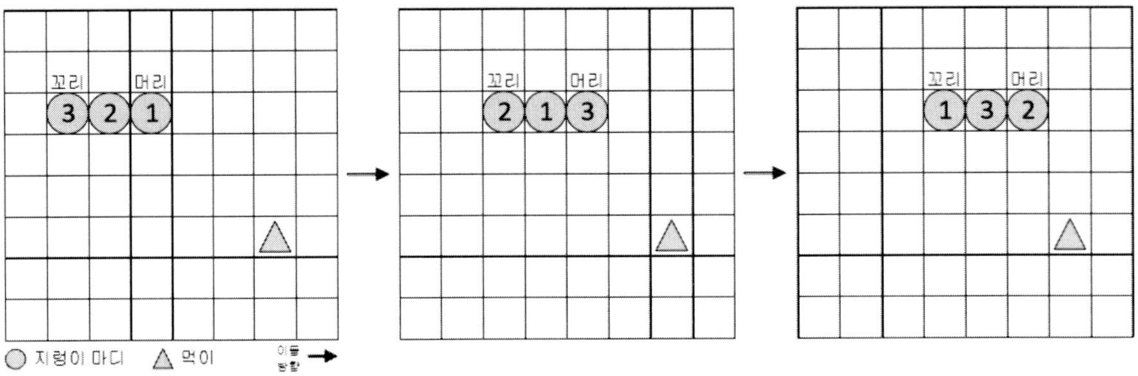

(a) 이동 전 (b) 1칸 이동 (c) 1칸 이동

[그림 10-7] 지렁이 마디 번호 저장법(이동)

이번에는 지렁이가 먹이를 먹기 전의 상태에서 먹이를 먹었을 때 마디 번호가 어떻게 바뀌는지 생각해보자. 지렁이의 마디 번호가 [그림 10-8a]와 같은 상태에서 먹이를 먹게 되면 먹이 위치에 (현재 머리 번호 + 1)의 값을 넣어 새로운 머리의 마디 번호로 한다. 그리고 새로운 머리 마디 번호보다 작은 마디 번호들은 그대로 두고, 새로운 머리 마디 번호와 같거나 큰 마디 번호들은 +1한 값을 새로운 마디 번호로 한다. 따라서, [그림 10-8]의 경우에는 새로운 머리의 마디 번호가 6이 되고 6 이상의 값을 갖는 마디가 없어 그대로의 마디 번호를 갖게 된다. 반면에 [그림 10-9]의 경우에는 새로운 머리의 마디 번호가 3(현재 머리 번호 2 + 1)이 되고, 3보다 작은 1, 2번 마디는 그대로의 값을 갖게 되고 3이상인 마디 부분은 +1이 되어 4, 5, 6의 값을 갖게 된다.

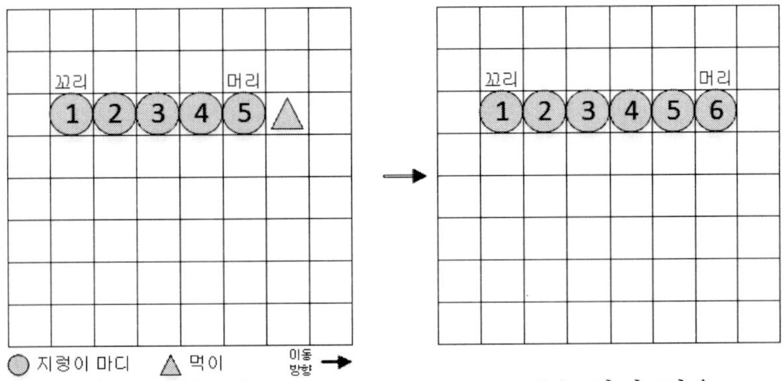

(a) 이동 전 (b) 먹이 먹음

[그림 10-8] 지렁이 마디 번호 저장법(먹이 먹음 : case 1)

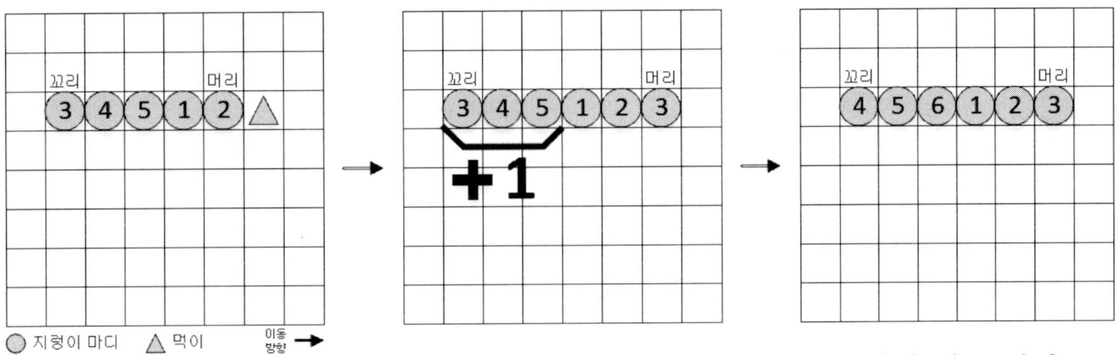

(a) 먹이 먹기 전 (b) 먹이 먹음 (c) 마디 번호 정렬

[그림 10-9] 지렁이 마디 번호 저장법(먹이 먹음 : case 2)

〈프로그램 설명〉

❶	`#include <TimerOne.h>  // 타이머1 헤더 파일`
	`#include <MsTimer2.h>  // 타이머2 헤더 파일`
	
	`#define UP 1  // 지렁이 움직이는 방향 위`
	`#define DOWN 2  // 지렁이 움직이는 방향 아래`
	`#define LEFT 3  // 지렁이 움직이는 방향 왼쪽`
	`#define RIGHT 4  // 지렁이 움직이는 방향 오른쪽`

❷	`const byte row_pin[8] = {8,9,10,11,12,13,A4,A5};  // 도트매트릭스 행연결핀(R1~R8)`
	`const byte col_pin[8] = {7, 6, 5, 4, 3, 2, 1, 0};  // 도트매트릭스 열연결핀(C8~C1)`
	`const byte joy_xpin = A3;  // 조이스틱 VRx`
	`const byte joy_ypin = A2;  // 조이스틱 VRy`
	`const byte joy_zsw = A1;  // 조이스틱 Z축 스위치`

❸	`const byte alpha_E[8] = {0x00, 0x3e, 0x20, 0x20, 0x3c, 0x20, 0x20, 0x3e};  // 'E'` `const byte alpha_S[8] = {0x00, 0x1e, 0x20, 0x20, 0x1c, 0x02, 0x02, 0x3c};  // 'S'`

❹	`// 지렁이 관련 변수`
	`byte w_init[3][2] = {{0, 0}, {1, 0}, {2, 0}};  // 지렁이 시작 마디 좌표`
	
	`byte o_x, o_y;  // 먹이 x, y 좌표`
	`byte len = 0;  // 지렁이 마디 수`
	`byte kk;  // 꼬리 번호(다음에 머리에 부여할 번호)`
	`byte lent_time;  // 지렁이 이동 시간 설정 변수`
	`byte move_chk;  // 지렁이 강제 이동 체크 변수`

❺	`volatile byte st = 0;  // 시작(1)/종료(0) 상태`
	`volatile byte dir;  // 지렁이 이동 방향`
	`byte head_no, tail_no;  // 머리 번호, 꼬리 번호(1~마디 길이)`
	`volatile byte tcnt = 0;  // 타이머1 인터럽트 발생 횟수`
	`volatile byte h_x, h_y;  // 머리 x, y 좌표`
	
	`byte dot_worm[8][8];  // 지렁이 몸체 저장 배열`
	`byte dot_food[8][8];  // 먹이 저장 배열`

❶	<타이머1과 타이머2 인터럽트 함수를 사용하기 위한 헤더 파일> – 타이머1은 지렁이 마디에 따라 이동시간 조절을 위해 사용(3ms 주기 인터럽트) – 타이머2는 도트 매트릭스를 3ms간격으로 한 줄씩 표시하기 위해 사용 – 지렁이의 이동 방향을 나타내는 4개의 심볼
❷	– 도트 매트릭스 행, 열 아두이노 연결핀 – 조이스틱 아두이노 연결핀
❸	– 시작과 종료시 도트 매트릭스에 표시하는 'S'와 'E' 패턴
❹	<지렁이 관련 변수들> – 3마디로 시작하는 지렁이 마디 좌표 – 먹이 좌표 변수, 마디수 – 꼬리 번호(이동하게 되면 꼬리 부분의 좌표는 불필요하므로 이동하면서 새로 생기는 머리 부분에 부여할 마디 번호) – 지렁이 마디가 늘어갈 때마다 난이도를 높이기 위해 이동 시간을 설정하는 변수이며, 정지시간이 이 값보다 커지는 순간 move_chk 변수를 1로 하여 강제적으로 이동하게끔 함
❺	– 시작/종료, 이동 방향 변수 – 타이머1 인터럽트 발생 횟수를 나타내며 lent_time과 비교되는 변수 – 머리 번호, 꼬리 번호 지정 변수(1~마디 길이) – 머리 좌표 – 지렁이 몸체 및 먹이 데이터 저장 배열

❶	`volatile byte  dsp_lno = 0;                    // 도트 매트릭스 표시 행 번호`
	`volatile byte  bef_lno = 7;                     // 이전 표시 행`

❷	`void  worm_init(void);                          // 게임 시작을 위한 초기설정`
	`void  joystick_input(void);                     // 조이스틱 입력 처리`
	`void  worm_move(void);                          // 지렁이 이동 함수`

❸	(see code below)

```
// 초기설정 함수
void setup()
{
        byte  m;

        for(m = 0;m < 8;m++){
                pinMode(row_pin[m], OUTPUT);            // 행 연결 핀 출력 설정
                pinMode(col_pin[m], OUTPUT);            // 열 연결 핀 출력 설정

                // 도트 매트릭스 LED 모두 off
                digitalWrite(row_pin[m], LOW);          // 모든 행 연결핀 0 출력
                digitalWrite(col_pin[m], HIGH);         // 모든 열 연결핀 1출력
        }
        pinMode(joy_zsw, INPUT_PULLUP);                 // 조이스틱 z축스위치 내부풀업 설정

        // 타이머2 인터럽트 설정
        MsTimer2::set(3, dot_disp);                     // 주기 3ms, 인터럽트 함수 설정
        MsTimer2::start();                              // 타이머2 동작 시작

        // 타이머1 인터럽트 설정
        Timer1.initialize(3000);                        // 주기 3ms 설정
        Timer1.attachInterrupt(move_time);              // 인터럽트 함수 설정
}
```

❶	- 타이머2 인터럽트 함수에서 도트 매트릭스에 표시할 행 번호 - 타이머2 인터럽트 함수에서 도트 매트릭스에 표시했던 이전 행 번호(마지막 표시 행 번호)
❷	<사용 함수 선언> - 게임 시작을 위한 초기 설정 함수 - 조이스틱 입력 처리 함수 - 지렁이 이동 함수
❸	<setup() : 초기 설정 함수> - 도트 매트릭스 모듈 단자(행, 열) 아두이노 연결핀 출력 설정 - 도드 매트릭스 행 연결핀(전원핀) LOW 출력(전원 OFF) - 도트 매트릭스 열 연결핀(LED 캐소드) HIGH 출력(LED OFF) - 조이스틱 Z축 스위치 내부 풀업 모드로 입력 설정 - 도트 매트릭스를 3ms 단위로 한 줄씩 표시하기 위해 타이머2 인터럽트 함수 dot_disp() 설정 - 지렁이의 이동시간을 조절하기 위해 3ms 단위의 타이머1 인터럽트 함수 설정

❶
```
// 반복처리 함수
void loop()
{
    byte  m, n, seed = 0;

    // 'S' 표시
    for(m = 0;m < 8;m++){
        for(n = 0;n < 8;n++){
            if(((alpha_S[m] << n) & 0x80) != 0) dot_worm[m][n] = 1;
            else  dot_worm[m][n] = 0;
        }
    }
```

❷
```
    dir = RIGHT;                                    // 지렁이 이동방향 오른쪽 설정

    // 조이스틱 스위치가 눌려질 때까지 대기
    while(1){
        seed++;                                     // 랜덤 SEED 값
        if(digitalRead(joy_zsw) == LOW) break;
    }
    worm_init();                                    // 지렁이 게임 시작 상태 설정

    st = 1;                                         // 게임 진행
    srand(seed);                                    // 랜덤 seed 함수 실행
```

❸
```
    while(st) {
      joystick_input();                             // 조이스틱 입력 체크
      if(move_chk == 1) worm_move();                // 지렁이 이동
    }

    // 'E' 표시
    for(m = 0;m < 8;m++){
        for(n = 0;n < 8;n++){
            if(((alpha_E[m] << n) & 0x80) != 0) dot_worm[m][n] = 1;
            else  dot_worm[m][n] = 0;
        }
    }
    delay(2000);
}
```

❶	<loop() : 반복 처리 함수> – 시작에 앞서 문자 'S' 패턴 표시 배열에 저장
❷	– 지렁이 초기 이동 방향 오른쪽 설정 – 조이스틱 Z축 방향 스위치 눌려질 때까지 랜덤 함수 seed 값 바꿔가며 대기 – 지렁이 게임 동작 초기 상태 설정 함수 호출 : worm_init() – 동작/종료 변수 동작 상태(1)로 설정 – 랜덤 seed 함수 실행
❸	– 동작 상태이면 조이스틱 입력 체크 함수 joystick_input()을 호출하고 , 지렁이를 이동 할 시간이 됐으면 지렁이 이동 함수 worm_moe() 호출 : 게임 종료까지 반복 – 종료 상태이면 도트매트릭스에 'E' 표시하고 2초 대기 후 처음부터 다시 실행

❶

```c
// 게임 초기 상태 설정 함수
void worm_init(void)
{
	int i, j, x, y;

	// 도트매트릭스 클리어
	for(j = 0;j < 8;j++){
		for(i = 0;i < 8;i++){
			dot_worm[j][i] = 0;				// 지렁이 몸체 저장 배열 클리어
			dot_food[j][i] = 0;				// 먹이 저장 배열 클리어
		}
	}
```

❷

```c
	// 지렁이 초기 상태의 마디 좌표 설정(길이 3)
	len = 0;
	for(i = 0;i < 3;i++){
		x = w_init[i][0];
		y = w_init[i][1];
		dot_worm[y][x] = ++len;				// 지렁이 몸체 저장 배열에 마디 번호 부여
	}
```

❸

```c
	h_x = w_init[2][0];					// 머리 x 좌표
	h_y = w_init[2][1];					// 머리 y 좌표

	tail_no = 1;						// 꼬리 번호
	head_no = 3;						// 머리 번호

	o_x = 6;						// 초기 먹이 위치
	o_y = 6;

	dot_food[o_y][o_x] = 1;					// 먹이 위치 저장
	lent_time = 500 - len * 5;				// 지렁이 이동시간 설정
}
```

❶	<worm_init() : 게임 초기 설정 함수> - 지렁이 몸체 표시용 배열과 먹이 표시용 배열 클리어
❷	- 지렁이 초기 상태 3마디 표시용 배열에 꼬리부터 저장하면서 1부터 3의 값 부여
❸	- 머리 좌표 저장 - 꼬리 번호 변수에 1, 머리 번호 변수 3으로 초기 설정 - 초기 먹이 위치 지정하고 먹이 표시 배열에 저장 - 지렁이 이동 시간 설정

❶	<pre>// 조이스틱 입력 처리 함수
	void joystick_input()
	{
	    int dx, dy;
	
	    dx = analogRead(joy_xpin); // X축 방향 전압값(좌우)
	    dy = analogRead(joy_ypin); // Y축 방향 전압값(상하)
	
	    if(dx > 668 && dir != RIGHT) dir = LEFT; // 왼쪽 이동
	    else if(dx < 356 && dir != LEFT) dir = RIGHT; // 오른쪽 이동
	    else if(dy > 668 && dir != DOWN) dir = UP; // 위로 이동
	    else if(dy < 356 && dir != UP) dir = DOWN; // 아래로 이동
	}</pre>

❶	<joystick_input() : 조이스틱 입력 처리 함수> - X축 방향과 Y축 방향의 조이스틱 위치값 읽기(A/D 변환) **<지렁이는 이동 방향과 반대 방향으로는 바꿀 수 없는 점을 고려하여 방향 전환 처리>** - X축 방향의 조이스틱이 왼쪽으로 기울어져 있고 지렁이의 현재 이동방향이 오른쪽이 아니면 이동방향을 왼쪽으로 갱신 - X축 방향의 조이스틱이 오른쪽으로 기울어져 있고 지렁이의 현재 이동방향이 왼쪽이 아니면 이동 방향을 오른쪽으로 갱신 - Y축 방향의 조이스틱이 위쪽으로 기울어져 있고 지렁이의 현재 이동방향이 아래쪽이 아니면 이동방향을 위쪽으로 갱신 - Y축 방향의 조이스틱이 아래쪽으로 기울어져 있고 지렁이의 현재 이동방향이 위쪽이 아니면 이동 방향을 아래쪽으로 갱신

❶

```
// 타이머/카운터1 인터럽트 함수(3ms 주기)
void move_time(void)
{
      if(st == 0) return;                              // 종료 상태이면 리턴

      // 게임 진행속도에 맞춰 지렁이 이동방행으로 1칸 이동 처리
      tcnt++;                                          // 타이머1 인터럽트 횟수 +1
      if(tcnt < lent_time) return;                     // 지렁이 이동시간 보다 작으면 리턴

      tcnt = 0;                                        // 타이머1 인터럽트 횟수 리셋
      move_chk = 1;                                    // 지렁이 이동 체크 변수 셋
```

❷

```
      // 벽 충돌 체크
      if(dir == UP) {                                  // 이동방향이 위이면
            if(h_y > 0) h_y--;                         // 머리 Y좌표 1감소
            else st = 0;                               // 윗쪽 벽 충돌 게임종료
      }
      else if(dir == DOWN){                            // 이동방향이 아래이면
            if(h_y < 7) h_y++;                         // 머리 Y좌표 1증가
            else st = 0;                               // 아래쪽 벽 충돌 게임종료
      }
      else if(dir == LEFT){                            // 이동방향이 왼쪽이면
            if(h_x > 0) h_x--;                         // 머리 X좌표 1감소
            else st = 0;                               // 왼쪽 벽 충돌 게임종료
      }
      else {                                           // 이동방향이 오른쪽이면
            if(h_x < 7) h_x++;                         // 머리 X좌표 1증가
            else st = 0;                               // 오른쪽 벽 충돌 게임종료
      }
}
```

❶	<move_time() : 타이머1 인터럽트 함수(3ms 주기)> - 종료 상태이면 리턴 - 타이머1 인터럽트 발생 횟수 +1 - 인터럽트 발생 횟수가 지렁이 이동 시간보다 작으면 리턴 - 인터럽트 발생 횟수가 지렁이 이동 시간보다 작지 않으면 => 타이머1 인터럽트 발생 횟수 리셋 => 지렁이 이동 체크 변수 셋
❷	<지렁이를 이동하기 전에 벽과의 충돌을 체크하고 충돌하지 않는 경우에는 이동 후의 머리 좌표 갱신> - 이동 방향이 위쪽이고 머리 y좌표가 0보다 크면 1감소, 그렇지 않으면 종료 상태 설정 - 이동 방향이 아래쪽이고 머리 y좌표가 7보다 작으면 1증가, 그렇지 않으면 종료 상태 설정 - 이동 방향이 왼쪽이고 머리 x좌표가 0보다 크면 1감소, 그렇지 않으면 종료 상태 설정 - 이동 방향이 오른쪽이고 머리 x좌표가 7보다 작으면 1증가, 그렇지 않으면 종료 상태 설정

❶
```
void worm_move()
{
    int     bx, by, i;

    move_chk = 0;                          // 지렁이 이동 체크 변수 리셋
    if(st == 0) return;                    // 게임종료이면 리턴
```

❷
```
  if(o_x == h_x && o_y == h_y){              // 먹이좌표 = 새로운 머리좌표
        //   새 head_no' = head_no + 1  : 먹이 위치
        //   heda_no 부터 꼬리 쪽으로 가면서 1의 값부분까지는 그대로
        //   1다음부터 꼬리 부분까지는 마디번호를 +1 갱신
        // (예) 1 2 3 4 5 먹        3 4 5  1 2 먹
        //      1 2 3 4 5 6         4 5 6  1 2 3
        ////////////////////////////////////////////////////
        head_no++;                                    // 머리 번호 갱신

        // 새 머리번호보다 크거나 같은 마디 번호를 +1 갱신
        for(m = 0;m < 8;m++){                         // 마디번호갱신(>= head_no)
            for(n = 0;n < 8;n++){
                if(dot_worm[m][n] != 0 &&
                    dot_worm[m][n] >= head_no)  dot_worm[m][n]++;
            }
        }
        len = len + 1;                                // 길이 1증가

        if(len < 50) lent_time = 500 - len * 5;       // 지렁이 이동 시간 갱신

        dot_food[o_y][o_x] = 0;                       // 현재 먹이 제거(먹이 저장 배열)
        dot_worm[h_y][h_x] = head_no;                 // 머리 부분 추가(마디 저장 배열)
        tail_no = (head_no % len) + 1;                // 꼬리 번호 갱신

        // 새 먹이 발생
        // 지렁이 마디가 없는 위치에 먹이가 위치할 때까지
        while(1){
            o_x = rand() % 8;                         // x좌표 랜덤 발생
            o_y = rand() % 8;                         // y좌표 랜덤 발생
            if(dot_worm[o_y][o_x] != 0) continue;     // 지렁이 없는 위치에

            dot_food[o_y][o_x] = 1;                   // 먹이 위치 배열 저장
            break;
        }
  }
```

❸
```
  else {          // 지렁이 단순 이동(먹이 먹지 않은 이동)
        //  새 head_no' = tail_no
        //  새 tail_no' = head_no' % len + 1
        //     1 2 3 4 5    이동 방향 오른쪽
        //       2 3 4 5 1   : 새 head_no' = 1(tail_no)
        //                   : 새 tail_no' = (1 % 5) + 1 = 2
```

```
        if(dot_worm[h_y][h_x] != 0) {                    // 몸부분과 충돌하면
            st = 0;                                      // 종료
            return;                                      // 리턴
        }

        // 꼬리 제거
        for(m = 0;m < 8;m++){
            for(n = 0;n < 8;n++){
                if(dot_worm[m][n] == tail_no) {          // 이전 꼬리 부분 제거
                    dot_worm[m][n] = 0;
                    break;
                }
            }
        }
        head_no = tail_no;                               // 머리번호 꼬리번호로 갱신
        dot_worm[h_y][h_x] = head_no;                    // 머리 번호 저장(마디 저장 배열)
        tail_no = (head_no % len) + 1;                   // 꼬리 번호 갱신
    }
}
```

❶	**<worm_move() : 지렁이 이동 함수>** – 지렁이 강제 이동 체크 변수 리셋 – 종료 상태이면 리턴
❷	**<먹이 좌표와 지렁이 머리 새 좌표가 일치하는 경우에 대한 처리>** – 머리 번호 +1 – 지렁이 몸체 표시 배열에서 새 머리번호보다 크거나 같은 마디 번호는 +1하고, 그렇지 않은 경우에는 그대로 – 지렁이 마디 길이 +1 – 지렁이 마디수가 50보다 작으면 마디수에 따라 이동 시간이 작아지게끔 계산하여 이동 시간 갱신(lent_time = 500 – len * 5) – 먹이 저장 배열에서 먹이 부분 제거 – 지렁이 몸체 저장 배열에서 머리 부분에 새 머리번호 저장 – 꼬리 번호 갱신 – 지렁이 몸체가 없는 위치에 새로운 먹이가 랜덤하게 위치하도록 하여 먹이 저장 배열에 저장
❸	**<단순 이동인 경우(먹이와 지렁이 머리 새 좌표가 일치하지 않는 경우에 대한 처리>** – 새로 위치할 머리 부분이 지렁이 몸체이면 종료 상태로 하고 리턴 – 꼬리 부분 제거 – 머리 번호를 꼬리 번호로 갱신하고 지렁이 몸체 표시 배열의 머리 부분에 새 머리 번호 부여 – 꼬리 번호 갱신

❶

```
// 3ms 마다 자동 실행되는 타이머2 인터럽트 함수
// 3ms마다 한 라인씩 표시 => 3ms x 8라인 = 24ms
void dot_disp(void)
{
	byte n, tmp;

	digitalWrite(row_pin[bef_lno], LOW);		// 이전 표시행 LOW출력(전원 off)
	digitalWrite(row_pin[dsp_lno], HIGH);		// 이번 표시행 HIGH출력(전원 on)

	for(n = 0;n < 8;n++){				// 열 번호(맨오른쪽 0, 맨왼쪽 7)
		// 오른쪽에서 왼쪽으로 한 개씩 표시
		tmp = dot_worm[dsp_lno][7 - n] | dot_food[dsp_lno][7 - n];
		digitalWrite(col_pin[n], !tmp);		// tmp1이 1일때 LED ON 되도록 반전
	}
	bef_lno = dsp_lno;				// 이번에 표시한 행 번호
	dsp_lno = (dsp_lno + 1) % 8;			// 다음에 표시할 행 번호
}
```

❶

<dot_disp() 함수 : 타이머2 3ms 인터럽트 함수(도트 매트릭스 한 줄씩 표시)>
- 바로 전에 표시했던 행에 LOW 출력(행에 LED 애노드 연결되어 있어 전원 차단 됨)
- 이번에 표시할 행에 HIGH 출력(행에 LED 애노드 연결되어 있어 5V 연결됨)

<이번 행에 표시할 패턴 추출>
- 오른쪽에서 왼쪽으로 열 연결핀에 한 개씩 출력 표시(8회 실행)
- 지렁이 몸체 표시 배열과 먹이 표시 배열을 OR 연산하여 표시 패턴 추출
- LOW를 출력해야 ON이 되므로 1인 부분에서 표시되도록 반전 출력

- 이번에 표시한 행번호를 마지막 표시한 행번호로 저장
- 다음에 표시할 행번호 갱신

[리스트 10-2] 지렁이 게임 프로그램(마디 번호 저장)

```
// report10_1
// 지렁이 게임
// 2019. 8. 6 by SHIN
//---------------------------------------------------------------
// 알고리즘
// 지렁이 : dot_worm[8][8], 먹이 : dot_food[8][8] 저장
// 지렁이 마디 : 번호(1~마디 길이)로 표시
// head_no, tail_no, len :   tail_no = head_no % len + 1
//  1 2 3 4 5 : 꼬리쪽부터 1부터 번호 부여
//
//<마디 번호 갱신>
//1. 이동
//  새 head_no' = tail_no
//  새 tail_no' = head_no' % len + 1
//     1 2 3 4 5    이동 방향 오른쪽
//       2 3 4 5 1   : 새 head_no' = 1(tail_no)
//                   : 새 tail_no' = 1 % 5 + 1 = 2
//
//2. 먹이 먹음
//    새 head_no' = head_no + 1  : 먹이 위치
//    새 tail_no' = head_no' % len + 1
//    heda_no 부터 꼬리쪽으로 가면서 1의 값부분까지는 그대로
//    1다음 부터 꼬리 부분까지는 마디번호를 +1 갱신
// (예) 1 2 3 4 5 먹          3 4 5  1 2 먹
//      1 2 3 4 5 6          4 5 6  1 2 3
//---------------------------------------------------------------

#include <TimerOne.h>                                    // 타이머1 헤더 파일
#include <MsTimer2.h>                                    // 타이머2 헤더 파일

#define  UP          1                                   // 지렁이 움직이는 방향 위
#define  DOWN        2                                   // 지렁이 움직이는 방향 아래
#define  LEFT        3                                   // 지렁이 움직이는 방향 왼쪽
#define  RIGHT       4                                   // 지렁이 움직이는 방향 오른쪽

const byte row_pin[8] = {8, 9, 10, 11, 12, 13, A4, A5};  // 도트 매트릭스 행 연결핀(R1~R8)
const byte col_pin[8] = {7, 6, 5, 4, 3, 2, 1, 0};        // 도트 매트릭스 열 연결핀(C8~C1)

const byte joy_xpin = A3;                                // 조이스틱 VRx
const byte joy_ypin = A2;                                // 조이스틱 VRy
const byte joy_zsw = A1;                                 // 조이스틱 Z축 스위치

const byte alpha_E[8] = {0x00, 0x3e, 0x20, 0x20, 0x3c, 0x20, 0x20, 0x3e};
const byte alpha_S[8] = {0x00, 0x1e, 0x20, 0x20, 0x1c, 0x02, 0x02, 0x3c};

// 지렁이 관련 변수
byte   w_init[3][2] = {{0, 0}, {1, 0}, {2, 0}};          // 지렁이 시작 마디 좌표
```

```
byte    o_x, o_y;                                  // 먹이 x, y 좌표
byte    len = 0;                                   // 지렁이 마디 수
byte    kk;                                        // 꼬리 번호
                                                   // 다음에 머리에 부여할 번호
byte    lent_time;                                 // 지렁이 이동시간 설정 변수
byte    move_chk;                                  // 지렁이 이동 체크 변수

byte    st = 0;                                    // 시작(1)/종료(0) 상태
byte    dir;                                       // 지렁이 이동 방향
byte    head_no, tail_no;                          // 머리 번호, 꼬리 번호(1~마디 길이)
volatile byte  tcnt = 0;                           // 타이머1 인터럽트 발생 횟수
volatile byte  h_x, h_y;                           // 머리 x, y 좌표

byte    dot_worm[8][8];                            // 지렁이 몸체 저장 배열
byte    dot_food[8][8];                            // 먹이 저장 배열
volatile byte  dsp_lno = 0;                        // 도트 매트릭스 표시 행 번호
volatile byte  bef_lno = 7;                        // 이전 표시 행

void  worm_init(void);                             // 게임 시작을 위한 초기설정
void  joystick_input(void);                        // 조이스틱 입력 처리
void  worm_move(void);                             // 지렁이 이동 함수

// 초기설정 함수
void setup()
{
      byte  m;

      for(m = 0;m < 8;m++){
            pinMode(row_pin[m], OUTPUT);           // 행 연결 핀 출력 설정
            pinMode(col_pin[m], OUTPUT);           // 열 연결 핀 출력 설정

            // 도트 매트릭스 LED 모두 off
            digitalWrite(row_pin[m], LOW);         // 모든 행 연결핀 0 출력
            digitalWrite(col_pin[m], HIGH);        // 모든 열 연결핀 1 출력
      }
      pinMode(joy_zsw, INPUT_PULLUP);              // 조이스틱 z축스위치 내부풀업 설정

      // 타이머2 인터럽트 설정
      MsTimer2::set(3, dot_disp);                  // 주기 3ms와 인터럽트 함수 설정
      MsTimer2::start();                           // 타이머2 동작 시작

      // 타이머1 인터럽트 설정
      Timer1.initialize(3000);                     // 주기 3ms 설정
      Timer1.attachInterrupt(move_time);           // 인터럽트 함수 설정
}

// 반복처리 함수
void loop()
{
```

```
    byte  m, n, seed = 0;

    // 'S' 표시
    for(m = 0;m < 8;m++){
        for(n = 0;n < 8;n++){
            if(((alpha_S[m] << n) & 0x80) != 0) dot_worm[m][n] = 1;
            else  dot_worm[m][n] = 0;
        }
    }

    dir = RIGHT;                                    // 지렁이 이동방향 오른쪽 설정

    // 조이스틱 스위치가 눌려질 때까지 대기
    while(1){
        seed++;                                     // 랜덤 SEED 값
        if(digitalRead(joy_zsw) == LOW) break;
    }
    worm_init();                                    // 지렁이 게임 시작 상태 설정

    st = 1;                                         // 게임 진행
    srand(seed);                                    // 랜덤 seed 함수 실행

    while(st) {
      joystick_input();                             // 조이스틱 입력 체크
      if(move_chk == 1) worm_move();                // 지렁이 이동
    }

    // 'E' 표시
    for(m = 0;m < 8;m++){
        for(n = 0;n < 8;n++){
            if(((alpha_E[m] << n) & 0x80) != 0) dot_worm[m][n] = 1;
            else  dot_worm[m][n] = 0;
        }
    }
    delay(2000);
}

// 게임 초기 상태 설정 함수
void worm_init(void)
{
    int i, j, x, y;

    // 도트매트릭스 클리어
    for(j = 0;j < 8;j++){
        for(i = 0;i < 8;i++){
            dot_worm[j][i] = 0;                     // 지렁이 몸체 저장배열 클리어
            dot_food[j][i] = 0;                     // 먹이 저장 배열 클리어
        }
    }
```

```
    // 지렁이 초기 상태의 마디 좌표 설정(길이 3)
    len = 0;
    for(i = 0;i < 3;i++){
        x = w_init[i][0];
        y = w_init[i][1];
        dot_red[y][x] = ++len;                          // 지렁이 몸체 LED on
    }
    h_x = w_init[2][0];                                 // 머리 x 좌표
    h_y = w_init[2][1];                                 // 머리 y 좌표

    tail_no = 1;                                        // 꼬리 번호
    head_no = 3;                                        // 머리 번호

    o_x = 6;                                            // 초기 먹이 위치
    o_y = 6;

    dot_food[o_y][o_x] = 1;                             // 먹이 위치 저장
    lent_time = 500 - len * 5;                          // 지렁이 이동시간 설정
}

// 조이스틱 입력 처리 함수
void joystick_input()
{
    int   dx, dy;

    dx = analogRead(joy_xpin);                          // X축 방향 전압값(좌우)
    dy = analogRead(joy_ypin);                          // Y축 방향 전압값(상하)

    if(dx > 668 && dir != RIGHT) dir = LEFT;            // 왼쪽 이동
    else if(dx < 356 && dir != LEFT) dir = RIGHT;       // 오른쪽 이동
    else if(dy > 668 && dir != DOWN) dir = UP;          // 위로 이동
    else if(dy < 356 && dir != UP) dir = DOWN;          // 아래로 이동
}

// 타이머/카운터1 인터럽트 함수(3ms 주기)
void move_time(void)
{
    if(st == 0) return;                                 // 종료 상태이면 리턴

    // 게임 진행속도에 맞춰 지렁이 이동방행으로 1칸 이동 처리
    tcnt++;                                             // 타이머1 인터럽트 횟수 +1
    if(tcnt < lent_time) return;                        // 지렁이 이동시간 보다 작으면 리턴

    tcnt = 0;                                           // 타이머1 인터럽트 횟수 리셋
    move_chk = 1;                                       // 지렁이 이동 체크 변수 셋

    // 벽 충돌 체크
    if(dir == UP) {                                     // 이동방향이 위이면
```

```
            if(h_y > 0) h_y--;                       // 머리 Y좌표 1감소
            else st = 0;                             // 윗쪽 벽 충돌 게임종료
      }
      else if(dir == DOWN){                          // 이동방향이 아래이면
            if(h_y < 7) h_y++;                       // 머리 Y좌표 1증가
            else st = 0;                             // 아래쪽 벽 충돌 게임종료
      }
      else if(dir == LEFT){                          // 이동방향이 왼쪽이면
            if(h_x > 0) h_x--;                       // 머리 X좌표 1감소
            else st = 0;                             // 왼쪽 벽 충돌 게임종료
      }
      else {                                         // 이동방향이 오른쪽이면
            if(h_x < 7) h_x++;                       // 머리 X좌표 1증가
            else st = 0;                             // 오른쪽 벽 충돌 게임종료
      }
}

// 지렁이 이동 함수
void worm_move()
{
      int      m, n, tmp;

      move_chk = 0;                                  // 지렁이 이동 체크 변수 리셋
      if(st == 0) return;                            // 게임종료이면 리턴

      if(o_x == h_x && o_y == h_y){                  // 먹이좌표 = 새로운 머리좌표
            //   새 head_no' = head_no + 1  : 먹이 위치
            //   heda_no 부터 꼬리쪽으로 가면서 1의 값부분까지는 그대로
            // 1다음 부터 꼬리 부분까지는 마디번호를 +1 갱신
            // (예) 1 2 3 4 5 먹          3 4 5  1 2 먹
            //      1 2 3 4 5 6           4 5 6  1 2 3
            //////////////////////////////////////////////////////
            head_no++;                               // 머리 번호 갱신

            // 새 머리번호보다 크거나 같은 마디 번호를 +1 갱신
            for(m = 0;m < 8;m++){
                  for(n = 0;n < 8;n++){
                        if(dot_worm[m][n] != 0 &&
                              dot_worm[m][n] >= head_no)  dot_worm[m][n]++;
                  }
            }
            dot_worm[h_y][h_x] = head_no;            // 먹이 부분 추가

            len = len + 1;                           // 길이 1증가

            if(len < 50) lent_time = 500 - len * 5;  // 지렁이 이동 시간 갱신

            dot_food[o_y][o_x] = 0;                  // 현재 먹이 제거(먹이 저장 배열)
            dot_worm[h_y][h_x] = head_no;            // 머리 부분 추가(마디 저장 배열)
```

```
            tail_no = (head_no % len) + 1;                  // 꼬리 번호 갱신

            // 새 먹이 발생
            // 지렁이 마디가 없는 위치에 먹이가 위치할 때까지
            while(1){
                o_x = rand() % 8;                           // x좌표 랜덤 발생
                o_y = rand() % 8;                           // y좌표 랜덤 발생
                if(dot_worm[o_y][o_x] != 0) continue;       // 지렁이 없는 위치에

                dot_food[o_y][o_x] = 1;                     // 먹이 위치 배열 저장
                break;
            }
        }
        else {          // 지렁이 단순 이동(먹이 먹지 않은 이동)
            //  새 head_no' = tail_no
            //  새 tail_no' = head_no' % len + 1
            //     1 2 3 4 5    이동 방향 오른쪽
            //       2 3 4 5 1   : 새 head_no' = 1(tail_no)
            //                   : 새 tail_no' = (1 % 5) + 1 = 2

            if(dot_worm[h_y][h_x] != 0) {                   // 몸부분과 충돌하면
                st = 0;                                     // 종료
                return;                                     // 리턴
            }

            // 꼬리 제거
            for(m = 0;m < 8;m++){
                for(n = 0;n < 8;n++){
                    if(dot_worm[m][n] == tail_no) {         // 이전 꼬리 부분 제거
                        dot_worm[m][n] = 0;
                        break;
                    }
                }
            }
            head_no = tail_no;                              // 머리번호 꼬리번호로 갱신
            dot_red[h_y][h_x] = head_no;                    // 머리 번호 저장(마디 저장 배열)
            tail_no = (head_no % len) + 1;                  // 꼬리 번호 갱신
        }
}

// 3ms 마다 자동 실행되는 타이머2 인터럽트 함수
// 3ms마다 한 라인씩 표시 => 3ms x 8라인 = 24ms
void dot_disp(void)
{
        byte n, tmp;

        digitalWrite(row_pin[bef_lno], LOW);          // 이전 표시 행 LOW출력(전원 off)
        digitalWrite(row_pin[dsp_lno], HIGH);         // 이번 표시할 행 HIGH(전원 on)
```

```
    for(n = 0;n < 8;n++){                          // 열 번호(맨오른쪽 0, 맨왼쪽 7)
        // 오른쪽에서 왼쪽으로 한 개씩 표시
        tmp = dot_worm[dsp_lno][7 - n] | dot_food[dsp_lno][7 - n];
        digitalWrite(col_pin[n], !tmp);            // tmp1이 1일때 LED ON 되도록 반전
    }
    bef_lno = dsp_lno;                             // 이번 표시 행 번호 이전 표시 행 번호로 저장
    dsp_lno = (dsp_lno + 1) % 8;                   // 다음에 표시할 행 번호
}
```

Memo.

Chapter

11

LCD 큰 숫자 표시하기

Chapter

11

LCD 큰 숫자 표시하기

LCD에 [그림 11-1]과 같은 기본 패턴을 저장한 후 이를 이용하여 [그림 11-2]와 같은 숫자 패턴을 만들어 표시하는 프로그램을 구현해보자. 즉 기본 패턴을 위에 3개 아래에 3개를 연결 표시하여 하나의 숫자 패턴을 만들어 표시하도록 한다. [그림 11-3], [표 11-1]은 아두이노 연결 배선도와 연결핀을 보여준다.

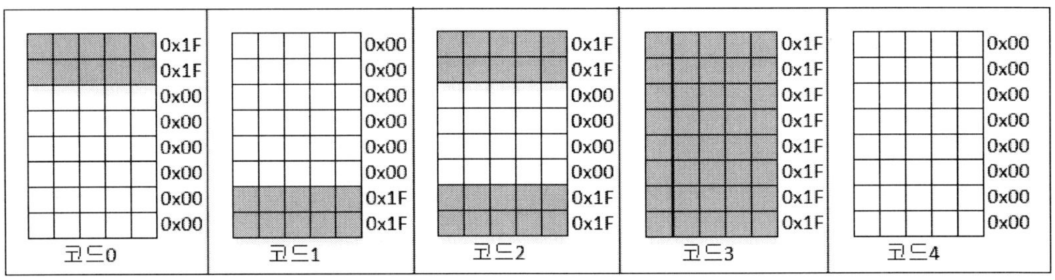

[그림 11-1] 기본 패턴

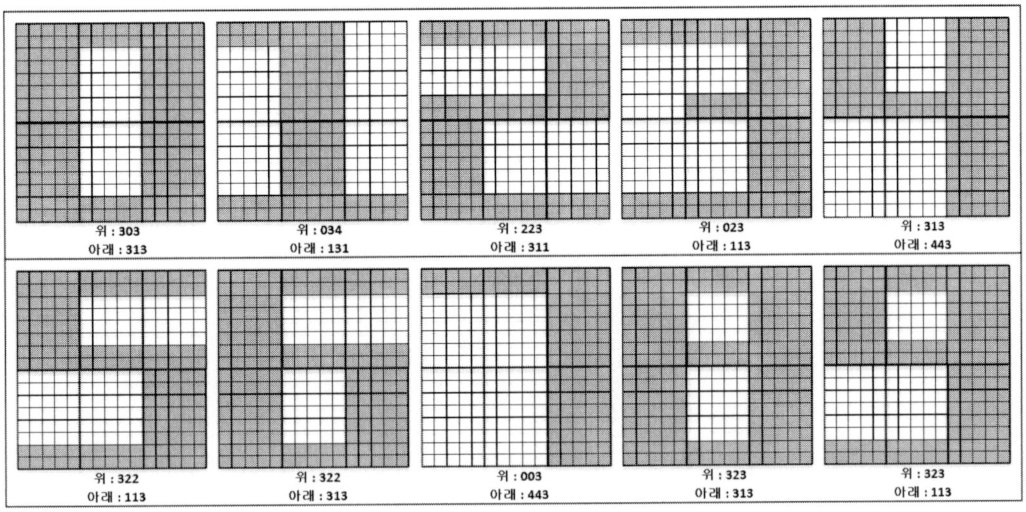

[그림 11-2] 기본 패턴을 이용한 숫자(0~9) 표시

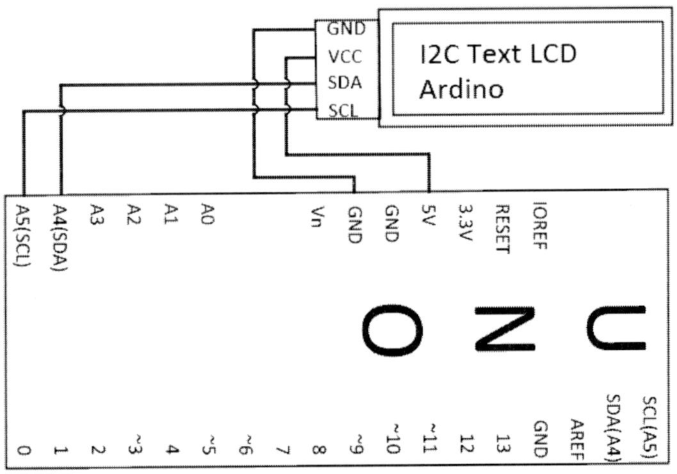

[그림 11-3] 아두이노 연결 배선도

[표 11-1] 아두이노 보드 연결핀

아두이노 보드	도트매트릭스 보드
SCL(A5)	SCL
SDA(A4)	SDA

LCD에 큰 숫자를 표시하기 위한 전체 처리 흐름도는 [그림 11-4]와 같고, setup() 함수와 loop() 함수로 구성된다. 처리 흐름도에서 처리되는 주요 내용을 간략히 기술하면 [표 11-2]과 같다.

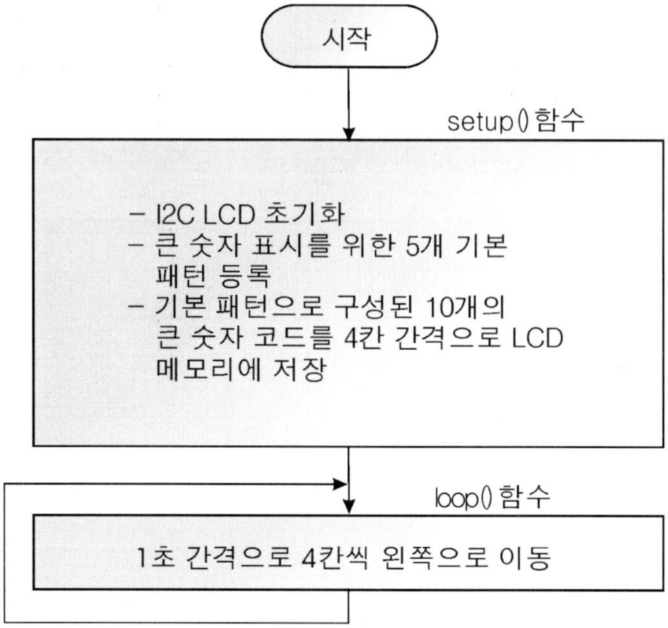

[그림 11-4] LCD 큰 숫자 표시하기 처리 흐름도

[표 11-2] 주요 처리 내용

★ **기본 패턴 저장** : 1행과 2행에 각각 3개의 기본 패턴으로 큰 글자를 표시하기 위해 필요한 5개의 기본 패턴을 생성하고 0~4의 코드값을 부여한다.
★ **큰 글자 코드 구성** : 기본 패턴을 이용하여 [그림 11-2]와 같은 큰 글자를 표시하기 위해 1행과 2행에 놓여야 하는 기본 패턴의 코드를 설정한다.

〈프로그램 설명〉

❶	`#include <LiquidCrystal_I2C.h>        // I2C LCD 헤더 파일`

❷	`const byte base_pat[5][8] = {        // 5개 기본 패턴`
	`{0x1F, 0x1F, 0x00, 0x00, 0x00, 0x00, 0x00, 0x00},        // 코드 0 패턴`
	`{0x00, 0x00, 0x00, 0x00, 0x00, 0x00, 0x1F, 0x1F},        // 코드 1 패턴`
	`{0x1F, 0x1F, 0x00, 0x00, 0x00, 0x00, 0x1F, 0x1F},        // 코드 2 패턴`
	`{0x1F, 0x1F, 0x1F, 0x1F, 0x1F, 0x1F, 0x1F, 0x1F},        // 코드 3 패턴`
	`{0x0, 0x00, 0x00, 0x00, 0x00, 0x00, 0x00, 0x00}};        // 코드 4 패턴`

❸	`const byte numpat_up[10][3] = {        // 숫자 윗 부분`
	`{3, 0, 3}, {0, 3, 4}, {2, 2, 3}, {0, 2, 3}, {3, 1, 3},`
	`{3, 2, 2}, {3, 2, 2}, {0, 0, 3}, {3, 2, 3}, {3, 2, 3}};`
	
	`const byte numpat_down[10][3] = {        // 숫자 아랫 부분`
	`{3, 1, 3}, {1, 3, 1}, {3, 1, 1}, {1, 1, 3}, {4, 4, 3},`
	`{1, 1, 3}, {3, 1, 3}, {4, 4, 3}, {3, 1, 3}, {1, 1, 3}};`

❹	`void num_write(byte, byte);        // 지정 위치 큰 문자 표시 함수`
	`LiquidCrystal_I2C myLCD(0x3F, 16, 2);        // myLCD 객체 생성`

❺	`// 초기설정 함수`
	`void setup()`
	`{`
	`byte  m;`
	
	`myLCD.begin();        // I2C LCD 초기화`
	
	`// 5개 기본 패턴 등록`
	`for(m = 0;m < 5;m++)`
	`myLCD.createChar(m, base_pat[m]);`
	
	`// 4칸 간격으로 10개의 큰 숫자 코드를 LCD 표시 메모리에 저장`
	`for(m = 0;m < 10;m++) num_write(m * 4, m);`
	`}`

❶	- I2C LCD 사용을 위한 헤더 파일
❷	- 큰 숫자를 만들어 표시하기 위한 5개의 기본 패턴
❸	- 1행과 2행에 각각 3개의 기본 패턴을 표시하여 0~9의 숫자를 크게 표시하기 위한 코드 구성
❹	- 첫 번째 인자가 가르키는 열에 두 번째 인자의 문자 표시 함수 - 사용할 LCD 객체 생성(디바이스 어드레스, 16열, 2행)
❺	<setup() : 초기 설정 함수> - I2C LCD 초기화 - 5개의 기본 코드 등록(코드값은 0~4) - 0~9의 큰 숫자를 4칸 간격으로 내부 표시 메모리에 저장

❶	<pre>// 반복처리 함수
	void loop()
	{
	 byte m;
	
	 delay(1000);
	
	 // 4칸 왼쪽으로 이동
	 for(m = 0;m < 4;m++) myLCD.scrollDisplayLeft();
	}</pre>

❷	<pre>// 지정 위치 큰 문자 표시 함수
	void num_write(byte cx, byte num)
	{
	 byte m = 3;
	
	 // 1행 숫자 윗 부분 쓰기
	 myLCD.setCursor(cx, 0); // 커서 1행 cx+1열 (cx, 0)
	 for(m = 0;m < 3;m++) myLCD.write(numpat_up[num][m]);
	
	 // 2행 숫자 아랫 부분 쓰기
	 myLCD.setCursor(cx, 1); // 커서 2행 cx+1열 (cx, 1)
	 for(m = 0;m < 3;m++) myLCD.write(numpat_down[num][m]);
	}</pre>

❶	<loop() : 반복 처리 함수> - 1초 대기 후 4칸씩 왼쪽으로 이동(표시 메모리의 첫 번째 메모리와 마지막 위치의 메모리는 머리띠처럼 연결되어 있어 무한 회전)
❷	<num_write() : 지정 위치 큰 문자 표시 함수> - 1행에서 지정된 열 위치로 커서 이동하고, 두 번째 인자의 숫자 윗 부분 패턴 쓰기 - 2행에서 지정된 열 위치로 커서 이동하고, 두 번째 인자의 숫자 아랫 부분 패턴 쓰기

[리스트 11-1] LCD 큰 숫자 표시하기 프로그램

```
// report11
// 2019. 8. 12  by SHIN
// LCD에 큰 숫자 표시하기

#include <LiquidCrystal_I2C.h>                              // I2C LCD 헤더 파일

const byte base_pat[5][8] = {                               // 5개 기본 패턴
    {0x1F, 0x1F, 0x00, 0x00, 0x00, 0x00, 0x00, 0x00},       // 코드 0 패턴
    {0x00, 0x00, 0x00, 0x00, 0x00, 0x00, 0x1F, 0x1F},       // 코드 1 패턴
    {0x1F, 0x1F, 0x00, 0x00, 0x00, 0x00, 0x1F, 0x1F},       // 코드 2 패턴
    {0x1F, 0x1F, 0x1F, 0x1F, 0x1F, 0x1F, 0x1F, 0x1F},       // 코드 3 패턴
    {0x0, 0x00, 0x00, 0x00, 0x00, 0x00, 0x00, 0x00}};       // 코드 4 패턴

const byte numpat_up[10][3] = {                             // 숫자 윗부분
    {3, 0, 3}, {0, 3, 4}, {2, 2, 3}, {0, 2, 3}, {3, 1, 3},
    {3, 2, 2}, {3, 2, 2}, {0, 0, 3}, {3, 2, 3}, {3, 2, 3}};

const byte numpat_down[10][3] = {                           // 숫자 아랫 부분
    {3, 1, 3}, {1, 3, 1}, {3, 1, 1}, {1, 1, 3}, {4, 4, 3},
    {1, 1, 3}, {3, 1, 3}, {4, 4, 3}, {3, 1, 3}, {1, 1, 3}};

void num_write(byte, byte);                                 // 지정 위치 큰 문자 표시 함수
LiquidCrystal_I2C myLCD(0x3F, 16, 2);                       // myLCD 객체 생성

// 초기설정 함수
void setup()
{
    byte  m;

    myLCD.begin();                                          // I2C LCD 초기화

    // 5개 기본 패턴 등록
    for(m = 0;m < 5;m++) myLCD.createChar(m, base_pat[m]);

    // 4칸 간격으로 10개의 큰 숫자 코드를 LCD 표시 메모리에 저장
    for(m = 0;m < 10;m++) num_write(m * 4, m);
}

// 반복처리 함수
void loop()
{
    byte m;

    delay(1000);

    // 4칸 왼쪽으로 이동
    for(m = 0;m < 4;m++) myLCD.scrollDisplayLeft();
}
```

```
// 지정 위치 큰 문자 표시 함수
void num_write(byte cx, byte num)
{
	byte   m = 3;

	// 1행 숫자 윗 부분 쓰기
	myLCD.setCursor(cx, 0);                                   // 커서 1행 cx+1열 (cx, 0)
	for(m = 0;m < 3;m++) myLCD.write(numpat_up[num][m]);

	// 2행 숫자 아랫 부분 쓰기
	myLCD.setCursor(cx, 1);                                   // 커서 2행 cx+1열 (cx, 1)
	for(m = 0;m < 3;m++) myLCD.write(numpat_down[num][m]);
}
```

Chapter

12

LCD 다운 카운터

Chapter 12

LCD 다운 카운터

11장에서 사용한 기본 패턴을 이용하여 다운 카운터를 구현해보자. [그림 12-1]과 [표 12-1]은 LCD에 표시되는 값들을 보여주며, [표 12-2]는 스위치의 기능을 나타낸다. 그리고 [표 12-3]과 [그림 12-2]는 아두이노 연결 핀과 배선도를 보여준다.

<table>
<tr><td>1</td><td>2</td><td>3</td><td>4</td><td>5</td><td>6</td><td>7</td><td>8</td><td>9</td><td>10</td><td>11</td><td>12</td><td>13</td><td>14</td><td>15</td><td>16</td></tr>
<tr><td colspan="3">분</td><td></td><td colspan="3">분</td><td></td><td></td><td colspan="3">초</td><td></td><td colspan="3">초</td></tr>
<tr><td colspan="3">10자리</td><td></td><td colspan="3">1자리</td><td></td><td></td><td colspan="3">10자리</td><td></td><td colspan="3">10자리</td></tr>
</table>

[그림 12-1] LCD 다운 카운터 표시

[표 12-1] LCD 표시

<table>
<tr><th colspan="2">열</th><th>기 능</th><th>비 고</th></tr>
<tr><td colspan="2">1~3</td><td>분 10자리 표시</td><td>0~5</td></tr>
<tr><td colspan="2">4</td><td>공백</td><td></td></tr>
<tr><td colspan="2">5~7</td><td>분 1자리 표시</td><td>0~9</td></tr>
<tr><td rowspan="2">8</td><td>1행</td><td>시간 설정 시 분 10자리 입력 나타냄</td><td rowspan="2">카운터 동작 중에 초값 짝수이면 이 부분에 (:) 표시</td></tr>
<tr><td>2행</td><td>시간 설정 시 초 10자리 입력 나타냄</td></tr>
<tr><td rowspan="2">9</td><td>1행</td><td>시간 설정 시 분 1자리 입력 나타냄</td><td rowspan="2">카운터 동작 중에 초값 홀수이면 이 부분에 (:) 표시</td></tr>
<tr><td>2행</td><td>시간 설정 시 초 1자리 입력 나타냄</td></tr>
<tr><td colspan="2">10~12</td><td>초 10자리 표시</td><td>0~5</td></tr>
<tr><td colspan="2">13</td><td>공백</td><td></td></tr>
<tr><td colspan="2">14~16</td><td>초 1자리 표시</td><td>0~9</td></tr>
</table>

[표 12-2] 스위치 및 부저 기능

스위치	기 능	비 고
SW1	자리 선택	- 시간 설정 00:00~59:59 - 각 자리 최대값 다음은 0부터 다시 시작
SW2	선택 자리 값 +1	
SW3	동작/정지	- 다운 카운터 동작/정지 설정 - 알람 울리면 정지 - 시간이 다운 카운트되어 00:00이 되면 부저 울림
부저	시간 00:00 알림	

[표 12-3] 아두이노 보드 연결핀

아두이노 보드	LCD, 스위치, 부저
SCL(A5)	SCL(LCD)
SDA(A4)	SDA(LCD)
2	SW1
3	SW2
4	SW3
13	부저

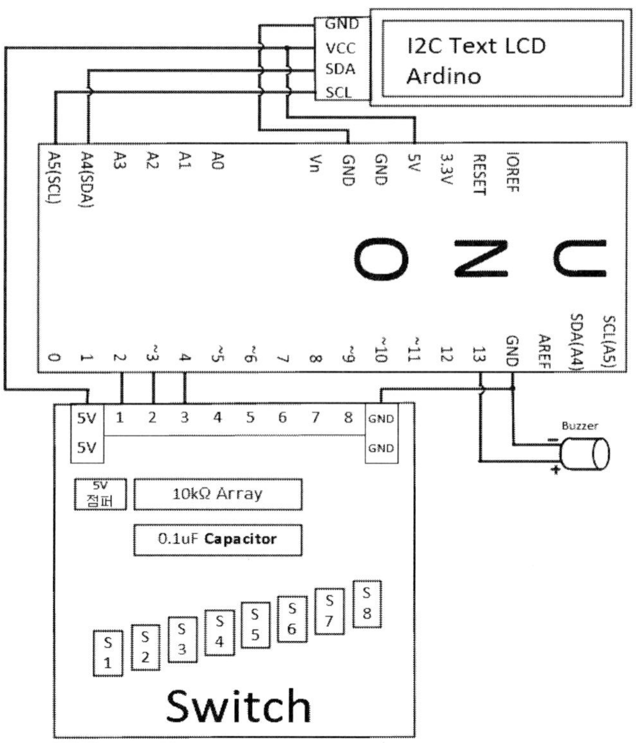

[그림 12-2] 아두이노 연결 배선도

LCD 다운 카운터 구현을 위한 전체 처리 흐름도는 [그림 12-3]과 같고, 인터럽트 함수는 반복 처리 loop() 함수가 실행되면서 인터럽트가 발생할 때마다 자동으로 실행된다.

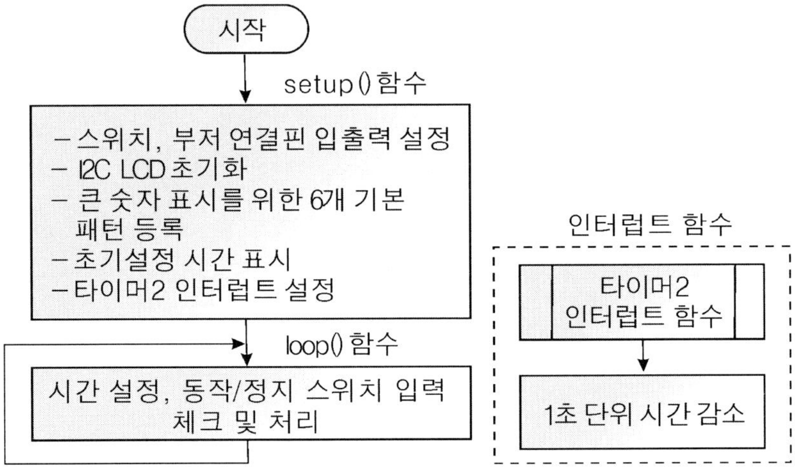

[그림 12-3] LCD 다운 카운터 처리 흐름도

❶	`#include <LiquidCrystal_I2C.h>` // I2C LCD 헤더 파일 `#include <MsTimer2.h>` // 타이머2 헤더 파일
❷	`const byte base_pat[6][8] = {` // 6개 기본 패턴 `{0x1F, 0x1F, 0x00, 0x00, 0x00, 0x00, 0x00, 0x00},` // 코드 0 패턴 `{0x00, 0x00, 0x00, 0x00, 0x00, 0x00, 0x1F, 0x1F},` // 코드 1 패턴 `{0x1F, 0x1F, 0x00, 0x00, 0x00, 0x00, 0x1F, 0x1F},` // 코드 2 패턴 `{0x1F, 0x1F, 0x1F, 0x1F, 0x1F, 0x1F, 0x1F, 0x1F},` // 코드 3 패턴 `{0x0, 0x00, 0x00, 0x00, 0x00, 0x00, 0x00, 0x00},` // 코드 4 패턴 `{0x0, 0x00, 0x1F, 0x1F, 0x1F, 0x1F, 0x00, 0x00}};` // 코드 5 패턴(점멸부분)

❸	`const byte numpat_up[10][3] = {` // 숫자 윗 부분
	`{3, 0, 3}, {0, 3, 4}, {2, 2, 3}, {0, 2, 3}, {3, 1, 3},`
	`{3, 2, 2}, {3, 2, 2}, {0, 0, 3}, {3, 2, 3}, {3, 2, 3}};`
	
	`const byte numpat_down[10][3] = {` // 숫자 아래 부분
	`{3, 1, 3}, {1, 3, 1}, {3, 1, 1}, {1, 1, 3}, {4, 4, 3},`
	`{1, 1, 3}, {3, 1, 3}, {4, 4, 3}, {3, 1, 3}, {1, 1, 3}};`

❹	`const byte sw_pin[3] = {2, 3, 4};` // 스위치 연결 핀, 2: 자리 선택, // 3: 선택 자리 +1, 4: 동작/정지 `const int buzzer_pin = 13;` // 부저 연결핀
❺	`volatile byte mm10 = 1, mm1 = 2;` // 분 10자리, 1자리 `volatile byte ss10 = 3, ss1 = 4;` // 초 10자리, 1자리 `byte rrun = 0;` // 동작(1)/정지(0) `boolean buzzer = 0;` // 부저 출력값(1: ON, 0: OFF) `boolean buzzer_onoff = 0;` // 부저 동작 상태(0:정지, 1:동작)

❻	`byte pos = 0;` // 입력 자리 선택(0 -> 1 -> 2 -> 3 -> 0 -> 1...)
	// (0:초1자리, 1: 초10자리, 2: 분1자리, 3: 분10자리)
	`byte dpos;` // dpos(표시 자리)
	// 0:초1, 1: 초10, 2: 분1, 3: 분10 자리
	`byte mode = 2;` // mode = 0 : dpos 자리만 표시
	// mode = 1 : 0~dpos 자리까지 표시
	// mode = 2 : 표시할 사항 없음

❶	- I2C LCD 사용을 위한 헤더 파일 - 1초 측정을 위해 사용할 타이머2 헤더 파일
❷	- 큰 숫자를 만들어 표시하기 위한 6개의 기본 패턴
❸	- 1행과 2행에 각각 3개의 기본 패턴을 표시하여 0~9의 숫자를 크게 표시하기 위한 코드 구성
❹	- 3개의 스위치 아두이노 연결핀 - 부저 연결핀
❺	<사용 변수> - 분 10자리, 1자리 변수 - 초 10자리, 1자리 변수 - 다운 카운터 동작/정지 변수 - 부저 출력값(1: ON, 0: OFF) - 부저 동작 상태(0 : 정지, 1: 동작)
❻	- 입력 자리 지정 변수(0: 초1자리, 1: 초10자리, 2: 분1자리, 3: 분10자리) - LCD 표시 자리 지정 변수(0:초1, 1: 초10, 2:분1, 3:분10 자리) - 표시 모드 지정 변수

❶	`void time_display(void);          // 시간 표시 함수`
	`void blink_disp(byte);            // 시간 설정 : 입력자리 표시`
	`                                  // 동작 중 : 분값 초값 경계 깜빡이 표시`

❷	`LiquidCrystal_I2C myLCD(0x3F, 16, 2);    // myLCD 객체 생성`

❸	`// 초기설정 함수`
	`void setup()`
	`{`
	`    byte  m;`
	
	`    for(m = 0;m < 3;m++)`
	`        pinMode(sw_pin[m], INPUT);          // 스위치 연결 핀 입력 설정`
	
	`    pinMode(buzzer_pin, OUTPUT);            // 부저 연결핀 출력 설정`
	`    digitalWrite(buzzer_pin, buzzer);       // 부저 OFF`

❹	`    myLCD.begin();                          // LCD 초기화`
	
	`    // 6개 기본 패턴 등록`
	`    for(m = 0;m < 6;m++) myLCD.createChar(m, base_pat[m]);`

❺	`    mode = 1;                               // 표시 모드(초1자리 ~ dpos 자리까지)`
	`    dpos = 3;                               // 분10자리`
	`    time_display();                         // 시간 4자리(초1자리 ~ 분10자리) 표시`
	`    blink_disp(pos);                        // 분 초 경계 점멸 부분 표시(입력 모드)`
	
	`    // 타이머2 인터럽트 설정`
	`    MsTimer2::set(1000, one_sec);           // 주기 1sec, 인터럽트 함수 one_sec() 설정`
	`    MsTimer2::stop();                       // 타이머2 동작 정지`
	`}`

❶	- 시간 표시하는 함수 - 분과 초 사이 2칸 표시 함수 (시간 설정 모드에서는 입력자리 표시, 동작 중에는 초값에 따라 깜빡거리게 표시)
❷	- 사용할 LCD 객체 생성(디바이스 어드레스, 16열, 2행)
❸	<setup() : 초기설정 함수> - 3개의 스위치 아두이노 연결핀 입력 설정 - 부저 연결핀 출력 방향 설정하고, 부저 OFF 상태 출력
❹	- I2C LCD 초기화 - 6개의 기본 코드 등록(코드값은 0~5)
❺	- 표시 모드 지정 : 초1자리 ~ dpos 자리까지 표시 - LCD 표시 자리 설정 : 분10자리 - 시간 표시 함수 호출(시간 초1자리부터 분 10자리까지 모두 표시) - 분 초 경계 점멸 부분 표시 - 타이머2 1초 주기 인터럽트 함수 one_sec() 설정 - 타이머2 동작 정지

❶	// 반복처리 함수
	void loop()
	{
	    boolean o_sw[3], n_sw[3];
	    byte m;
	
	    // SW1, SW2, SW3 첫 번째 상태 읽기
	    for(m = 0;m < 3;m++) o_sw[m] = digitalRead(sw_pin[m]);
	
	    // SW1, SW2, SW3 두 번째 상태 읽기
	    delay(10);
	    for(m = 0;m < 3;m++) n_sw[m] = digitalRead(sw_pin[m]);

❷	if(o_sw[0] == HIGH && n_sw[0] == LOW){ // SW1 눌려질 때 : 자리 선택
	    if(rrun == 0){ // 정지중에만 시간 입력
	        pos = (pos + 1) % 4; // 0 ~ 3
	        blink_disp(pos);
	    }
	}

❸	else if(o_sw[1] == HIGH && n_sw[1] == LOW){ // SW2 눌려질때 : 선택자리값+1
	    if(rrun == 0){ // 정지중에만 시간 입력
	        if(pos == 0) ss1 = (ss1 + 1) % 10; // 초 1자리(0~9)
	        else if(pos == 1) ss10 = (ss10 + 1) % 6; // 초 10자리(0~5)
	        else if(pos == 2) mm1 = (mm1 + 1) % 10; // 분 1자리(0~9)
	        else mm10 = (mm10 + 1) % 6; // 분 10자리(0~5)
	
	        mode = 0; // 입력자리만 표시
	        dpos = pos;
	    }
	}

❹	else if(o_sw[2] == HIGH && n_sw[2] == LOW){ // SW3눌려질 때 :동작/정지
	    rrun = (rrun + 1) % 2; // 동작/정지 토글
	
	    if(rrun == 0) {
	        MsTimer2::stop(); // 타이머2 정지
	        buzzer = 0; // 부저값 OFF
	        buzzer_onoff = 0; // 부저 동작 상태 정지
	        digitalWrite(buzzer_pin, buzzer); // 부저 OFF 출력
	        blink_disp(pos); // 시간 입력 상태로
	    }
	    else {
	        MsTimer2::start(); // 타이머2 시작
	        blink_disp(4); // 동작모드 점멸부분 표시
	    }
	}

❺	if(mode != 2) {
	    time_display(); // 시간 4자리 표시
	    if(rrun == 1) blink_disp(4); // 분 초사이 점멸 표시
	}
	}

❶	<loop() : 반복 처리 함수> - 3개 스위치 10ms 간격 두고 2번씩 읽어 상태 저장
❷	<SW1이 눌려질 때(첫 번째 상태는 OFF, 두 번째 상태는 ON)> - 정지 중이면 입력자리 한 칸 이동하고, 선택자리 표시위해 blink_disp() 함수 호출 - 동작 중이면 스위치 입력 무시
❸	<SW2가 눌려질 때(첫 번째 상태는 OFF, 두 번째 상태는 ON)> - 정지 중이면 선택된 입력자리의 값을 +1 하고, 갱신된 자리만 새로 표시(표시 모드 0) - 동작 중이면 스위치 입력 무시
❹	<SW3이 눌려질 때(첫 번째 상태는 OFF, 두 번째 상태는 ON)> - 동작/정지 토글 상태로 반전 - 정지 상태이면 타이머2 정지시키고, 부저 OFF 출력, 설정 시간 입력 상태로 하여 입력 자리 표시 - 동작 상태이면 타이머2 동작시키고, 분과 초 사이 표시 부분 점멸하도록 함수 호출 : blink_disp(4)
❺	- 표시 지정 변수가 2가 아니면 시간 4자리 표시하고, 동작 상태이면 분과 초 사이 표시 부분 점멸하도록 함수 호출 : blink_disp(4)

```
// 타이머2 인터럽트 처리 함수(1초 주기)
// 동작 중일 때 1sec 단위로 시간값 감소
void one_sec()
{
```

❶

```
    if(ss1 == 0 && ss10 == 0 && mm10 == 0 && mm1 == 0) {   // 시간값이 0이면
        if(buzzer_onoff == 1){                          // 부저 동작 상태이면
            buzzer = !buzzer;
            digitalWrite(buzzer_pin, buzzer);           // 부저 출력값 ON/OFF 반전
        }
        return;
    }
```

❷

```
    if(ss1 == 0){                                       // 초1자리 0이면
        if(ss10 == 0) {                                 // 초10자리 0이면
            if(mm1 == 0){                               // 분 1자리 0이면
                mm1 = 9;                                // 분1자리 9
                mm10--;                                 // 분10자리 -1
                ss1 = 9;                                // 초1자리 9
                ss10 = 5;                               // 초10자리 5
                mode = 1;                               // 초1자리 ~ dpos자리까지 표시
                dpos = 3;                               // 분10자리
            }
            else {    // 분 1자리가 0이 아니면 (분1자리 -1), 초값 59
                ss1 = 9;                                // 초1자리 9
                ss10 = 5;                               // 초10자리 5
                mm1--;                                  // 분1자리 -1
                mode = 1;                               // 초1자리 ~ dpos자리까지 표시
                dpos = 2;                               // 분1자리
            }
        }
        else {          // 초 10자리가 0이 아니면 (초10자리 -1), 초1자리 9
            ss1 = 9;                                    // 초1자리 9
            ss10--;                                     // 초10자리 -1
            mode = 1;                                   // 초1자리 ~ dpos자리까지 표시
            dpos = 1;                                   // 초10자리
        }
    }
```

❸

```
    else {              // 초 1자리가 0이 아니면 (초1자리 - 1)
        ss1--;                                          // 초1자리 -1
        mode = 0;                                       // dpos자리만 표시
        dpos = 0;                                       // 초1자리
    }
```

❹

```
    if(ss1 == 0 && ss10 == 0 &&
                mm10 == 0 && mm1 == 0){                 // 1초 감소 후 시간값이 0이면
        buzzer_onoff = 1;                               // 부저 동작 상태 ON
        buzzer = 1;                                     // 부저 출력값 1
        digitalWrite(buzzer_pin, buzzer);               // 부저 출력 ON
    }
```

❶	<one_sec() : 타이머2 1초 주기 인터럽트 함수(다운 카운터 동작 중일 때)> <초 값과 분 값이 0인 경우에 대한 처리> - 부저가 동작 상태이면 부저 출력 반전(뚜-뚜- 소리 발생) - 부저가 동작 상태 아니면 아무 처리 없이 리턴(부저가 울렸다가 정지된 상태)
❷	<초 값 또는 분 값이 0이 아닌 경우에 대한 처리> - 초 1자리, 초 10자리, 분 1자리가 0이면 분 1자리 9, 분 10자리 -1, 초 1자리 9, 초 10자리 5로 설정한다. 그리고 시간 4자리 모두 다시 표시하도록 설정 - 초 1자리, 초 10자리만 0이면 초1자리 9, 초 10자리 5, 분의 1자리 -1로 설정한다. 그리고 초 1자리부터 분1자리까지만 표시하도록 설정 - 초 1자리가 0이면 초 1자리 9, 초 10자리 -1로 설정한다. 그리고 초 값만 새로 표시하도록 설정
❸	- 초 1자리가 0이 아니면 초1자리를 -1하고 초 1자리만 새로 표시하도록 설정
❹	- 1초 감소 후의 초 값과 분 값이 0이면 부저의 동작 상태를 ON 시키고, 부저 출력 ON

❶
```
// 시간 표시 함수
// mode = 0, dpos자리만 표시(0:초1자리, 1: 초10자리, 2:분1자리, 3:분10자리)
// mode = 1, 0~dpos 자리까지 표시
void time_display()
{
      byte  m, tmp_md;

      tmp_md = mode;                                    // 표시 모드 백업
      mode = 2;                                         // 표시 종료
```

❷
```
      if(dpos >= 3){    // 분 10자리 표시
            myLCD.setCursor(0, 0);                      // 윗부분 : 커서 1행 1열
            for(m = 0;m < 3;m++) myLCD.write(numpat_up[mm10][m]);

            myLCD.setCursor(0, 1);                      // 아랫부분 : 커서 2행 1열
            for(m = 0;m < 3;m++) myLCD.write(numpat_down[mm10][m]);

            if(tmp_md == 0) return;                     // 한 자리 표시모드이면 종료
      }
```

❸
```
      if(dpos >= 2){    // 분 1자리 표시
            myLCD.setCursor(4, 0);                      // 윗부분 : 커서 1행 5열
            for(m = 0;m < 3;m++) myLCD.write(numpat_up[mm1][m]);

            myLCD.setCursor(4, 1);                      // 아랫부분 : 커서 2행 5열
            for(m = 0;m < 3;m++) myLCD.write(numpat_down[mm1][m]);

            if(tmp_md == 0) return;                     // 한 자리 표시모드이면 종료
      }
```

❹
```
      if(dpos >= 1){    // 초 10자리 표시
            myLCD.setCursor(9, 0);                      // 윗부분 : 커서 1행 10열
            for(m = 0;m < 3;m++) myLCD.write(numpat_up[ss10][m]);

            myLCD.setCursor(9, 1);                      // 아랫부분 : 커서 2행 10열
            for(m = 0;m < 3;m++) myLCD.write(numpat_down[ss10][m]);

            if(tmp_md == 0) return;                     // 한 자리 표시모드이면 종료
      }
```

❺
```
      if(dpos >= 0){    // 초 1자리 표시
            myLCD.setCursor(13, 0);                     // 윗부분 : 커서 1행 14열
            for(m = 0;m < 3;m++) myLCD.write(numpat_up[ss1][m]);

            myLCD.setCursor(13, 1);                     // 아랫부분 : 커서 2행 14열
            for(m = 0;m < 3;m++) myLCD.write(numpat_down[ss1][m]);
      }
}
```

❶	<time_display() : 시간 표시 함수> - 시간 표시 모드 백업 - 시간 표시 모드를 종료 상태로 갱신
❷	<표시 자리 지정 변수가 3이상에 대한 처리> - 커서를 1행 1열과 2행 1열로 옮겨 분의 10자리를 두 행에 표시 - 표시 지정 모드가 한 자리 표시 모드이면 리턴
❸	<표시 자리 지정 변수가 2이상에 대한 처리> - 커서를 1행 5열과 2행 5열로 옮겨 분의 1자리를 두 행에 표시 - 표시 지정 모드가 한 자리 표시 모드이면 리턴
❹	<표시 자리 지정 변수가 1이상에 대한 처리> - 커서를 1행 10열과 2행 10열로 옮겨 초의 10자리를 두 행에 표시 - 표시 지정 모드가 한 자리 표시 모드이면 리턴
❺	<표시 자리 지정 변수가 0이상에 대한 처리> - 커서를 1행 1열과 2행 1열로 옮겨 초의 1자리를 두 행에 표시

❶	// 입력자리 및 점멸 표시 함수
	// 시간 입력 : 입력 자리 표시(pos = 0~3)
	// 동작 중 : 분과 초 경계 점멸 동작(4)
	void blink_disp(byte ppp)
	{
	    // 점멸 부분 클리어
	    myLCD.setCursor(7, 0); // 윗부분 : 커서 1행 8열
	    myLCD.write(4); // 공백 출력(클리어)
	    myLCD.write(4); // 공백 출력
	
	    myLCD.setCursor(7, 1); // 아랫부분 : 커서 2행 8열
	    myLCD.write(4); // 공백 출력(클리어)
	    myLCD.write(4); // 공백 출력

❷	// 입력/점멸 자리 표시
	    if(ppp == 0){ // 초 1자리 설정 중
	        myLCD.setCursor(8, 1); // 표시 부분 우하(2행 9열)
	        myLCD.write(5);
	    }

❸	else if(ppp == 1){ // 초 10자리 설정 중
	        myLCD.setCursor(7, 1); // 표시 부분 좌하(2행 8열)
	        myLCD.write(5); // 점멸 패턴(코드5) 출력
	    }

❹	else if(ppp == 2){ // 분 1자리 설정 중
	        myLCD.setCursor(8, 0); // 표시 부분 우상(1행 9열)
	        myLCD.write(5); // 점멸 패턴(코드5) 출력
	    }

❺	else if(ppp == 3){ // 분 10자리 설정 중
	        myLCD.setCursor(7, 0); // 표시 부분 좌상(1행 8열)
	        myLCD.write(5); // 점멸 패턴(코드5) 출력
	    }

❻	else { //동작 중 분과 초사이 점멸
	        if((ss1 % 2) == 0){ // 초값이 짝수면 왼쪽 표시
	            myLCD.setCursor(7, 0); // 윗부분 : 커서 1행 8열
	            myLCD.write(5); // 점멸 패턴(코드5) 출력
	
	            myLCD.setCursor(7, 1); // 아랫부분 : 커서 2행 8열
	            myLCD.write(5); // 점멸 패턴(코드5) 출력
	        }
	        else { // 초값이 홀수면 오른쪽 표시
	            myLCD.setCursor(8, 0); // 윗부분 : 커서 1행 9열
	            myLCD.write(5); // 점멸 패턴(코드5) 출력
	
	            myLCD.setCursor(8, 1); // 아랫부분 : 커서 2행 9열
	            myLCD.write(5); // 점멸 패턴(코드5) 출력
	        }
	    }
	}

❶	<blink_display() : 입력자리 및 점멸 표시 함수> - 인자 ppp<4 이면 정지상태에서 입력자리 표시(시간값 설정) - 인자 ppp=4 이면 동작모드이고 분과 초 사이 점멸 처리 - 점멸 부분(1행 8,9열, 2행 8,9열) 공백 표시(클리어)
❷	<초 1자리 설정 중에 대한 처리> - 커서 2행 9열로 옮겨 코드 5의 점멸 패턴 표시
❸	<초 10자리 설정 중에 대한 처리> - 커서 2행 8열로 옮겨 코드 5의 점멸 패턴 표시
❹	<분 1자리 설정 중에 대한 처리> - 커서 1행 9열로 옮겨 코드 5의 점멸 패턴 표시
❺	<초 1자리 설정 중에 대한 처리> - 커서 1행 8열로 옮겨 코드 5의 점멸 패턴 표시
❻	<동작 중에 대한 처리> - 초 1자리가 짝수이면 커서 1행 8열과 2행 8열에 코드5의 점멸 패턴 표시 - 초 1자리가 홀수이면 커서 1행 9열과 2행 9열에 코드5의 점멸 패턴 표시

```
// report12_1
// 2019. 8.6  by SHIN
// LCD 다운 카운터(큰 숫자 표시)
// 타이머1, 2 인터럽트 루틴에서 I2C LCD 표시 이상 발생
// LCD 표시는 loop() 함수에서 실행

#include <LiquidCrystal_I2C.h>                          // I2C LCD 헤더 파일
#include <MsTimer2.h>                                   // 타이머2 헤더 파일

uint8_t base_pat[6][8] = {                              // 6개 기본 패턴
      {0x1F, 0x1F, 0x00, 0x00, 0x00, 0x00, 0x00, 0x00},   // 코드 0 패턴
      {0x00, 0x00, 0x00, 0x00, 0x00, 0x00, 0x1F, 0x1F},   // 코드 1 패턴
      {0x1F, 0x1F, 0x00, 0x00, 0x00, 0x00, 0x1F, 0x1F},   // 코드 2 패턴
      {0x1F, 0x1F, 0x1F, 0x1F, 0x1F, 0x1F, 0x1F, 0x1F},   // 코드 3 패턴
      {0x0, 0x00, 0x00, 0x00, 0x00, 0x00, 0x00, 0x00},    // 코드 4 패턴
      {0x0, 0x00, 0x1F, 0x1F, 0x1F, 0x1F, 0x00, 0x00}};   // 코드 5 패턴(점멸부분)

const byte numpat_up[10][3] = {                         // 숫자 윗 부분
      {3, 0, 3}, {0, 3, 4}, {2, 2, 3}, {0, 2, 3}, {3, 1, 3},
      {3, 2, 2}, {3, 2, 2}, {0, 0, 3}, {3, 2, 3}, {3, 2, 3}};

const byte numpat_down[10][3] = {                       // 숫자 아래 부분
      {3, 1, 3}, {1, 3, 1}, {3, 1, 1}, {1, 1, 3}, {4, 4, 3},
      {1, 1, 3}, {3, 1, 3}, {4, 4, 3}, {3, 1, 3}, {1, 1, 3}};

const byte sw_pin[3] = {2, 3, 4};               // 스위치 연결 핀, 2: 자리 선택,
                                                // 3: 선택 자리 +1, 4: 동작/정지

const int  buzzer_pin = 13;                     // 부저 연결핀

volatile byte  mm10 = 1, mm1 = 2;               // 분 10자리, 1자리
volatile byte  ss10 = 3, ss1 = 4;               // 초 10자리, 1자리
byte           rrun = 0;                        // 동작(1)/정지(0)
boolean        buzzer = 0;                      // 부저 출력값(1: ON, 0: OFF)
boolean        buzzer_onoff = 0;                // 부저 동작 상태(0:정지, 1:동작)

byte  pos = 0;
byte  dpos;                                     // dpos(표시자리)
                                                // 0:초1, 1: 초10, 2:분1, 3:분10 자리
byte  mode = 2;                                 // mode = 0, dpos자리만 표시
                                                // mode = 1, 0~dpos 자리까지 표시
                                                // mode =2 표시할 사항 없음

void time_display(void);                        // 시간 표시 함수
void blink_disp(byte);                          // 시간 설정 : 입력자리 표시
                                                // 동작 중 : 분값 초값 경계 깜빡이 표시

LiquidCrystal_I2C myLCD(0x3F, 16, 2);           // myLCD 객체 생성
```

```
// 초기설정 함수
void setup()
{
	byte	m;

	for(m = 0;m < 3;m++)
		pinMode(sw_pin[m], INPUT);		// 스위치 연결 핀 입력 설정

	pinMode(buzzer_pin, OUTPUT);		// 부저 연결핀 출력 설정
	digitalWrite(buzzer_pin, buzzer);		// 부저 OFF

	myLCD.begin();				// LCD 초기화

	// 6개 기본 패턴 등록
	for(m = 0;m < 6;m++)
		myLCD.createChar(m, base_pat[m]);

	mode = 1;				// 초1자리 ~ dpos 자리까지 표시
	dpos = 3;				// 분10자리
	time_display();				// 시간 4자리(초1자리 ~ 분10자리) 표시
	blink_disp(pos);			// 분 초 경계 점멸 부분 표시(입력 모드)

	 // 타이머2 인터럽트 설정
	MsTimer2::set(1000, one_sec);		// 주기 1sec, 인터럽트 함수 one_sec() 설정
	MsTimer2::stop();			// 타이머2 동작 정지
}

// 반복처리 함수
void loop()
{
	boolean	o_sw[3], n_sw[3];
	byte	m;

	// SW1, SW2, SW3 첫 번째 상태 읽기
	for(m = 0;m < 3;m++) o_sw[m] = digitalRead(sw_pin[m]);

	// SW1, SW2, SW3 두 번째 상태 읽기
	delay(10);
	for(m = 0;m < 3;m++) n_sw[m] = digitalRead(sw_pin[m]);

	if(o_sw[0] == HIGH && n_sw[0] == LOW){			// SW1 눌려질 때: 자리 선택
		if(rrun == 0){					// 정지중에만 시간 입력
			pos = (pos + 1) % 4;			// 0 ~ 3
			blink_disp(pos);
		}
	}
	else if(o_sw[1] == HIGH && n_sw[1] == LOW){		// SW2 눌려질 때: 선택자리값+1
		if(rrun == 0){					// 정지중에만 시간 입력
			if(pos == 0) ss1 = (ss1 + 1) % 10;	// 초 1자리(0~9)
```

```
            else if(pos == 1) ss10 = (ss10 + 1) % 6;    // 초 10자리(0~5)
            else if(pos == 2) mm1 = (mm1 + 1) % 10;     // 분 1자리(0~9)
            else mm10 = (mm10 + 1) % 6;                 // 분 10자리(0~5)

            mode = 0;                                   // 입력자리만 표시
            dpos = pos;
        }
    }
    else if(o_sw[2] == HIGH && n_sw[2] == LOW){         // SW3눌려질 때 :동작/정지
        rrun = (rrun + 1) % 2;                          // 동작/정지 토글

        if(rrun == 0) {
            MsTimer2::stop();                           // 타이머2 정지
            buzzer = 0;                                 // 부저 출력값 0(OFF)
            buzzer_onoff = 0;                           // 부저 동작 상태 정지
            digitalWrite(buzzer_pin, buzzer);           // 부저 OFF 출력
            blink_disp(pos);                            // 시간 입력 상태로
        }
        else  {
            MsTimer2::start();                          // 타이머2 시작
            blink_disp(4);                              // 동작모드 점멸 부분 표시
        }
    }
    if(mode != 2) {
        time_display();                                 // 시간 4자리 표시
        if(rrun == 1) blink_disp(4);                    // 분 초 사이 점멸 표시
    }
}

// 타이머2 인터럽트 처리 함수(1초 주기)
// 동작 중일때 1sec 단위로 시간값 감소
void one_sec()
{
    if(ss1 == 0 && ss10 == 0 && mm10 == 0 && mm1 == 0) { // 시간값이 0이면
        if(buzzer_onoff == 1){                  // 부저 동작 상태이면
            buzzer = !buzzer;                   // 부저 출력값 반전
            digitalWrite(buzzer_pin, buzzer);   // 부저 출력값 출력
        }
        return;
    }

    if(ss1 == 0){                               // 초1자리 0이면
        if(ss10 == 0) {                         // 초10자리 0이면
            if(mm1 == 0){                       // 분 1자리 0이면
                mm1 = 9;                        // 분1자리 9
                mm10--;                         // 분10자리 -1
                ss1 = 9;                        // 초1자리 9
                ss10 = 5;                       // 초10자리 5
                mode = 1;                       // 초1자리 ~ dpos자리까지 표시
```

```
                    dpos = 3;                     // 분10자리
                }
                else {                            // 분 1자리가 0이 아니면 (분1자리 -1), 초값 59
                    ss1 = 9;                      // 초1자리 9
                    ss10 = 5;                     // 초10자리 5
                    mm1--;                        // 분1자리 -1
                    mode = 1;                     // 초1자리 ~ dpos자리까지 표시
                    dpos = 2;                     // 분1자리
                }
            }
            else {                                // 초 10자리가 0이 아니면 (초10자리 -1), 초1자리 9
                ss1 = 9;                          // 초1자리 9
                ss10--;                           // 초10자리 -1
                mode = 1;                         // 초1자리 ~ dpos자리까지 표시
                dpos = 1;                         // 초10자리
            }
        }
        else {                                    // 초 1자리가 0이 아니면 (초1자리 - 1)
            ss1--;                                // 초1자리 -1
            mode = 0;                             // dpos자리만 표시
            dpos = 0;                             // 초1자리
        }

        if(ss1 == 0 && ss10 == 0 &&
                mm10 == 0 && mm1 == 0){           // 1초 감소후 시간값이 0이면
            buzzer_onoff = 1;                     // 부저 동작 상태 ON
            buzzer = 1;                           // 부저 출력값 1
            digitalWrite(buzzer_pin, buzzer);     // 부저 출력 ON
        }
}

// 시간 표시 함수
// mode = 0, dpos자리만 표시(0:초1자리, 1: 초10자리, 2:분1자리, 3:분10자리)
// mode = 1, 0~dpos 자리까지 표시
void time_display()
{
        byte  m, tmp_md;

        tmp_md = mode;                                    // 표시 모드 백업
        mode = 2;                                         // 표시 종료

        if(dpos >= 3){    // 분 10자리 표시
            myLCD.setCursor(0, 0);                        // 윗부분 : 커서 1행 1열
            for(m = 0;m < 3;m++) myLCD.write(numpat_up[mm10][m]);

            myLCD.setCursor(0, 1);                        // 아랫부분 : 커서 2행 1열
            for(m = 0;m < 3;m++) myLCD.write(numpat_down[mm10][m]);

            if(tmp_md == 0) return;                       // 한 자리 표시모드이면 종료
```

```
    }

    if(dpos >= 2){   // 분 1자리 표시
        myLCD.setCursor(4, 0);                          // 윗부분 : 커서 1행 5열
        for(m = 0;m < 3;m++) myLCD.write(numpat_up[mm1][m]);

        myLCD.setCursor(4, 1);                          // 아랫부분 : 커서 2행 5열
        for(m = 0;m < 3;m++) myLCD.write(numpat_down[mm1][m]);

        if(tmp_md == 0) return;                         // 한 자리 표시모드이면 종료
    }

    if(dpos >= 1){   // 초 10자리 표시
        myLCD.setCursor(9, 0);                          // 윗부분 : 커서 1행 10열
        for(m = 0;m < 3;m++) myLCD.write(numpat_up[ss10][m]);

        myLCD.setCursor(9, 1);                          // 아랫부분 : 커서 2행 10열
        for(m = 0;m < 3;m++) myLCD.write(numpat_down[ss10][m]);

        if(tmp_md == 0) return;                         // 한 자리 표시모드이면 종료
    }

    if(dpos >= 0){   // 초 1자리 표시
        myLCD.setCursor(13, 0);                         // 윗부분 : 커서 1행 14열
        for(m = 0;m < 3;m++) myLCD.write(numpat_up[ss1][m]);

        myLCD.setCursor(13, 1);                         // 아랫부분 : 커서 2행 14열
        for(m = 0;m < 3;m++) myLCD.write(numpat_down[ss1][m]);
    }
}

// 입력자리 및 점멸 표시 함수
// 시간 입력 : 입력 자리 표시(pos = 0~3)
// 동작 중 : 분과 초 경계 점멸 동작(4)
void blink_disp(byte ppp)
{
    // 점멸 부분 클리어
    myLCD.setCursor(7, 0);                              // 윗부분 : 커서 1행 8열
    myLCD.write(4);                                     // 공백 출력(클리어)
    myLCD.write(4);                                     // 공백 출력

    myLCD.setCursor(7, 1);                              // 아랫부분 : 커서 2행 8열
    myLCD.write(4);                                     // 공백 출력(클리어)
    myLCD.write(4);                                     // 공백 출력

    // 표시/점멸 부분 새로 표시
    if(ppp == 0){                                       // 초 1자리 설정 중
        myLCD.setCursor(8, 1);                          // 표시 부분 우하(2행 9열)
        myLCD.write(5);                                 // 점멸 패턴(코드5) 출력
```

```
        }
        else if(ppp == 1){                          // 초 10자리 설정 중
            myLCD.setCursor(7, 1);                  // 표시 부분 좌하(2행 8열)
            myLCD.write(5);                         // 점멸 패턴(코드5) 출력
        }
        else if(ppp == 2){                          // 분 1자리 설정 중
            myLCD.setCursor(8, 0);                  // 표시 부분 우상(1행 9열)
            myLCD.write(5);                         // 점멸 패턴(코드5) 출력
        }
        else if(ppp == 3){                          // 분 10자리 설정 중
            myLCD.setCursor(7, 0);                  // 표시 부분 좌상(1행 8열)
            myLCD.write(5);                         // 점멸 패턴(코드5) 출력
        }
        else {                                      // 동작 중 분과 초사이 점멸
            if((ss1 % 2) == 0){                     // 초값이 짝수면 왼쪽 표시
                myLCD.setCursor(7, 0);              // 윗부분 : 커서 1행 8열
                myLCD.write(5);                     // 점멸 패턴(코드5) 출력

                myLCD.setCursor(7, 1);              // 아랫부분 : 커서 2행 8열
                myLCD.write(5);                     // 점멸 패턴(코드5) 출력
            }
            else {                                  // 초값이 홀수면 오른쪽 표시
                myLCD.setCursor(8, 0);              // 윗부분 : 커서 1행 9열
                myLCD.write(5);                     // 점멸 패턴(코드5) 출력

                myLCD.setCursor(8, 1);              // 아랫부분 : 커서 2행 9열
                myLCD.write(5);                     // 점멸 패턴(코드5) 출력
            }
        }
}
```

Chapter 13

LCD 시계

Chapter

13

LCD 시계

11장의 기본 패턴을 이용하여 시계를 구현해보자. [그림 13-1], [표 13-1]은 LCD에 표시되는 값과 기능을 나타내며, [표 13-2]는 스위치의 기능을 보여준다.

<table>
<tr><td>1</td><td>2</td><td>3</td><td>4</td><td>5</td><td>6</td><td>7</td><td>8</td><td>9</td><td>10</td><td>11</td><td>12</td><td>13</td><td>14</td><td>15</td><td>16</td></tr>
<tr><td>'A'/'T'</td><td colspan="3" rowspan="2">시
10자리</td><td></td><td colspan="3" rowspan="2">시
1자리</td><td></td><td colspan="3" rowspan="2">분
10자리</td><td></td><td colspan="3" rowspan="2">분
1자리</td></tr>
<tr><td>'종'</td><td></td><td></td><td></td></tr>
</table>

[그림 13-1] LCD 시계 표시

[표 13-1] LCD 기능 표시

LCD	기 능
1행1열	A(알람) 또는 T(시계) 표시
2행1열	알람 설정 시 '종' 문자 표시
1행2열-1행4열 2행2열-2행4열	시 10자리
1행6열-1행8열 2행6열-2행8열	시 1자리
1행 9열, 2행 9열	입력 자리에 따라 코드1~코드4([그림 13-3]) 점멸 표시 (분1자리 : 코드1, 분 10자리 : 코드2, 시 1자리 : 코드3, 시 10자리 : 코드4)
1행10열-1행12열 2행10열-2행12열	분 10자리
1행14열-1행16열 2행14열-2행16열	분 1자리

[표 13-2] 스위치 기능

스위치	기 능	비 고
SW1	자리 선택	- 시간 설정 00:00~23:59 - 시계와 알람 시간은 각각의 모드에서 설정
SW2	선택 자리 값 +1	
SW3	알람 설정/해제	- 알람이 설정되면 2행 1열에 '종' 표시
SW4	시계/알람 모드 토글 선택	- 시계 모드이면 1행 1열에 'T' 표시 - 알람 모드이면 1행 1열에 'A' 표시

[표 13-3], [그림 13-2]는 아두이노 연결핀과 연결 배선도를 보여준다.

[표 13-3] 아두이노 보드 연결핀

아두이노 보드	LCD, 스위치, 부저
SCL(A5)	SCL(LCD)
SDA(A4)	SDA(LCD)
2	SW1
3	SW2
4	SW3
5	SW4
13	부저

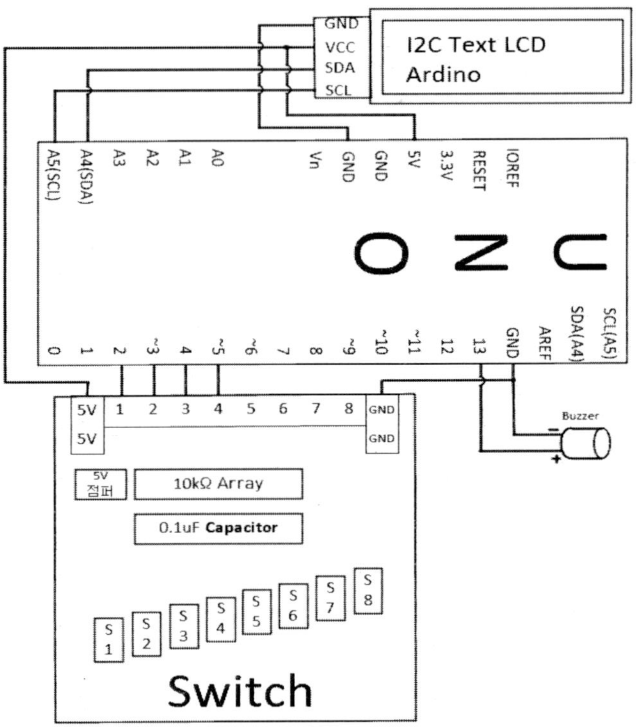

[그림 13-2] 아두이노 연결 배선도

[그림 13-3]은 LCD에 크게 표시할 기본 패턴과 '종'을 표시하기 위한 패턴을 보여준다, [그림 13-4]는 기본 패턴을 토대로 1행과 2행에 크게 표시할 숫자 패턴 구성을 보여준다.

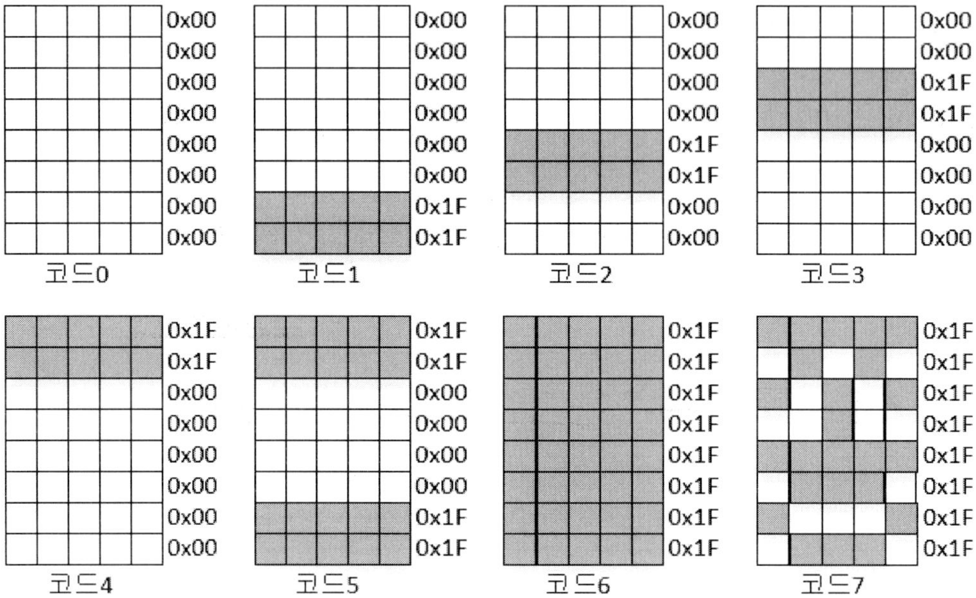

[그림 13-3] 기본 패턴

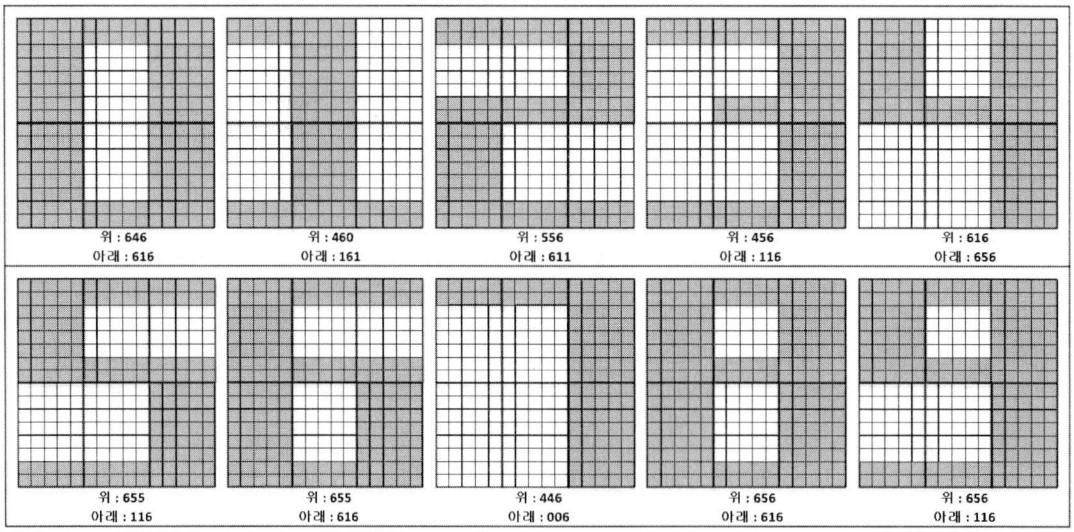

[그림 13-4] 숫자 패턴

LCD 시계 구현을 위한 전체 처리 흐름도는 [그림 13-5]와 같고, 인터럽트 함수는 반복 처리 loop() 함수가 실행되면서 인터럽트가 발생할 때마다 자동으로 실행된다.

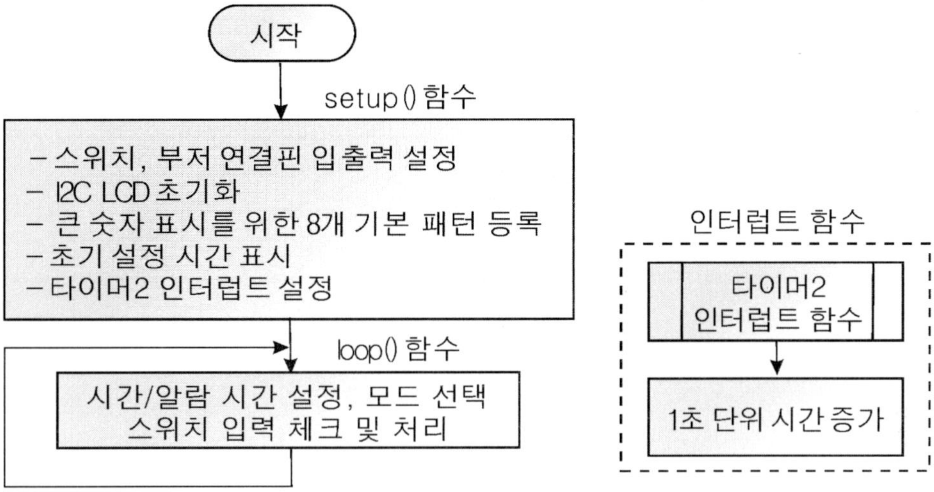

[그림 13-5] LCD 시계 처리 흐름도

〈프로그램 설명〉

❶
```
#include <LiquidCrystal_I2C.h>                    // I2C LCD 헤더 파일
#include <MsTimer2.h>                             // 타이머2 헤더 파일
```

❷
```
uint8_t base_pat[8][8] = {                                    // 8개 기본 패턴
      {0x00, 0x00, 0x00, 0x00, 0x00, 0x00, 0x00, 0x00},       // 코드 0 패턴
      {0x00, 0x00, 0x00, 0x00, 0x00, 0x00, 0x1F, 0x1F},       // 코드 1 패턴
      {0x00, 0x00, 0x00, 0x00, 0x1F, 0x1F, 0x00, 0x00},       // 코드 2 패턴
      {0x00, 0x00, 0x1F, 0x1F, 0x00, 0x00, 0x00, 0x00},       // 코드 3 패턴
      {0x1F, 0x1F, 0x00, 0x00, 0x00, 0x00, 0x00, 0x00},       // 코드 4 패턴
      {0x1F, 0x1F, 0x00, 0x00, 0x00, 0x00, 0x1F, 0x1F},       // 코드 5 패턴
      {0x1F, 0x1F, 0x1F, 0x1F, 0x1F, 0x1F, 0x1F, 0x1F},       // 코드 6 패턴
      {0x1F, 0x0A, 0x15, 0x04, 0x1F, 0x0E, 0x11, 0x0E}};      // 코드 7 패턴(종)
```

❸
```
const byte numpat_up[10][3] = {                        // 숫자 0~9 위 부분 코드 구성
    {6, 4, 6}, {4, 6, 0}, {5, 5, 6}, {4, 5, 6}, {6, 1, 6},
    {6, 5, 5}, {6, 5, 5}, {4, 4, 6}, {6, 5, 6}, {6, 5, 6}};

const byte numpat_down[10][3] = {                      // 숫자 0~9 아래 부분 코드 구성
    {6, 1, 6}, {1, 6, 1}, {6, 1, 1}, {1, 1, 6}, {0, 0, 6},
    {1, 1, 6}, {6, 1, 6}, {0, 0, 6}, {6, 1, 6}, {1, 1, 6}};
```

❹
```
const int sw_pin[4] = {2, 3, 4, 5};                    // 스위치 연결 핀 : 2, 3, 4, 5
                                                       // 2: 자리 선택, 3: 선택 자리 +1,
                                                       // 4: 알람설정, 5:시계/알람 모드

const int  buzzer_pin = 13;                            // 부저 연결핀
```

❶	- I2C LCD 사용을 위한 헤더 파일 - 1초 측정을 위해 사용할 타이머2 헤더 파일
❷	- 큰 숫자를 만들어 표시하기 위한 7개의 기본 패턴과 알람 설정 표시를 위한 '종' 패턴
❸	- 1행과 2행에 각각 3개의 기본 패턴을 표시하여 0~9의 숫자를 크게 표시하기 위한 코드 구성
❹	- 4개의 스위치 아두이노 연결핀 - 부저 연결핀

❶

```
volatile byte  t_h = 12, t_m = 34, t_s = 56;        // 시작 시간 12시 34분 56초
volatile byte  al_h = 12, al_m = 40, al_s = 0;      // 알람 시간 12시 40분
byte           mode = 0;                             // 모드(0:시계, 1:알람)
byte           alarm = 0;                            // 알람 설정(0:비설정, 1: 설정)
volatile byte  al_onoff = 0;                         // 알람 동작 상태(1: ON, 0: OFF)
volatile byte  al_buzzer = 0;                        // 부저 출력값(1: ON, 0: OFF)
volatile byte  sec_blink = 0;                        // 초 점멸 부분 표시 여부
                                                     // (1 : 표시, 0 : 안함)
```

❷

```
// 입력 자리 선택(0 -> 1 -> 2 -> 3 -> 0 -> 1...)
// (0:초 1자리, 1 : 초 10자리, 2, 분 1자리, 3 : 분 10자리)
byte  pos = 0;                     // 입력할 자리(분 1자리)
byte  dpos = 0;                    // dpos(표시 자리) => 0:분1, 1:분10, 2:시1, 3:시10
byte  dsp_mode = 2;                // dsp_mode = 0 :  dpos 자리만 표시
                                   // dsp_mode = 1 :  0~dpos 자리까지 표시
                                   // dsp_mode = 2 : 표시할 사항 없음
```

❸

```
void  time_setting();              // 시간 설정 함수
void  alarm_setting();             // 알람 설정 함수
void  time_display(void);          // 시간 표시 함수
void  mode_display(void);          // 모드(시계/알람) , 알람설정 표시 함수
void  blink_display(byte);         // 시간 설정 :입력자리 표시
                                   // 동작 중 : 분값 초값 경계 깜빡이 표시

LiquidCrystal_I2C myLCD(0x3F, 16, 2);      // myLCD 객체 생성
```

❶	<사용 변수> – 시계 시간, 분, 초 값 변수자리 변수(초기 값 12:34:560) – 알람 시간 분, 초 값 변수(초기 값 12:40:00) – 시계/알람 모드 변수(0:시계, 1:알람) – 알람 설정/비설정 변수(1 : 설정, 0 : 비설정) – 알람 동작 상태(1 : 동작, 0 : 정지) – 부저 출력값(1 : ON, 0 : OFF) – 초 점멸 표시 여부(1 : 새로 표시, 0 : 안함)
❷	– 입력 자리 지정 변수 – 표시 자리 지정 변수 – 표시 모드(한 자리만 표시 또는 여러 자리 표시 지정)
❸	<사용자 정의 함수> – 시계 시간 설정 함수 – 알람 시간 설정함수 – 시간 표시 함수 – 시계/알람 모드 표시 함수 – 입력 자리 및 점멸 표시 함수 – I2C LCD 객체 생성(디바이스 어드레스, 16열, 2행)

❶	<pre>// 초기설정 함수
	void setup()
	{
	    byte m;
	
	    for(m = 0;m < 4;m++)
	        pinMode(sw_pin[m], INPUT); // 스위치 연결 핀 입력 설정
	
	    pinMode(buzzer_pin, OUTPUT); // 부저 연결핀 출력 설정
	    digitalWrite(buzzer_pin, al_buzzer); // 부저 OFF</pre>

❷	<pre> myLCD.begin(); // LCD 초기화
	
	    // 8개 기본 패턴 등록
	    for(m = 0;m < 8;m++) myLCD.createChar(m, base_pat[m]);</pre>

❸	<pre> dsp_mode = 1; // 0~dpos 자리까지 표시
	    dpos = 3; // 표시 위치 시간 10자리
	    time_display(); // 시간 4자리 표시
	    mode_display(); // 모드 표시
	    blink_display(pos); // 시/분 경계 점멸부분 표시(입력모드)</pre>

❹	<pre> // 타이머2 인터럽트 설정
	    MsTimer2::set(1000, one_sec); // 1초 주기, 인터럽트 함수 설정
	    MsTimer2::start(); // 타이머2 동작 시작
	}</pre>

❶	<setup() : 초기 설정 함수> - 4개의 스위치 아두이노 연결핀 입력 설정 - 부저 연결핀 출력 설정하고, 부저 OFF 상태 출력
❷	- I2C LCD 초기화 - 8개의 기본 코드 등록(코드값은 0~7)
❸	- 시간 표시 함수 모드 설정(0~dpos 자리까지 표시) - 시간 4자리 표시 : time_display() - 모드 표시 : mode_display() - 시/분 경계 점멸 부분 표시 : blink_display()
❹	- 타이머2 1초 주기 및 인터럽트 함수 one_sec() 설정하고, 동작 시작

❶

```
// 반복처리 함수
void loop()
{
      boolean  o_sw[4], n_sw[4];
      byte  m;

      // SW1~SW4 첫 번째 상태 읽기
      for(m = 0;m < 4;m++) o_sw[m] = digitalRead(sw_pin[m]);

      // SW1~SW4 두 번째 상태 읽기
      delay(10);
      for(m = 0;m < 4;m++) n_sw[m] = digitalRead(sw_pin[m]);
```

❷

```
      if(o_sw[0] == HIGH && n_sw[0] == LOW){   // SW1 눌려질때 : 입력자리 +1
            pos  = (pos + 1) % 4;              // 0~3(시10, 시1, 분10, 분1)
            blink_display(pos);                // 새 입력자리 표시
      }
```

❸

```
      else if(o_sw[1] == HIGH && n_sw[1] == LOW){ // SW2 눌려질 때
            // 입력자리값+1
            if(mode == 0) time_setting();      // 시간 설정
            else alarm_setting();              // 알람시간 설정

            dsp_mode = 0;                      // 한 자리만 표시
            dpos = pos;                        // pos 자리만 표시
            time_display();                    // 새 시간 표시
      }
```

❹

```
      else if(o_sw[2] == HIGH && n_sw[2] == LOW){ // SW3 눌려질 때
            // 알람설정/해제
            alarm = (alarm + 1) % 2;           // 알람 설정/비설정 반전
            if(al_onoff == 1) {                // 알람동작상태이면
                  al_onoff = 0;                // 알람 OFF
                  digitalWrite(buzzer_pin, LOW);   // 부저 출력 OFF
            }
            mode_display();                    // 모드 표시
      }
```

❺

```
      else if(o_sw[3] == HIGH && n_sw[3] == LOW){ // SW4 눌려질 때
            // 시계/알람 모드 선택
            mode = (mode + 1) % 2;             // 시계/알람 모드 반전

            mode_display();                    // 모드 표시
            dsp_mode = 1;                      // 시간(시계 또는 알람) 새로 표시
            dpos = 3;                          // 시간 10자리
            time_display();                    // 분1자리~시간10자리 표시
            if(mode == 1) blink_display(pos);  // 알람모드 점멸표시(고정)
      }
```

```
      if(dsp_mode != 2) time_display();        // 시간 새로 표시
      if(sec_blink == 1) blink_display(pos);   // 초 점멸 표시
}
```

❶	<loop() : 반복 처리 함수> – 4개 스위치 10ms 간격 두고 2번씩 읽어 상태 저장
❷	– SW1이 눌려지는 순간 입력 자리 이동하고, 선택 자리 표시 : blink_display()
❸	– SW2가 눌려지는 순간 – 시계 모드이면 시계 시간 설정 함수 호출 : time_setting() – 알람 모드이면 알람 시간 설정 함수 호출 : alarm_settng() – 표시 모드는 변경된 자리 한 자리만 표시하도록 하고 시간 표시 : time_display()
❹	– SW3이 눌려지는 순간 알람 설정/해제 토글 처리 – 현재 알람 동작 상태이면 알람 동작 상태 OFF 시키고, 부저 출력도 OFF – 변경된 모드 2행 1열에 표시
❺	– SW4가 눌려지는 순간 시계/알람 모드 토글 처리 – 변경된 모드 1행 1열에 표시 : mode_display() – 시간(시계 또는 알람)을 새로 표시하기 위해 시간 표시 : time_display() – 알람 모드이면 점멸부분 고정 표시(입력자리) : blink_display(pos)
❺	– 표시 모드가 2가 아니면 시간 새로 표시 : time_display() – 초 점멸 부분 표시 상태이면 점멸 부분 표시 : blink_display(pos)

❶	// 타이머2 인터럽트 처리 함수(1초 주기)
	// 동작 중일 때 1초 단위로 시간값 증가
	void one_sec()
	{
	    if(mode == 0) sec_blink = 1;　　　　// 시계 모드이면 초 점멸 표시
	
	    t_s++;　　　　// 1초 증가

❷	if(t_s == 60){　　　　// 60초면 분 증가
	        t_s = 0;　　　　// 초값 0
	        t_m++;　　　　// 분값 +1
	
	        if(t_m == 60) {　　　　// 60분이면 시간 증가
	            t_m = 0;　　　　// 분값 0
	            t_h++;　　　　// 시간값 +1
	            if(t_h == 24) t_h = 0;　　　　// 24시이면 0시로
	            dpos = 3;　　　　// 시간 10자리부터
	            dsp_mode = 1;　　　　// 분 1자리까지 새로 표시
	        }
	        else {　　　　// 분값이 60이 아니면
	            dpos = 1;　　　　// 분 10자리부터
	            dsp_mode = 1;　　　　// 분 1자리까지 새로 표시
	        }
	    }

❸	if(alarm == 1 && al_onoff == 0){　　　　// 알람설정 모드이고
	　　　　// 알람이 동작상태가 아니면
	        if(t_h == al_h && t_m == al_m){　　　　// 알람 시간 일치하면
	            al_onoff = 1;　　　　// 알람동작상태 ON
	            al_buzzer = 1;　　　　// 부저 출력값 1(ON)
	            digitalWrite(buzzer_pin, al_buzzer);　　　　// 부저 출력값 출력
	        }
	    }

❹	else if(al_onoff == 1){　　　　// 알람동작상태이면
	        al_buzzer = !al_buzzer;　　　　// 부저 출력값 반전
	        digitalWrite(buzzer_pin, al_buzzer);　　　　// 부저 출력값 출력
	    }
	}

❶	<one_sec() : 1초 주기 타이머2 인터럽트 함수> – 시계 모드이면 초 점멸 표시 변수 셋 – 시계 초값 +1
❷	<초 값이 60이 된 경우> – 초 값을 0으로 하고 분값을 +1 <분 값이 60인 경우> – 분 값을 0으로 하고 시간 값을 +1한다. 이때 시간 값이 24이면 시간값을 0으로 하고, 시간 10자리부터 분1자리까지 표시하는 모드로 설정 <분 값이 60이 아닌 경우> – 분10자리와 분1자리를 표시하는 모드로 설정
❸	< 알람 설정 모드이고 부저가 동작 상태가 아닌 경우에 대한 처리> – 현재 시계 시간과 알람 시간이 일치하면 부저를 동작 상태로 하고 부저 ON 출력
❹	<부저 동작 상태인 경우에 대한 처리> – 부저 출력을 반전하여 출력(뚜–뚜– 소리가 나도록)

	`// 시간 표시 함수`
	`// dsp_mode = 0, dpos자리만 표시(0:초1자리, 1: 초10자리, 2:분1자리, 3:분10자리)`
	`// dsp_mode = 1, 0~dpos 자리까지 표시`
	`void time_display()`
	`{`
	`    byte  m, tmp_md, tt, hh, mm;`

❶	`    if(mode == 0){                          // 시계 모드`
	`        hh = t_h;                           // 시계 시간 값을 표시값으로 저장`
	`        mm = t_m;`
	`    }`
	`    else {                                  // 알람 모드`
	`        hh = al_h;                          // 알람 시간 값을 표시값으로 저장`
	`        mm = al_m;`
	`    }`

❷	`    tmp_md = dsp_mode;                      // 표시 모드 백업`
	`    dsp_mode = 2;                           // 표시 종료`

❸	`    if(dpos >= 3){                          // 시간 10자리 표시`
	`        tt = hh / 10;                       // 시간 10자리`
	`        myLCD.setCursor(1, 0);              // 윗부분 : 커서 1행 2열`
	`        for(m = 0;m < 3;m++) myLCD.write(numpat_up[tt][m]);`
	
	`        myLCD.setCursor(1, 1);              // 아랫부분 : 커서 2행 2열`
	`        for(m = 0;m < 3;m++) myLCD.write(numpat_down[tt][m]);`
	
	`        if(tmp_md == 0) return;             // 한 자리 표시모드면 종료`
	`    }`

❹	`    if(dpos >= 2){                          // 시간 1자리 표시`
	`        tt = hh % 10;                       // 시간 1자리`
	`        myLCD.setCursor(5, 0);              // 윗부분 : 커서 1행 6열`
	`        for(m = 0;m < 3;m++) myLCD.write(numpat_up[tt][m]);`
	
	`        myLCD.setCursor(5, 1);              // 아랫부분 : 커서 2행 6열`
	`        for(m = 0;m < 3;m++) myLCD.write(numpat_down[tt][m]);`
	
	`        if(tmp_md == 0) return;             // 한 자리 표시모드면 종료`
	`    }`

❺	`    if(dpos >= 1){                          // 분 10자리 표시`
	`        tt = mm / 10;                       // 분 10자리`
	`        myLCD.setCursor(9, 0);              // 윗부분 : 커서 1행 10열`
	`        for(m = 0;m < 3;m++) myLCD.write(numpat_up[tt][m]);`
	
	`        myLCD.setCursor(9, 1);              // 아랫부분 : 커서 2행 10열`
	`        for(m = 0;m < 3;m++) myLCD.write(numpat_down[tt][m]);`
	
	`        if(tmp_md == 0) return;             // 한 자리 표시모드면 종료`
	`    }`

❻

```
    if(dpos >= 0){                                          // 분 1자리 표시
        tt = mm % 10;                                       // 분 1자리
        myLCD.setCursor(13, 0);                             // 윗부분 : 커서 1행 14열
        for(m = 0;m < 3;m++) myLCD.write(numpat_up[tt][m]);

        myLCD.setCursor(13, 1);                             // 아랫부분 : 커서 2행 14열
        for(m = 0;m < 3;m++) myLCD.write(numpat_down[tt][m]);
    }
}
```

❶	<tme_display() : 시간 표시 함수> - 시계 모드이면 시계 시간 값을 표시 변수에 복사 - 알람 모드이면 알람 시간 값을 표시 변수에 복사
❷	- 현재 표시 모드 백업 - 표시 모드는 표시 종료 상태로 설정
❸	- 표시 자리 변수가 3이상이면 표시 변수의 시간 10자리값을 1행 2열과 2행 2열부터 3칸에 표시 - 표시 모드가 한 자리 표시 모드이면 함수 종료
❹	- 표시 자리 변수가 2이상이면 표시 변수의 시간 1자리값을 1행 6열과 2행 6열부터 3칸에 표시 - 표시 모드가 한 자리 표시 모드이면 함수 종료
❺	- 표시 자리 변수가 1이상이면 표시 변수의 분 10자리값을 1행 10열과 2행 10열부터 3칸에 표시 - 표시 모드가 한 자리 표시 모드이면 함수 종료
❻	- 표시 자리 변수가 0이상이면 표시 변수의 분 1자리값을 1행 14열과 2행 14열부터 3칸에 표시

❶	// 모드 표시 함수
	// LCD 맨 왼쪽 시계/알람 시간 표시 모드(1행 1열), 알람 설정 여부(2행 1열)
	void mode_display()
	{
	    // 동작 모드 표시
	    myLCD.setCursor(0, 0); // 윗부분 : 커서 1행 1열
	    if(mode == 0) myLCD.write('T'); // 시계 모드이면 'T' 표시
	    else myLCD.write('A'); // 알람 모드이면 'A' 표시

❷	// 알람 설정('종') 표시
	    myLCD.setCursor(0, 1); // 아랫부분 : 커서 2행 1열
	    if(alarm == 0) myLCD.write(0); // 알람 미설정
	    else myLCD.write(7); // 알람 설정이면 '종' 표시
	}

❶	<mode_display() : 시계/알람 모드 표시와 알람 설정 표시 함수> - 1행 1열에 시계 모드이면 'T'를 표시하고, 알람 모드이면 'A' 표시
❷	- 2행 1열에 알람 설정 상태이면 '종' 문자 표시

❶	```
	// 입력자리 및 점멸 표시 함수
	// 시간 입력 : 입력 자리 표시(ppp = 0~3)
	// 동작 중 : 분과 초 경계 점멸 동작(4)
	void blink_display(byte ppp)
	{
	    // 점멸 부분 클리어
	    myLCD.setCursor(8, 0); // 윗부분 : 커서 1행 9열
	    myLCD.write(0); // 공백 표시(클리어)
	
	    myLCD.setCursor(8, 1); // 아랫부분 : 커서 2행 9열
	    myLCD.write(0); // 공백 표시(클리어)
	``

❷	```
	    // 점멸 부분 표시
	    if(mode == 1 || (t_s % 2) == 0){ // 알람 모드이거나 초값이 짝수일 때
	        myLCD.setCursor(8, 0); // 1행 9열
	        myLCD.write(ppp + 1); // pos + 1 패턴 표시
	        myLCD.setCursor(8, 1); // 2행 9열
	        myLCD.write(ppp + 1); // pos + 1 패턴 표시
	    }
	    sec_blink = 0; // 초 점멸 표시부분 표시 OFF
	}
	``

❶	<blink_display() : 초값 짝수일 때 입력 자리 점멸 표시 함수> - 점멸 부분(1행9열, 2행 9열) 표시 클리어
❷	- 알람 모드이거나 초값이 짝수이면 현재 입력 자리 ppp에 맞춰 코드1~3 표시 (알람 모드에서는 입력자리 위치 계속 표시하고, 시계 모드에서는 1초 간격으로 입력자리 위치 ON/OFF 점멸 표시) - 초 점멸 표시 변수 클리어

❶

```
// 시계 시간 설정 함수
void time_setting()
{
    byte    tmp;

    if(pos == 0) {                                  // 입력자리 분 1자리이면
        tmp = t_m % 10;                             // 분 값에서 분 1자리 추출
        tmp = (tmp + 1) % 10;                       // 분 1자리 +1(0~9)
        t_m = (t_m / 10) * 10 + tmp;                // 분 값 갱신
    }
```

❷

```
    else if(pos == 1){                              // 입력자리 분 10자리이면
        tmp = t_m / 10;                             // 분 값에서 분 10자리 추출
        tmp = (tmp + 1) % 6;                        // 분 10자리 +1(0~5)
        t_m = tmp * 10 + (t_m % 10);                // 분 값 갱신
    }
```

❸

```
    else if(pos == 2) {                             // 입력자리 시 1자리이면
        tmp = t_h % 10;                             // 시 값에서 시 1자리 추출
        tmp = (tmp + 1) % 10;                       // 시 1자리 +1(0~9)
        if((t_h / 10) == 2 && tmp > 3) tmp = 0;     // 23시 넘지 않도록
        t_h = (t_h / 10) * 10 + tmp;                // 시 값 갱신
    }
```

❹

```
    else {                                          // 입력자리 시 10자리이면
        tmp = t_h / 10;                             // 시 값에서 시 10자리 추출
        tmp = (tmp + 1) % 3;                        // 시 10자리 +1(0~2)
        if((t_h % 10) > 3 && tmp == 2) tmp = 0;     // 23시 넘지 않도록
        t_h = tmp * 10 + (t_h % 10);                // 시 값 갱신
    }
}
```

❶	<time_setting() : 시계 시간 설정 함수> – 입력 자리가 분 1자리이면 분 1자리값 +1(0~9 반복)
❷	– 입력 자리가 분 10자리이면 분 1자리값 +1(0~5 반복)
❸	– 입력 자리가 시간 1자리이면 시간 1자리값 +1 – 시간의 10자리가 2이고 시간의 1자리값이 3보다 큰 경우에는 시간 1자리 값을 0으로 리셋
❹	– 입력 자리가 시간 10자리이면 시간 10자리값 +1 – 시간의 1자리가 3보다 크고 시간의 10자리가 2이면 시간의 10자리를 0으로 리셋

❶	`// 알람 시간 설정 함수`
	`void alarm_setting()`
	`{`
	`byte tmp;`
	
	`if(pos == 0) {  // 입력자리 분 1자리이면`
	`tmp = al_m % 10;  // 분 값에서 분 1자리 추출`
	`tmp = (tmp + 1) % 10;  // 분 1자리 +1(0~9)`
	`al_m = (al_m / 10) * 10 + tmp;  // 분 값 갱신`
	`}`

❷	`else if(pos == 1){  // 입력자리 분 10자리이면`
	`tmp = al_m / 10;  // 분 값에서 분 10자리 추출`
	`tmp = (tmp + 1) % 6;  // 분 10자리 +1(0~5)`
	`al_m = tmp * 10 + (al_m % 10);  // 분 값 갱신`
	`}`

❸	`else if(pos == 2) {  // 입력자리 시 1자리이면`
	`tmp = al_h % 10;  // 시 값에서 시 1자리 추출`
	`tmp = (tmp + 1) % 10;  // 시 1자리 +1(0~9)`
	`if((al_h / 10) == 2 && tmp > 3) tmp = 0;  // 23시 넘지 않도록`
	`al_h = (al_h / 10) * 10 + tmp;  // 시 값 갱신`
	`}`

❹	`else {  // 입력자리 시 10자리이면`
	`tmp = al_h / 10;  // 시 값에서 시 10자리 추출`
	`tmp = (tmp + 1) % 3;  // 시 10자리 +1(0~2)`
	`if((al_h % 10) > 3 && tmp == 2) tmp = 0;  // 23시 넘지 않도록`
	`al_h = tmp * 10 + (al_h % 10);  // 시 값 갱신`
	`}`

```
// 알람 시간 설정 함수
void alarm_setting()
{
	byte	tmp;

	if(pos == 0) {						// 입력자리 분 1자리이면
		tmp = al_m % 10;				// 분 값에서 분 1자리 추출
		tmp = (tmp + 1) % 10;				// 분 1자리 +1(0~9)
		al_m = (al_m / 10) * 10 + tmp;			// 분 값 갱신
	}
	else if(pos == 1){					// 입력자리 분 10자리이면
		tmp = al_m / 10;				// 분 값에서 분 10자리 추출
		tmp = (tmp + 1) % 6;				// 분 10자리 +1(0~5)
		al_m = tmp * 10 + (al_m % 10);			// 분 값 갱신
	}
	else if(pos == 2) {					// 입력자리 시 1자리이면
		tmp = al_h % 10;				// 시 값에서 시 1자리 추출
		tmp = (tmp + 1) % 10;				// 시 1자리 +1(0~9)
		if((al_h / 10) == 2 && tmp > 3) tmp = 0;	// 23시 넘지 않도록
		al_h = (al_h / 10) * 10 + tmp;			// 시 값 갱신
	}
	else {							// 입력자리 시 10자리이면
		tmp = al_h / 10;				// 시 값에서 시 10자리 추출
		tmp = (tmp + 1) % 3;				// 시 10자리 +1(0~2)
		if((al_h % 10) > 3 && tmp == 2) tmp = 0;	// 23시 넘지 않도록
		al_h = tmp * 10 + (al_h % 10);			// 시 값 갱신
}
```

❶	<alarm_setting() : 알람 시간 설정 함수> - 입력 자리가 분 1자리이면 분 1자리값 +1(0~9 반복)
❷	- 입력 자리가 분 10자리이면 분 1자리값 +1(0~5 반복)
❸	- 입력 자리가 시간 1자리이면 시간 1자리값 +1 - 시간의 10자리가 2이고 시간의 1자리값이 3보다 큰 경우에는 0으로 시간 1자리 값을 리셋
❹	- 입력 자리가 시간 10자리이면 시간 10자리값 +1 - 시간의 1자리가 3보다 크고 시간의 10자리가 2이면 시간의 10자리를 0으로 리셋

[리스트 13-1] LCD 시계 프로그램

```
// report13
// 2019. 8.6 by SHIN
// LCD 시계(큰 숫자 표시)
// 타이머1, 2 인터럽트 루틴에서 I2C LCD 표시 이상 발생
// LCD 표시는 loop() 함수에서 실행
// LCD 위 맨 왼쪽(1열) 표시 알람 설정 여부 표시('종')
// LCD 아래 맨 왼쪽(1열) T/A(시계/알람) 모드 표시

#include <LiquidCrystal_I2C.h>                          // I2C LCD 헤더 파일
#include <MsTimer2.h>                                   // 타이머2 헤더 파일

uint8_t base_pat[8][8] = {                              // 8개 기본 패턴
        {0x00, 0x00, 0x00, 0x00, 0x00, 0x00, 0x00, 0x00},   // 코드 0 패턴
        {0x00, 0x00, 0x00, 0x00, 0x00, 0x00, 0x1F, 0x1F},   // 코드 1 패턴
        {0x00, 0x00, 0x00, 0x00, 0x1F, 0x1F, 0x00, 0x00},   // 코드 2 패턴
        {0x00, 0x00, 0x1F, 0x1F, 0x00, 0x00, 0x00, 0x00},   // 코드 3 패턴
        {0x1F, 0x1F, 0x00, 0x00, 0x00, 0x00, 0x00, 0x00},   // 코드 4 패턴
        {0x1F, 0x1F, 0x00, 0x00, 0x00, 0x00, 0x1F, 0x1F},   // 코드 5 패턴
        {0x1F, 0x1F, 0x1F, 0x1F, 0x1F, 0x1F, 0x1F, 0x1F},   // 코드 6 패턴
        {0x1F, 0x0A, 0x15, 0x04, 0x1F, 0x0E, 0x11, 0x0E}};  // 코드 7 패턴(종)

const byte numpat_up[10][3] = {                         // 숫자 윗 부분
      {6, 4, 6}, {4, 6, 0}, {5, 5, 6}, {4, 5, 6}, {6, 1, 6},
      {6, 5, 5}, {6, 5, 5}, {4, 4, 6}, {6, 5, 6}, {6, 5, 6}};

const byte numpat_down[10][3] = {                       // 숫자 아래 부분
      {6, 1, 6}, {1, 6, 1}, {6, 1, 1}, {1, 1, 6}, {0, 0, 6},
      {1, 1, 6}, {6, 1, 6}, {0, 0, 6}, {6, 1, 6}, {1, 1, 6}};

const int sw_pin[4] = {2, 3, 4, 5};                     // 스위치 연결 핀 : 2, 3, 4, 5
                                                        // 2:자리선택, 3:선택 자리+1
                                                        // 4:알람설정, 5:시계/알람 모드

const int  buzzer_pin = 13;                             // 부저 연결핀

volatile byte  t_h = 12, t_m = 34, t_s = 56;            // 시작 시간(12시 34분 56초)
volatile byte  al_h = 12, al_m = 40, al_s = 0;          // 알람 시간(12시 40분)
byte           mode = 0;                                // 모드(0:시계, 1:알람)
byte           alarm = 0;                               // 알람 설정(0:비설정, 1: 설정)
volatile byte  al_onoff = 0;                            // 알람 동작 상태(1:ON, 0:OFF)
volatile byte  al_buzzer = 0;                           // 부저 출력값(1:ON, 0:OFF)
volatile byte  sec_blink = 0;                           // 초 점멸 부분 표시 여부
                                                        // (1 : 새로 표시, 0 : 안함)

byte  pos = 0;                          // 입력 자리(0 -> 1 -> 2 -> 3 -> 0 -> 1...)
                                        // (0: 분1자리, 1: 분10자리, 2: 시1자리, 3: 시10자리)
byte  dpos = 0;                         // dpos(표시 자리) => 0:분1, 1:분10, 2:시1, 3:시10
byte  dsp_mode = 2;                     // dsp_mode = 0 : dpos 자리만 표시
```

```
                                             // dsp_mode = 1 : 0~dpos 자리까지 표시
                                             // dsp_mode = 2 : 표시할 사항 없음

void  time_setting();                        // 시간 설정 함수
void  alarm_setting();                       // 알람 설정 함수
void  time_display(void);                    // 시간 표시 함수
void  mode_display(void);                    // 모드(시계/알람), 알람 설정 표시
void  blink_display(byte);                   // 시간 설정 : 입력자리 표시
                                             // 동작 중 : 분값 초값 경계 깜빡이 표시

LiquidCrystal_I2C myLCD(0x3F, 16, 2);        // myLCD 객체 생성

// 초기설정 함수
void setup()
{
      byte  m;

      for(m = 0;m < 4;m++)
            pinMode(sw_pin[m], INPUT);       // 스위치 연결 핀 입력 설정

      pinMode(buzzer_pin, OUTPUT);           // 부저 연결핀 출력 설정
      digitalWrite(buzzer_pin, al_buzzer);   // 부저 OFF

      myLCD.begin();                         // LCD 초기화

      // 8개 기본 패턴 등록
      for(m = 0;m < 8;m++) myLCD.createChar(m, base_pat[m]);

      dsp_mode = 1;                          // 0~dpos 자리까지 표시
      dpos = 3;                              // 표시 위치 시간 10자리
      time_display();                        // 시간 4자리 표시
      mode_display();                        // 모드 표시
      blink_display(pos);                    // 분/초경계 점멸부분 표시(입력모드)

      // 타이머2 인터럽트 설정
      MsTimer2::set(1000, one_sec);          // 1초 주기, 인터럽트 함수 설정
      MsTimer2::start();                     // 타이머2 동작 시작
}

// 반복처리 함수
void loop()
{
      boolean  o_sw[4], n_sw[4];
      byte  m;

      // SW1~SW4 첫 번째 상태 읽기
      for(m = 0;m < 4;m++) o_sw[m] = digitalRead(sw_pin[m]);

      // SW1~SW4 두 번째 상태 읽기
```

```
        delay(10);
        for(m = 0;m < 4;m++) n_sw[m] = digitalRead(sw_pin[m]);

        if(o_sw[0] == HIGH && n_sw[0] == LOW){               // SW1 눌려질때 : 입력자리 +1
                pos  = (pos + 1) % 4;                         // 0~3(시10, 시1, 분10, 분1)
                blink_display(pos);                           // 새 입력자리 표시
        }
        else if(o_sw[1] == HIGH && n_sw[1] == LOW){          // SW2 눌려질 때
                // 입력자리값+1
                if(mode == 0) time_setting();                 // 시간 설정
                else alarm_setting();                         // 알람시간 설정

                dsp_mode = 0;                                 // 1자리만 표시
                dpos = pos;                                   // pos 자리만 표시
                time_display();                               // 새 시간 표시
        }
        else if(o_sw[2] == HIGH && n_sw[2] == LOW){          // SW3 눌려질 때
                // 알람설정/해제
                alarm = (alarm + 1) % 2;                      // 알람 설정/비설정 반전
                if(al_onoff == 1) {                           // 알람동자상태이면
                        al_onoff = 0;                         // 알람 OFF
                        digitalWrite(buzzer_pin, LOW);        // 부저 출력 OFF
                }
                mode_display();                               // 모드 표시
        }
        else if(o_sw[3] == HIGH && n_sw[3] == LOW){          // SW4 눌려질 때
                // 시계/알람 모드 선택
                mode = (mode + 1) % 2;                        // 시계/알람 모드 반전

                mode_display();                               // 모드 표시
                dsp_mode = 1;                                 // 시간 새로 표시
                dpos = 3;                                     // 시간 10자리
                time_display();                               // 분1자리~시간10자리 표시
                if(mode == 1) blink_display(pos);             // 알람모드 점멸표시(고정)
        }

        if(dsp_mode != 2) time_display();                     // 시간 새로 표시
        if(sec_blink == 1) blink_display(pos);                // 초 점멸 표시
}

// 타이머2 인터럽트 처리 함수(1초 주기)
// 동작 중일 때 1sec 단위로 시간값 증가
void one_sec()
{
        if(mode == 0) sec_blink = 1;                          // 시계모드이면 초 점멸 표시

        t_s++;                                                // 1초 증가
        if(t_s == 60){                                        // 60초면 분 증가
                t_s = 0;                                      // 초값 0
```

```
            t_m++;                                      // 분값 +1

            if(t_m == 60) {                             // 60분이면 시간 증가
                  t_m = 0;                              // 분값 0
                  t_h++;                                // 시간값 +1
                  if(t_h == 24) t_h = 0;                // 24시이면 0시로
                  dpos = 3;                             // 시간 10자리부터
                  dsp_mode = 1;                         // 분 1자리까지 새로 표시
            }
            else {                                      // 분값이 60이 아니면
                  dpos = 1;                             // 분 10자리부터
                  dsp_mode = 1;                         // 분 1자리까지 새로 표시
            }
      }

      if(alarm == 1 && al_onoff == 0){                  // 알람설정 모드이고
                                                        // 알람 동작 상태가 아니면
            if(t_h == al_h && t_m == al_m){             // 알람시간 일치하면
                  al_onoff = 1;                         // 알람 동작 상태 ON
                  al_buzzer = 1;                        // 부저 출력값 1(ON)
                  digitalWrite(buzzer_pin, al_buzzer);  // 부저 출력값 출력
            }
      }
      else if(al_onoff == 1){                           // 알람동작상태이면
            al_buzzer = !al_buzzer;                     // 부저 출력값 반전
            digitalWrite(buzzer_pin, al_buzzer);        // 부저 출력값 출력
      }
}

// 시간 표시 함수
// dsp_mode = 0, dpos자리만 표시(0:초1자리, 1: 초10자리, 2:분1자리, 3:분10자리)
// dsp_mode = 1, 0~dpos 자리까지 표시
void time_display()
{
      byte  m, tmp_md, tt, hh, mm;

      if(mode == 0){                                    // 시계 모드
            hh = t_h;                                   // 시계 시간 값을 표시값으로 저장
            mm = t_m;
      }
      else {                                            // 알람 모드
            hh = al_h;                                  // 알람 시간 값을 표시값으로 저장
            mm = al_m;
      }

      tmp_md = dsp_mode;                                // 표시 모드 백업
      dsp_mode = 2;                                     // 표시 종료

      if(dpos >= 3){                                    // 시간 10자리 표시
```

```
        tt = hh / 10;                                   // 시간 10자리
        myLCD.setCursor(1, 0);                          // 윗부분 : 커서 1행 2열
        for(m = 0;m < 3;m++) myLCD.write(numpat_up[tt][m]);

        myLCD.setCursor(1, 1);                          // 아랫부분: 커서 2행 2열
        for(m = 0;m < 3;m++) myLCD.write(numpat_down[tt][m]);

        if(tmp_md == 0) return;                         // 한 자리 표시모드면 종료
    }

    if(dpos >= 2){                                      // 시간 1자리 표시
        tt = hh % 10;                                   // 시간 1자리
        myLCD.setCursor(5, 0);                          // 윗부분 : 커서 1행 6열
        for(m = 0;m < 3;m++) myLCD.write(numpat_up[tt][m]);

        myLCD.setCursor(5, 1);                          // 아랫부분: 커서 2행 6열
        for(m = 0;m < 3;m++) myLCD.write(numpat_down[tt][m]);

        if(tmp_md == 0) return;                         // 한 자리 표시모드면 종료
    }

    if(dpos >= 1){                                      // 분 10자리 표시
        tt = mm / 10;                                   // 분 10자리
        myLCD.setCursor(9, 0);                          // 윗부분 : 커서 1행 10열
        for(m = 0;m < 3;m++) myLCD.write(numpat_up[tt][m]);

        myLCD.setCursor(9, 1);                          // 아랫부분: 커서 2행 10열
        for(m = 0;m < 3;m++) myLCD.write(numpat_down[tt][m]);

        if(tmp_md == 0) return;                         // 한 자리 표시모드면 종료
    }

    if(dpos >= 0){                                      // 분 1자리 표시
        tt = mm % 10;                                   // 분 1자리
        myLCD.setCursor(13, 0);                         // 윗부분 : 커서 1행 14열
        for(m = 0;m < 3;m++) myLCD.write(numpat_up[tt][m]);

        myLCD.setCursor(13, 1);                         // 아랫부분: 커서 2행 14열
        for(m = 0;m < 3;m++) myLCD.write(numpat_down[tt][m]);
    }
}

// 모드 표시 함수
// LCD 맨 왼쪽 시계/알람 시간 표시 모드(1행 1열), 알람 설정 여부(2행 1열)
void mode_display()
{
    // 동작 모드 표시
    myLCD.setCursor(0, 0);                              // 윗부분 : 커서 1행 1열
    if(mode == 0) myLCD.write('T');                     // 시계 모드이면 'T' 표시
```

```
    else myLCD.write('A');                          // 알람 모드이면 'A' 표시

    // 알람 설정('종') 표시
    myLCD.setCursor(0, 1);                          // 아랫부분 : 커서 2행 1열
    if(alarm == 0) myLCD.write(0);                  // 알람 미설정
    else myLCD.write(7);                            // 알람 설정이면 '종' 표시
}

// 입력자리 및 점멸 표시 함수
// 시간 입력 : 입력 자리 표시(ppp = 0~3)
// 동작 중 : 분과 초 경계 점멸 동작(4)
void blink_display(byte ppp)
{
    // 점멸 부분 클리어
    myLCD.setCursor(8, 0);                          // 윗부분 : 커서 1행 9열
    myLCD.write(0);                                 // 공백 표시(클리어)

    myLCD.setCursor(8, 1);                          // 아랫부분 : 커서 2행 9열
    myLCD.write(0);                                 // 공백 표시(클리어)

    // 점멸 부분 표시
    if(mode == 1 || (t_s % 2) == 0){                // 알람모드 또는 초값 짝수
        myLCD.setCursor(8, 0);                      // 1행 9열
        myLCD.write(ppp + 1);                       // pos + 1 패턴 표시
        myLCD.setCursor(8, 1);                      // 2행 9열
        myLCD.write(ppp + 1);                       // pos + 1 패턴 표시
    }

    sec_blink = 0;                                  // 초 점멸 표시 부분 표시 OFF
}

// 시간 설정 함수
void time_setting()
{
    byte    tmp;

    if(pos == 0) {                                  // 입력자리 분 1자리이면
        tmp = t_m % 10;                             // 분 값에서 분 1자리 추출
        tmp = (tmp + 1) % 10;                       // 분 1자리 +1(0~9)
        t_m = (t_m / 10) * 10 + tmp;                // 분 값 갱신
    }
    else if(pos == 1){                              // 입력자리 분 10자리이면
        tmp = t_m / 10;                             // 분 값에서 분 10자리 추출
        tmp = (tmp + 1) % 6;                        // 분 10자리 +1(0~5)
        t_m = tmp * 10 + (t_m % 10);                // 분 값 갱신
    }
    else if(pos == 2) {                             // 입력자리 시 1자리이면
        tmp = t_h % 10;                             // 시 값에서 시 1자리 추출
        tmp = (tmp + 1) % 10;                       // 시 1자리 +1(0~9)
```

```
            if((t_h / 10) == 2 && tmp > 3) tmp = 0;        // 23시 넘지 않도록
            t_h = (t_h / 10) * 10 + tmp;                   // 시 값 갱신
        }
        else {                                             // 입력자리 시 10자리이면
            tmp = t_h / 10;                                // 시 값에서 시 10자리 추출
            tmp = (tmp + 1) % 3;                           // 시 10자리 +1(0~2)
            if((t_h % 10) > 3 && tmp == 2) tmp = 0;        // 23시 넘지 않도록
            t_h = tmp * 10 + (t_h % 10);                   // 시 값 갱신
        }
}

// 알람 시간 설정 함수
void alarm_setting()
{
        byte    tmp;

        if(pos == 0) {                                     // 입력자리 분 1자리이면
            tmp = al_m % 10;                               // 분 값에서 분 1자리 추출
            tmp = (tmp + 1) % 10;                          // 분 1자리 +1(0~9)
            al_m = (al_m / 10) * 10 + tmp;                 // 분 값 갱신
        }
        else if(pos == 1){                                 // 입력자리 분 10자리이면
            tmp = al_m / 10;                               // 분 값에서 분 10자리 추출
            tmp = (tmp + 1) % 6;                           // 분 10자리 +1(0~5)
            al_m = tmp * 10 + (al_m % 10);                 // 분 값 갱신
        }
        else if(pos == 2) {                                // 입력자리 시 1자리이면
            tmp = al_h % 10;                               // 시 값에서 시 1자리 추출
            tmp = (tmp + 1) % 10;                          // 시 1자리 +1(0~9)
            if((al_h / 10) == 2 && tmp > 3) tmp = 0;       // 23시 넘지 않도록
            al_h = (al_h / 10) * 10 + tmp;                 // 시 값 갱신
        }
        else {                                             // 입력자리 시 10자리이면
            tmp = al_h / 10;                               // 시 값에서 시 10자리 추출
            tmp = (tmp + 1) % 3;                           // 시 10자리 +1(0~2)
            if((al_h % 10) > 3 && tmp == 2) tmp = 0;       // 23시 넘지 않도록
            al_h = tmp * 10 + (al_h % 10);                 // 시 값 갱신
        }
}
```

Memo.

Chapter

14

도어락

Chapter

14

도어락

LCD, 키패드, RFID, RC 서보 모터를 이용하여 도어락을 구현해보도록 하자. [표 14-1]은 키패드 입력에 따라 5개로 나누어진 동작모드와 기능을 보여준다. 그리고 [표 14-2]는 동작모드에 따라 LCD에 표시되는 내용을 보여주며, [표 14-3]과 [그림 14-1]은 아두이노 연결핀과 연결 배선도를 보여준다.

[표 14-1] 키패드 키 기능

키패드 키	기 능	비 고
'0' ~ '9' RFID 태그	비밀번호 입력(4자리) RFID 태그 ID 입력	<입력모드> - 비밀번호 또는 RFID 태그 ID가 일치하면 서보 모터 회전시켜 도어락 열림상태로 - 'F' 키 눌려지면 도어락(서보모터) 열림/닫힘 토글상태로 제어 - 'A' ~ 'D' 눌려지면 해당 동작 처리
'A'	새로운 비밀번호 추가 등록	<비밀번호 추가등록모드> - 숫자와 'F' 키 이외는 무시 - 4자리 입력되면 자동 등록하고 <입력모드>로 전환 - 'F' 키 눌려지면 종료하고 <입력모드>로 전환
'B'	새로운 태그 ID 추가 등록	<RFID 태그 ID 추가등록모드> - 'F' 키 이외 무시 - 태그 ID 읽혀지면 자동 등록하고 <입력모드>로 전환 - 'F' 키 눌려지면 종료하고 <입력모드>로 전환
'C'	등록 비밀번호 순차 표시	<등록 비밀번호 표시모드> - 'C' 키 눌릴 때마다 등록된 비밀번호 한 개씩 순차 표시 - 'E' 키 눌려지면 표시된 비밀번호 삭제 - 'F' 키 눌려지면 종료하고 <입력모드>로 전환
'D'	등록 태그 ID 순차 표시	<등록 태그 ID 표시모드> - 'D' 키 눌릴 때마다 등록된 태그 ID 한 개씩 순차 표시 - 'E' 키 눌려지면 표시된 태그 ID 삭제 - 'F' 키 눌려지면 종료하고 <입력모드>로 전환
'E'	비밀번호, 태그 ID 삭제	'C' 키와 'D' 키에 의해 표시된 비밀번호(ID) 또는 태그 ID 삭제
'F'	비밀번호 입력 모드 전환	- 비밀번호/태그 ID 추가등록 또는 표시 모드에서 'F' 키 눌려지면 종료하고 <입력모드>로 전환 - <입력모드>에서는 도어락 열림/닫힘 토글 제어

[표 14-2] 동작 모드에 따른 LCD 표시

모드	표시	기능
입력모드	−Password Input− ****	− 비밀번호 또는 RFID 태그 ID 입력 − 2행에는 입력된 비밀번호 또는 태그 ID 3초간 표시
비밀번호 추가등록모드	−New Password− ****	− 비밀번호 추가 등록 − 2행에는 입력된 비밀번호 3초간 표시
RFID 태그 ID 추가등록모드	−New RFID Tag− ***/***/***/**	− RFID 태그 ID 추가 등록 − 2행에는 입력된 태그 ID 3초간 표시
비밀번호 표시모드	−Password [n/m]− ****	− 1행에는 등록된 비밀번호 총 개수(m)와 몇 번째(n) 비밀번호를 표시하는지 표시 − 2행에는 비밀번호 표시
RFID 태그 ID 표시모드	−RFID Tag [n/m] **/**/***/**	− 1행에는 등록된 RFID 태그 ID 총 개수 (m)와 몇 번째(n) 비밀번호를 표시하는지 표시 − 2행에는 태그 ID 표시

[표 14-3] 아두이노 연결핀

아두이노 보드	LCD, 키패드, RFID, 서보모터	
SCL(A5)	SCL	LCD
SDA(A4)	SDA	
4	키패드 R1	키패드
3	키패드 R2	
2	키패드 R3	
1	키패드 R4	
5	키패드 C1	
6	키패드 C2	
7	키패드 C3	
8	키패드 C4	
13	RFID SCK	RFID
12	RFID MISO	
11	RFID MOSI	
10	RFID SDA	
9	RFID RST	
A0	RC 서보모터	

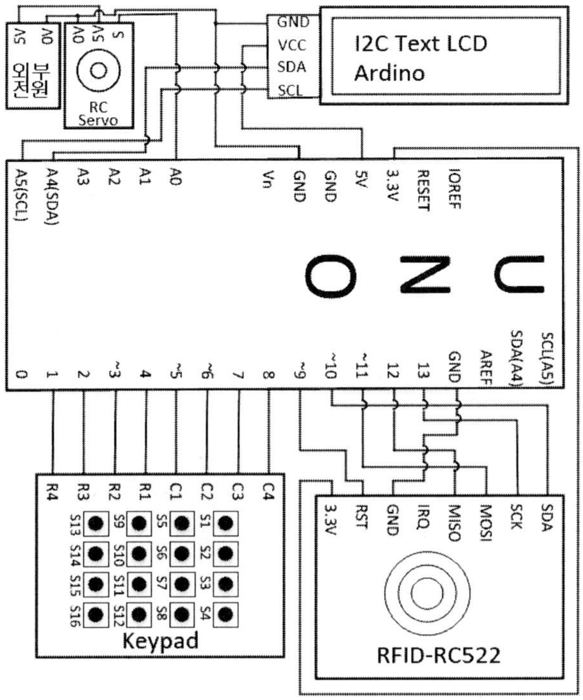

[그림 14-1] 아두이노 연결 배선도

도어락 구현을 위한 전체 처리 흐름도는 [그림 14-2]와 같고, 각 동작 모드에서 처리되는 주요 내용을 간략히 기술하면 [표 14-4]와 같다.

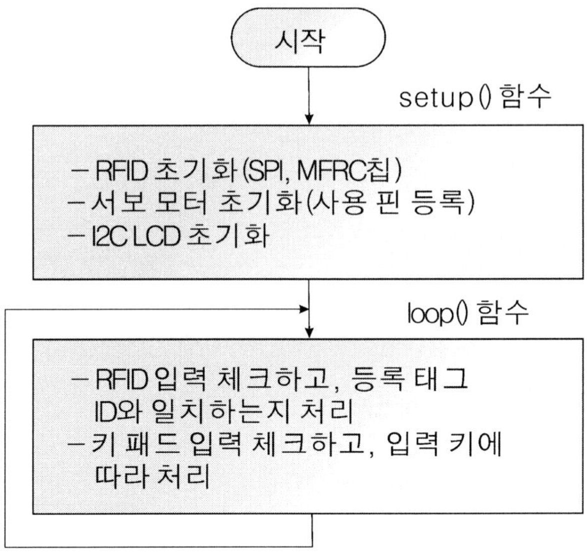

[그림 14-2] 도어락 처리 흐름도

[표 14-4] 주요 처리 내용

★ **입력모드**

키패드에 의한 비밀번호 또는 RFID 태그 ID를 입력받아 일치하는 비밀번호 또는 RFID 태그 ID가 등록되어 있으면 도어락을 연다. 비밀번호는 연속으로 4개의 숫자 키가 눌려진 경우 처리하도록 하며, 4개의 숫자가 입력되기 전에 알파벳 키 또는 RFID 태그 ID가 입력되는 경우에는 입력된 비밀번호 개수를 리셋하도록 한다.

★ **비밀번호 추가등록모드**

새로운 비밀번호를 등록시키는 모드이고, 4개의 숫자 키가 눌려지면 자동으로 등록되고 입력모드로 돌아간다. 4개의 숫자 키가 입력되기 전에 'F'키가 눌려지면 입력모드로 돌아간다.

★ **RFID 태그 ID 추가등록모드**

새로운 RFID 태그 ID를 등록시키는 모드이고, 태그 ID가 입력되면 자동으로 등록되고 입력모드로 돌아간다. 태그 ID 입력되기 전에 'F'키가 눌려지면 입력모드로 돌아간다.

★ **등록 비밀번호 표시모드**

'C'키가 눌려질 때마다 등록된 비밀번호를 처음부터 차례로 하나씩 표시하고, 마지막 등록 비밀번호를 표시한 후에는 다시 처음부터 표시하도록 한다. 등록된 비밀번호가 표시된 상태에서 'E'키가 눌려지면 표시된 비밀번호를 삭제하고, 'F'키가 눌려지면 입력모드로 돌아간다.

★ **등록 태그 ID 표시모드**

'D'키가 눌려질 때마다 등록된 태그 ID를 처음부터 차례로 하나씩 표시하고, 마지막 등록 태그 ID를 표시한 후에는 다시 처음부터 표시하도록 한다. 등록된 태그 ID가 표시된 상태에서 'E'키가 눌려지면 표시된 태그 ID를 삭제하고, 'F'키가 눌려지면 입력모드로 돌아간다.

〈프로그램 설명〉

❶
```
#include <SPI.h>                                // RFID
#include <MFRC522.h>                            // RFID
#include <Servo.h>                              // 서보 모터
#include <LiquidCrystal_I2C.h>                  // I2C LCD
#include <Keypad.h>                             // 키패드
```

❷
```
LiquidCrystal_I2C myLCD(0x3F, 16, 2);           // I2C LCD 헤더 파일

// 서보 모터(Servo motor)
Servo     myServo;                              // 사용할 서보 모터명 선언
const int   servo_pin = A0;                     // 서보 모터 연결핀

// RFID 보드
const int RST_PIN = 9;                          // 리셋핀
const int SS_PIN = 10;                          // Slave Slect 핀

MFRC522 my_mfrc(SS_PIN, RST_PIN);               // MFRC522 객체 생성
```

❸
```
// 키패드(Keypad)
const byte ROWS = 4;                            // 4행
const byte COLS = 4;                            // 4열

const byte row_pins[ROWS] = {4, 3, 2, 1};       // 키패드 행(R1~R4) 연결핀
const byte col_pins[COLS] = {5, 6, 7, 8};       // 키패드 열(C1~C4) 연결핀

const char hex_keys[ROWS][COLS] = {             // 키 이름
  {'1','2','3','4'},
  {'5','6','7','8'},
  {'9','0','A','B'},
  {'C','D','E','F'}
};

// 키패드 객체 생성(키 명, 행 연결핀, 열 연결핀, 행 수, 열 수)
Keypad myKeypad = Keypad(makeKeymap(hex_keys), row_pins, col_pins, ROWS, COLS);

byte pwd_list[5][5] = {"1234", "0000", "0000", "0000", "0000"};  // 등록 비밀번호(최대 5개)
byte pwd_no = 1;                                                 // 등록된 비밀번호 개수
byte pwd_dp_no = 0;                                              // 비밀번호 표시 번호
```

❶	- RFID, 서보모터, I2C LCD, 키패드 라이브러리 헤더 파일
❷	- I2C LCD 객체 생성(디바이스 어드레스, 16열, 2행) - 서보 모터 객체 선언 및 연결핀 선언 - SPI 방식의 RFID 보드 리셋 핀, Slave Select 연결 핀 - MFRC522 객체 생성
❸	- 키패드 행과 열의 개수 정의 - 키패드 행과 열 연결핀 선언 - 16개의 키 이름 선언 - 키패드 객체 생성(키 명, 행 연결핀, 열 연결핀, 행 수, 열 수) - 초기 비밀번호 배열 저장, 등록 비밀번호 개수 1개, 표시 번호 변수 리셋

❶	`byte tag_list[3][4] = {{16, 17, 42, 164}, {0, 0, 0, 0}, {0, 0, 0, 0}};  // 등록 태그 ID`
	`// (최대 3개)`
	`byte tag_no = 1;  // 등록된 태그 ID 개수`
	`byte tag_dp_no = 0;  //  태그 ID 표시 번호`
	
	`byte in_tag[4];  // 입력된 RFID 태그 ID 저장 배열`
	`char in_pwd[5];  // 입력된 비밀번호 저장 배열`
	`byte in_pwd_no = 0;  // 입력된 비밀번호 자리수(0~4)`
	
	`byte  md = 0;  // 동작 모드(0:입력모드, 1:비밀번호 추가등록,`
	`// 2:태그 ID 추가 등록, 3:등록 비밀번호 표시,`
	`// 4:등록 태그 ID 표시)`
	`byte  servo = 0;  // 서보 모터 상태 각도(0 : 잠금, 90: 열림)`

❷	`void LCD_display(void);  // 동작모드에 따라 표시하는 LCD 표시 함수`
	`void add_password();  // 비밀번호 추가 등록 함수`
	`void add_RFtagid();  // RFID 태그 ID 추가 등록 함수`
	`void disp_password();  // 등록 비밀번호 표시 함수`
	`void disp_RFtagid();  // 등록 태그 ID 표시 함수`
	`byte Read_tag_id(void);  // RFID 태그 ID 읽기 함수`
	`void tag_check(void);  // 입력 태그 ID 등록 체크 함수`
	`void password_check(void);  // 입력 비밀번호 등록 체크 함수`

❶	<사용 변수> - 초기 등록 태그 ID 배열 저장, 등록 태그 ID 개수 1개, 태그 ID 표시 번호 - 입력되는 태그 ID 저장 배열(숫자로 저장) - 입력되는 비밀번호 저장 배열(문자로 저장) - 입력되는 비밀번호 입력 숫자 수(입력 중) - 동작 모드 변수 (0:입력모드, 1:비밀번호 추가등록, 2:태그 ID 추가 등록, 3:등록 비밀번호 표시, 4:등록 태그 ID 표시) - 서보모터 회전 각도 변수(0 : 잠금, 90 : 열림)
❷	<사용자 정의 함수> - LCD 표시함수, 비밀번호 추가등록 함수, RFID 태그 ID 추가 등록 함수 - 등록 비밀번호 표시 함수, 등록 RFID 태그 ID 표시 함수 - RFID 태그 ID 읽기 함수 - 입력 태그 ID 등록 체크 함수 : 입력 태그 ID와 일치하는 등록 태그 ID가 있는지 체크 - 입력 비밀번호 등록 체크 함수 : 입력 비밀번호와 일치하는 등록 비밀번호가 있는지 체크

❶	<pre>// 초기 설정 함수
	void setup()
	{
	    // RFID 초기화
	    SPI.begin(); // SPI 통신 시작(RFID)
	    my_mfrc.PCD_Init(); // MRFC 칩 초기화(RFID)
	
	    // 서보모터 초기화
	    myServo.attach(servo_pin); // 사용할 서보명에 핀 할당
	    myServo.write(servo); // 서보 모터 초기 상태 : 0도(닫힘)
	
	    // I2C LCD 초기화
	    myLCD.begin(); // LCD 초기화
	    LCD_display(); // 초기 상태 표시(입력 모드)
	}</pre>

❶	<setup() : 초기 설정 함수> - RFID 태그를 사용하기 위한 SPI 초기화, RFID MFRC 칩 초기화 - 서보 모터 핀 번호 할당, 서보 모터 초기 상태 출력 - I2C LCD 초기화 및 초기 상태 표시

```
// 반복처리 함수
void loop()
{
        char key, buf[20];

        while(1){
             // RFID 태그 ID 입력 체크
             if((key = Read_tag_id()) == 1) {           // RFID 태그 ID 입력 있으면
                    sprintf(buf, "%d/%d/%d/%d", in_tag[0], in_tag[1], in_tag[2], in_tag[3]);
                    myLCD.setCursor(0, 1);              // 2행 1열
                    myLCD.print(buf);                   // ID 표시
                    delay(500);

                    tag_check();                        // 입력 태그 ID와 일치하는 태그 ID가 있는지 체크
                    in_pwd_no = 0;                      // 키보드 입력 숫자 수 리셋
                    continue;                           // while문 처음으로
             }
```

❶

```
             // 키패드 체크
             key = myKeypad.getKey();                   // 키패드 입력 체크
             if(key == NO_KEY) continue;                // 키 입력 없으면 처음으로

             if(key >= '0' && key <= '9'){              // 눌려진 키가 숫자키이면
                    myLCD.setCursor(in_pwd_no, 1);      // 2행 (in_pwd_no+1)열
                    myLCD.write(key);                   // 입력 문자 표시

                    in_pwd[in_pwd_no] = key;            // 입력된 숫자 비밀번호 저장배열에 저장

                    in_pwd_no++;                        // 입력된 비밀번호 숫자수 +1
                    if(in_pwd_no == 4) {                // 4자리 모두 입력되면
                          password_check();             // 등록된 비밀번호가 있는지 체크
                          in_pwd_no = 0;                // 키보드 입력 자리수 리셋
                    }
                    continue;                           // while문 처음으로
             }
             else if(key == 'F'){                       // 'F' 키 눌려지면
                    if(servo == 0) servo = 90;          // 서보 모터 닫힘 -> 열림
                    else servo = 0;                     // 서보 모터 열림 -> 닫힘

                    myServo.write(servo);               // 서보 모터 구동
                    continue;                           // while문 처음으로
             }
```

❷

```
             if(key == 'A') add_password();             // 비밀번호 추가 등록
             else if(key == 'B') add_RFtagid();         // RFID 태그 ID 추가 등록
             else if(key == 'C') disp_password();       // 비밀번호 순차 표시
             else if(key == 'D') disp_RFtagid();        // RFID 태그 ID 순차 표시
             else continue;                             // 'E' key 입력 무시
```

❸

```
        md = 0;                              // 입력모드
        in_pwd_no = 0;                       // 키보드 입력 자리수 리셋
        LCD_display();                       // LCD 표시
    }
}
```

❶	<loop() : 반복 처리 함수> - RFD 태그 입력되었는지 체크하고 입력이 없으면 ❷로 - 입력되었으면 태그 ID 읽어 LCD 2행에 표시 - 입력된 태그 ID가 등록되어 있는 태그 ID 인지 체크 : tag_check() 함수 - 키보드 입력된 비밀번호 숫자 수를 0으로 리셋하고 while문 선두로
❷	- 키패드 입력되었는지 체크하고 입력이 없으면 while문 선두로 - 숫자 키가 입력되었으면 입력된 순서로 저장하고 4자리가 입력되었으면 등록된 비밀번호가 있는지 체크하고(password_check() 함수), 입력된 번호 개수 리셋하고 while문 선두로 - 'F' 키가 눌려졌으면 서보 모터의 현 열림(90도)/닫힘(0도) 상태를 반전하고 while문 선두로
❸	- 'A' 키가 눌려졌으면 비밀번호 추가 등록 함수 add_password() 호출 - 'B' 키가 눌려졌으면 RFID 태그 ID 추가 등록 함수 add_RFtagid() 호출 - 'C' 키가 눌려졌으면 비밀번호 순차 표시 함수 disp_password() 호출 - 'D' 키가 눌려졌으면 RFID 태그 ID 순차 표시 함수 disp_RFtagid() 호출 - 'E' 키가 눌려졌으면 while문 선두로 - 추가등록모드 또는 표시 함수 실행 후 비밀번호 또는 RFID 태그 ID 입력모드로 하고, 비밀번호 입력 자리 수 리셋 - LCD 입력 모드 표시

❶	<pre>// 입력 비밀번호 체크 함수
	// 등록된 비밀번호에 일치하는게 있는지 체크
	void password_check()
	{
	    byte m, n, chk = 0;
	
	    for(m = 0;m < pwd_no;m++){ // 등록된 비밀번호 모두에 대해 조사
	        for(n = 0;n < 4;n++) // 각 비밀번호마다 4자리씩 일치하는지 조사
	            if(in_pwd[n] != pwd_list[m][n]) break;
	                                                  // 하나라도 틀리면 다음 비밀번호 조사
	        if(n == 4){ // 4개 모두 일치하면
	            servo = 90; // 서보 모터 회전각 90도(OPEN)
	            myServo.write(servo); // 서보 모터 구동
	            chk = 1; // 일치 성공
	            break;
	        }
	        if(chk == 1) break; // 일치하는게 있으면 조사 종료
	    }</pre>

❷	<pre> if(chk == 0){ // 일치하는게 없으면 메시지 출력
	        delay(1000);
	        myLCD.setCursor(0, 1); // 2행 1열
	        myLCD.print("Password Wrong!"); // 일치하는 비밀번호 없음 메시지 출력
	    }
	    delay(1000); // 1초간 표시
	    myLCD.setCursor(0, 1); // 2행 1열
	    myLCD.print(" "); // 메시지 클리어
	}</pre>

❶	<password_check() : 입력 비밀번호가 등록된 비밀번호 리스트에 있는지 조사하는 함수> - 입력된 비밀번호가 등록된 비밀번호 중에 일치하는게 있는지 조사 - 일치하는 비밀번호가 있으면 서보모터를 90도 회전(열림 상태)
❷	- 일치하는 비밀번호가 없으면 "Password Wrong" 메시지를 LCD에 출력 - 1초 경과 후 LCD 2행 클리어하고 함수 종료

❶	<pre>// 입력된 RFID 태그 ID 체크 함수
	void tag_check()
	{
	    byte m, n, chk = 0;
	
	    for(m = 0;m < tag_no;m++){ // 등록된 태그 ID 모두에 대해 조사
	        for(n = 0;n < 4;n++) // 각 태그 ID마다 4자리씩 일치하는지 조사
	            if(in_tag[n] != tag_list[m][n]) break;
	                                                // 하나라도 틀리면 다음 태그 ID 조사
	
	        if(n == 4){ // 4개 모두 일치하면
	            servo = 90; // 서보 모터 회전각 90도(OPEN)
	            myServo.write(servo); // 서보 모터 구동
	            chk = 1; // 일치 성공
	            break;
	        }
	        if(chk == 1) break; // 일치하는게 있으면 조사 종료
	    }</pre>

❷	<pre> if(chk == 0){ // 일치하는게 없으면 메시지 출력
	        myLCD.setCursor(0, 1); // 2행 1열
	        myLCD.print("Tag ID Wrong!"); // 일치하는 태그 ID 없음 메시지 출력
	    }
	    delay(2000);
	    myLCD.setCursor(0, 1); // 2행 1열
	    myLCD.print(" "); // 메시지 클리어
	}</pre>

❶	<tag_check() : 입력 태그 ID가 등록된 태그 ID 리스트에 있는지 조사하는 함수> – 입력된 태그 ID가 등록된 태그 ID 중에 일치하는게 있는지 조사 – 일치하는 비밀번호가 있으면 서보모터를 90도 회전(열림 상태)
❷	– 일치하는 태그 ID가 없으면 "Tag ID Wrong" 메시지를 LCD에 출력 – 1초 경과 후 LCD 2행을 클리어하고 함수 종료

❶

```
// 비밀번호 추가 등록 함수
void add_password()
{
      byte  key, k = 0;

      md = 1;
      LCD_display();                              // 비밀번호 추가 등록 모드 표시

      if(pwd_no == 5){                            // 5개 모두 등록 완료했으면 메시지 출력
            myLCD.setCursor(0, 1);                // 커서 2행 1열
            myLCD.print("Password Full!");        // 비밀번호 5개 등록 완료 메시지 출력
            delay(1000);

            return;                               // 종료
      }
```

❷

```
      while(1){
            // 키패드 읽기
            if((key = myKeypad.getKey()) == NO_KEY) continue;

            if(key >= '0' && key <= '9'){         // 숫자키이면
                  myLCD.setCursor(k, 1);          // 2행 k열
                  myLCD.write(key);               // 입력 문자 표시

                  pwd_list[pwd_no][k++] = key;    // 비밀번호 저장배열에 저장

                  if(k == 4){                     // 번호 4자리 모두 입력됐으면
                        pwd_list[pwd_no][k] = '\0';  // 문자열로 저장
                        pwd_no++;                 // 등록 비밀번호 갯수 +1
                        return;                   // 종료
                  }
            }
            else if(key == 'F') return;           // 'F'키 눌려지면 종료
      }
}
```

❶	<add_password() : 비밀번호 추가 등록 함수> - LCD에 비밀 번호 추가 등록 모드 표시 - 비밀번호가 5개 모두 입력된 상태이면 “Password Full” 메시지 출력하고 함수 종료
❷	<비밀번호가 5개 모두 입력된 상태가 아닌 경우에 대한 처리> - 키패드로부터 키가 눌려질때까지 대기 - 숫자 키가 눌려지면 입력된 순서대로 한 개씩 LCD에 표시하고, 비밀번호 입력 버퍼(저장 배열)에 문자로 차례대로 저장 - 입력된 숫자의 개수 +1 - 입력된 숫자의 개수가 4개이면 4개의 번호뒤에 null 문자(‘\0’)를 붙여 문자열로 저장하고, 등록된 비밀번호의 개수를 +1 한 후에 함수 종료 - ‘F’ 키가 눌려지면 함수 종료

❶

```
// RFID 태그 ID 추가 등록 함수
void add_RFtagid()
{
      byte  k;
      char key, buf[20];

      md = 2;
      LCD_display();                              // RFID 태그 ID 추가 등록 모드 표시

      if(tag_no == 3){                            // 3개 모두 등록 완료했으면 메시지 출력
            myLCD.setCursor(0, 1);                // 커서 2행 1열
            myLCD.print("Tag ID Full!");          // 태그 ID 3개 등록 완료 메시지 출력
            delay(1000);
            return;
      }
```

❷

```
      while(1){
            if((k = Read_tag_id()) != 0){         // RFID 태그 ID 입력이 있으면
                  // 새 RFID 태그 ID 표시
                  sprintf(buf, "%d/%d/%d/%d", in_tag[0], in_tag[1], in_tag[2], in_tag[3]);
                  myLCD.setCursor(0, 1);          // 2행 1열
                  myLCD.print(buf);               // 새 태그 ID 표시
                  delay(1000);

                  // 새 RFID 태그 ID 저장
                  for(k = 0;k < 4;k++) tag_list[tag_no][k] = in_tag[k];
                  tag_no++;

                  return;                         // 종료
            }
```

```
            // 키패드 읽기
            if((key = myKeypad.getKey()) == NO_KEY)
                              continue;           // 키 입력 없으면 반복문 처음으로

            if(key == 'F') return;                // 'F'키 눌려지면 종료
      }
}
```

❶	<add_RFtagid() : 비밀번호 추가 등록 함수> - LCD에 RFID 태그 ID 추가 등록 모드 표시 - RFID 태그 ID가 3개 모두 입력된 상태이면 "Tag ID Full" 메시지 출력하고 함수 종료
❷	<RFID 태그 ID가 3개 모두 입력된 상태가 아닌 경우에 대한 처리> - RFID 태그 ID 입력이 있는지 조사 - RFID 태그 ID 입력이 있으면 입력된 태그 ID를 LCD 2행에 표시 - RFID 태그 ID 입력 버퍼(저장 배열)에 차례대로 저장 - 등록된 RFID 태그 ID 개수를 +1 한 후에 함수 종료 - 'F' 키가 눌려지면 함수 종료

❶

```
// 등록 비밀번호 순차 표시('C') 함수
void disp_password()
{
	byte  key, k, m;

	md = 3;                                        // 비밀번호 표시 모드
	pwd_dp_no = 0;                                 // 등록 비밀번호 표시 번호 리셋
	LCD_display();                                 // 등록 비밀번호 순차표시 모드 표시

	// 키패드 읽기
	while(1){
		if(pwd_no == 0) return;                    // 등록 비밀번호 없으면 함수 종료
		if((key = myKeypad.getKey()) == NO_KEY) continue;  // 키 눌려질때까지 대기

		if(key == 'C'){                            // 'C'키 눌려지면
			pwd_dp_no++;                           // 표시번호+1
			if(pwd_dp_no >= pwd_no)
				pwd_dp_no = 0;                     // 모두 표시했으면 처음부터
		}
```

❷

```
		else if(key == 'E'){                       // 'E'키 눌려지면
			if(pwd_dp_no == (pwd_no - 1)){
				// 현재 표시중인 비밀번호가 마지막에 저장되어 있으면
				pwd_no--;                          // 등록 비밀번호 갯수만 -1
				pwd_dp_no = 0;                     // 표시 번호 리셋
			}
			else {
				// 현재 표시중인 비밀번호가 중간에 저장되어 있으면
				// 현재 표시중인 비밀번호부터 뒤쪽의 등록 비밀번호
				// 앞쪽으로 저장
				for(k = pwd_dp_no;k < (pwd_no - 1);k++){
					for(m = 0;m < 4;m++)
						pwd_list[k][m] = pwd_list[k + 1][m];
				}
				pwd_no--;                          // 등록 비밀번호 갯수 -1
				pwd_dp_no = 0;                     // 표시 번호 리셋
			}
		}
```

```
		else if(key == 'F') return;                // 'F'키 눌리면 종료

		LCD_display();                             // 새로운 상태 표시
	}
}
```

❶	<disp_password() : 등록 비밀번호 순차 표시 함수> - 동작모드는 비밀번호 표시모드로 하고, 첫 번째 비밀번호를 LCD에 표시 - 키패드 입력될 때까지 대기하면서 등록 비밀번호가 없으면 함수 종료 <'C' 키 입력에 대한 처리> - 표시 비밀번호를 +1하고, 만일 끝까지 모두 표시했으면 처음부터 다시 표시
❷	<'E' 키 입력에 대한 처리> - 현재 표시중인 비밀번호가 마지막 번호이면 등록 비밀번호 개수만 -1하고, 표시번호 리셋 - 현재 표시중인 비밀번호가 중간에 저장되어 있으면 현재 표시중인 비밀번호부터 뒤쪽의 등록 비밀번호를 하나씩 앞쪽으로 저장하고, 등록 비밀번호 개수를 -1하고 표시번호 리셋
❸	- 'F'키가 눌려지면 함수 종료 - 키 입력에 따른 새로운 상태 표시

```
// RFID 태그 ID 순차 표시 함수
void disp_RFtagid()
{
        byte key, k, m;

        md = 4;
        tag_dp_no = 0;                          // 등록 태그 ID 표시 번호 첫번째로 리셋
        LCD_display();                          // 등록 태그 ID 순차표시 모드 표시

        // 키패드 읽기
        while(1){
                if(tag_no == 0) return;                 // 등록 태그 ID 없으면 함수 종료

            if((key = myKeypad.getKey()) == NO_KEY) continue; // 키 눌려질때까지 대기

            if(key == 'D'){                             // 'D'키 눌려지면
                    tag_dp_no++;                        // 표시번호 +1
                    if(tag_dp_no >= tag_no)
                                tag_dp_no = 0;          // 모두 표시했으면 처음부터
            }
```

❶

```
            else if(key == 'E'){                        // 'E'키 눌려지면
                    if(tag_dp_no == (tag_no - 1)){
                            // 현재 표시중인 비밀번호가 마지막에 저장되어 있으면
                            tag_no--;                   // 등록 태그 ID 갯수 -1
                            tag_dp_no = 0;              // 표시 번호 리셋
                    }
                    else {
                            // 현재 표시중인 태그 ID가 중간에 저장되어 있으면
                            // 현재 표시중인 태그 ID부터 뒤쪽의 등록 태그 ID를
                            // 앞쪽으로 저장
                            for(k = tag_dp_no;k < (tag_no - 1);k++){
                                for(m = 0;m < 4;m++)
                                    tag_list[k][m] = tag_list[k + 1][m];
                            }
                            tag_no--;                   // 등록 태그 ID 갯수 -1
                            tag_dp_no = 0;              // 표시 번호 리셋
                    }
            }
```

❷

```
            else if(key == 'F') return;                 // 'F'키 눌리면 종료

            LCD_display();                              // 새로운 상태 표시
        }
}
```

❶	<disp_RFtagid() : 등록 RFID 태그 ID 순차 표시 함수> - 동작모드는 등록 RFID 태그 ID 표시모드로 하고, 첫 번째 태그 ID를 LCD에 표시 - 키패드 입력될 때까지 대기하면서 등록 태그 ID가 없으면 함수 종료 <'D' 키 입력에 대한 처리> - 표시 태그 ID를 +1 하고, 만일 끝까지 모두 표시했으면 처음부터 다시 표시
❷	<'E' 키 입력에 대한 처리> - 현재 표시중인 태그 ID가 마지막 태그 ID이면 등록 태그 ID 개수만 -1하고, 표시번호 리셋 - 현재 표시중인 태그 ID가 중간에 저장되어 있으면 현재 표시중인 태그 ID부터 뒤쪽의 등록 태그 ID를 하나씩 앞쪽으로 저장하고, 등록 태그 ID 개수를 -1하고 표시번호 리셋
❸	- 'F'키가 눌려지면 이 함수 종료 - 키 입력에 따른 새로운 상태 표시

❶

```
// RFID 태그 ID 읽기 함수
byte Read_tag_id()
{
	byte k;

	// 태그 접촉이 있는지, ID가 읽혀지는지 확인 -> 없으면 0의 값 리턴
	if (!my_mfrc.PICC_IsNewCardPresent() ||
		!my_mfrc.PICC_ReadCardSerial()) return 0;

	// 태그 입력이 있으면 읽혀진 태그 ID 저장
	for(k = 0; k < 4; k++) in_tag[k] = my_mfrc.uid.uidByte[k];
	return 1;
}
```

❶	<Read_tag_id() : RFID 태그 ID 읽기 함수> - 태그 접촉이 있는지, ID가 읽혀지는지 확인 -> 없으면 0의 값 리턴 - 태그 입력이 있으면 읽혀진 태그 ID 4개의 숫자 저장 후 1의 값 리턴

❶

```
// 동작모드에 따라 LCD 표시하기 함수
void LCD_display()
{
    char buf[20];

    if(md == 0){                                    // 비밀번호 입력 모드
        myLCD.clear();                              // 클리어, 커서 홈(0,0)
        myLCD.print("-Password Input-");            // 비밀번호 입력 모드 표시
        myLCD.setCursor(0, 1);                      // 커서 2행 1열
        myLCD.print("                ");            // 아래줄 클리어
    }
    else if(md == 1){                               // 비밀번호 추가 등록 모드
        myLCD.clear();                              // 클리어, 커서 홈(0,0)
        myLCD.print("-New Password-  ");            // 비밀번호 입력 모드 표시
        myLCD.setCursor(0, 1);                      // 커서 2행 1열
        myLCD.print("                ");            // 아래줄 클리어
    }
    else if(md == 2){                               // RFID 태그ID 추가 등록 모드
        myLCD.clear();                              // 클리어, 커서 홈(0,0)
        myLCD.print("-New RFID Tag - ");            // 비밀번호 입력 모드 표시
        myLCD.setCursor(0, 1);                      // 커서 2행 1열
        myLCD.print("                ");            // 아래줄 클리어
    }
```

❷

```
    else if(md == 3){                               // 비밀번호 표시 모드
        myLCD.clear();                              // 클리어, 커서 홈(0,0)
        if(pwd_no == 0){                            // 등록 비밀번호 하나도 없으면
            myLCD.print("Password None!");          // 메시지 1초간 출력 표시
            delay(1000);
            return;
        }

        // -Password [n/m]- 표시(m : 등록 비밀번호 갯수, n : 표시 번호)
        sprintf(buf, "-Password [%d/%d]- ", pwd_dp_no + 1, pwd_no);
        myLCD.print(buf);                           // 표시

        // 2행에 표시 번호의 비밀번호 4자리 표시
        myLCD.setCursor(0, 1);                      // 커서 2행 1열
        sprintf(buf, "%s", pwd_list[pwd_dp_no]);
        myLCD.print(buf);                           // Password 표시
    }
```

❸

```
    else if(md == 4){                               // RFID Tag ID 표시 모드
        myLCD.clear();                              // 클리어, 커서 홈(0,0)

        if(tag_no == 0){                            // 등록 태그ID 하나도 없으면
            myLCD.print("RF Tag ID None!");         // 메시지 1초간 출력 표시
            delay(1000);
```

```
            return;
        }

        // -Tag ID[n/m]- 표시(m : 등록 태그 ID 갯수, n : 표시 번호)
        sprintf(buf, "-Tag ID[%1d/%1d]-", tag_dp_no + 1, tag_no);
        myLCD.print(buf);                          // 표시

        // 2행에 표시 번호의 태그 ID 4개의 숫자 표시(**/**/**/**/***)
        myLCD.setCursor(0, 1);                     // 커서 2행 1열
        sprintf(buf, "%d/%d/%d/%d", tag_list[tag_dp_no][0], tag_list[tag_dp_no][1],
                tag_list[tag_dp_no][2], tag_list[tag_dp_no][3]);
        myLCD.print(buf);                          // ID 표시
    }
}
```

❶	**<LCD_display() : 동작모드에 따라 LCD 표시하는 함수>** - 동작모드가 입력모드(md=0)이면 1행에 "-Password Input-"을 표시하고 2행은 클리어 - 동작모드가 비밀번호 추가 등록 모드(md=1)이면 1행에 "-New Password-"을 표시하고 2행 클리어 - 동작모드가 RFID 태그 ID 추가 등록 모드(md=3)이면 1행에 "-New RFID Tag-"를 표시하고 2행 클리어
❷	**<비밀번호 표시모드(md=3)에 대한 표시>** - 등록된 비밀번호가 하나도 없으면 LCD 1행에 "Password None!" 표시하고 이 함수 종료 - 등록된 비밀번호가 있으면 1행에는 "-Password[표시번호/등록 비밀번호 개수]-" 표시 - 2행에는 4자리의 비밀번호 표시
❸	**<RFID 태그 ID 표시모드(md=4)에 대한 표시>** - 등록된 RFID 태그 ID가 하나도 없으면 LCD 1행에 "RF Tag ID None!" 표시하고 이 함수 종료 - 등록된 RFID 태그 ID가 있으면 1행에는 "-Tag ID[표시번호/등록 태그 ID 개수]-" 표시 - 2행에는 4개의 숫자 '/'로 구분지어 표시

[리스트 14-1] 도어락 프로그램

```
// report14
// LCD, RFID, Keypad, RC Servo Motor 이용한 도어락
//
// RFID 핀 : 아두이노 연결핀
//--------------------------------
// RST    : 9번
// SDA    : 10번(/SS : Slave Select)
// MOSI   : 11번(MOSI)
// MISO   : 12번(MSIO)
// SCK    : 13번(SCK)

#include <SPI.h>                              // RFID
#include <MFRC522.h>                          // RFID
#include <Servo.h>                            // 서보 모터
#include <LiquidCrystal_I2C.h>                // I2C LCD
#include <Keypad.h>                           // 키패드

LiquidCrystal_I2C myLCD(0x3F, 16, 2);         // I2C LCD 헤더 파일

// 서보 모터(Servo motor)
Servo     myServo;                            // 사용할 서보 모터명 선언
const int  servo_pin = A0;                    // 서보 모터 연결핀

// RFID 보드
const int RST_PIN = 9;                        // 리셋핀
const int SS_PIN = 10;                        // Slave Slect 핀

MFRC522 my_mfrc(SS_PIN, RST_PIN);             // MFRC522 객체 생성

// 키패드(Keypad)
const byte ROWS = 4;                          // 4행
const byte COLS = 4;                          // 4열

const byte row_pins[ROWS] = {4, 3, 2, 1};     // 키패드 행(R1~R4) 연결핀
const byte col_pins[COLS] = {5, 6, 7, 8};     // 키패드 열(C1~C4) 연결핀

const char hex_keys[ROWS][COLS] = {           // 키 이름
  {'1','2','3','4'},
  {'5','6','7','8'},
  {'9','0','A','B'},
  {'C','D','E','F'}
};

// 키패드 객체 생성(키 명, 행 연결핀, 열 연결핀, 행 수, 열 수)
Keypad myKeypad = Keypad(makeKeymap(hex_keys), row_pins, col_pins, ROWS, COLS);

byte pwd_list[5][5] = {"1234", "0000", "0000", "0000", "0000"};          // 등록 비밀번호(최대 5개)
byte pwd_no = 1;                                                         // 등록된 비밀번호 개수
```

```
byte pwd_dp_no = 0;                                                    // 비밀번호 표시 번호

byte tag_list[3][4] = {{16, 17, 42, 164}, {0, 0, 0, 0}, {0, 0, 0, 0}};  // 등록 태그 ID(최대 3개)
byte tag_no = 1;                                                       // 등록된 태그 ID 개수
byte tag_dp_no = 0;                                                    //  태그 ID 표시 번호

byte in_tag[4];                              // 입력된 RFID 태그 ID 저장 배열
char in_pwd[5];                              // 입력된 비밀번호 저장 배열
byte in_pwd_no = 0;                          // 입력된 비밀번호 자리수(0~4)

byte  md = 0;                                // 동작 모드(0:입력모드, 1:비밀번호 추가등록,
                                             // 2:태그 ID 추가 등록, 3:등록 비밀번호 표시,
                                             // 4:등록 태그 ID 표시)
byte  servo = 0;                             // 서보 모터 상태 각도(0 : 닫힘, 90: 열림)

void LCD_display(void);                      // 동작 모드에 따라 표시하는 LCD 표시 함수
void add_password();                         // 비밀번호 추가 등록 함수
void add_RFtagid();                          // RFID 태그 ID 추가 등록 함수
void disp_password();                        // 등록 비밀번호 표시 함수
void disp_RFtagid();                         // 등록 태그 ID 표시 함수
byte Read_tag_id(void);                      // RFID 태그 ID 읽기 함수
void tag_check(void);                        // 입력 태그 ID 등록 체크 함수
void password_check(void);                   // 입력 비밀번호 등록 체크 함수

// 초기설정 함수
void setup()
{
    // RFID 초기화
    SPI.begin();                             // SPI 통신 시작(RFID)
    my_mfrc.PCD_Init();                      // MRFC 칩 초기화(RFID)

    // 서보모터 초기화
    myServo.attach(servo_pin);               // 사용할 서보명에 핀 할당
    myServo.write(servo);                    // 서보 모터 초기 상태 : 0도(닫힘)

    // I2C LCD 초기화
    myLCD.begin();                           // LCD 초기화
    LCD_display();                           // 초기 상태 표시(입력 모드)
}

// 반복처리 함수
void loop()
{
    char key, buf[20];

    while(1){
        // RFID 태그 ID 입력 체크
        if((key = Read_tag_id()) == 1) {     // RFID 태그 ID 입력 있으면
            sprintf(buf, "%d/%d/%d/%d", in_tag[0], in_tag[1], in_tag[2], in_tag[3]);
```

```
            myLCD.setCursor(0, 1);                  // 2행 1열
            myLCD.print(buf);                       // ID 표시
            delay(500);

            tag_check();                            // 입력 태그 ID와 일치하는 태그 ID가 있는지 체크
            in_pwd_no = 0;                          // 키보드 입력 자리수 리셋
            continue;                               // while문 처음으로
        }

        // 키패드 체크
        key = myKeypad.getKey();                    // 키패드 입력 체크
        if(key == NO_KEY) continue;                 // 키 입력 없으면 처음으로

        if(key >= '0' && key <= '9'){               // 눌려진 키가 숫자키이면
            myLCD.setCursor(in_pwd_no, 1);          // 2행 (in_pwd_no+1)열
            myLCD.write(key);                       // 입력 문자 표시

            in_pwd[in_pwd_no] = key;                // 입력된 숫자 비밀번호 저장배열에 저장

            in_pwd_no++;                            // 입력된 비밀번호 숫자수 +1
            if(in_pwd_no == 4) {                    // 4자리 모두 입력되면
                password_check();                   // 등록된 비밀번호가 있는지 체크
                in_pwd_no = 0;                      // 키보드 입력 숫자 수 리셋
            }
            continue;                               // while문 처음으로
        }
        else if(key == 'F'){                        // 'F'키 눌려지면
            if(servo == 0) servo = 90;              // 서보 모터 닫힘 -> 열림
            else servo = 0;                         // 서보 모터 열림 -> 닫힘

            myServo.write(servo);                   // 서보 모터 구동
            continue;                               // while문 처음으로
        }

        if(key == 'A') add_password();              // 비밀번호 추가 등록
        else if(key == 'B') add_RFtagid();          // RFID 태그 ID 추가 등록
        else if(key == 'C') disp_password();        // 비밀번호 순차 표시
        else if(key == 'D') disp_RFtagid();         // RFID 태그 ID 순차 표시
        else continue;                              // 'E' key 입력 무시

        md = 0;                                     // 입력모드
        in_pwd_no = 0;                              // 키보드 입력 자리수 리셋
        LCD_display();                              // LCD 표시
    }
}

// 입력 비밀번호 체크 함수
// 등록된 비밀번호에 일치하는게 있는지 체크
void password_check()
```

```
{
    byte m, n, chk = 0;

    for(m = 0;m < pwd_no;m++){                    // 등록된 비밀번호 모두에 대해 조사
        for(n = 0;n < 4;n++)                      // 각 비밀번호마다 4자리씩 일치하는지 조사
          if(in_pwd[n] != pwd_list[m][n]) break;  // 하나라도 틀리면 다음 비밀번호 조사

        if(n == 4){                               // 4개 모두 일치하면
            servo = 90;                           // 서보 모터 회전각 90도(OPEN)
            myServo.write(servo);                 // 서보 모터 구동
            chk = 1;                              // 일치 성공
            break;
        }
        if(chk == 1) break;                       // 일치하는게 있으면 조사 종료
    }

    if(chk == 0){                                 // 일치하는게 없으면 메시지 출력
        delay(1000);
        myLCD.setCursor(0, 1);                    // 2행 1열
        myLCD.print("Password Wrong!");           // 일치하는 비밀번호 없음 : 메시지 출력
    }
    delay(1000);                                  // 1초간 표시
    myLCD.setCursor(0, 1);                        // 2행 1열
    myLCD.print("                ");              // 메시지 클리어
}

// 입력된 RFID 태그 ID 체크 함수
void tag_check()
{
    byte m, n, chk = 0;

    for(m = 0;m < tag_no;m++){                    // 등록된 태그 ID 모두에 대해 조사
        for(n = 0;n < 4;n++)                      // 각 태그 ID마다 4자리씩 일치하는지 조사
          if(in_tag[n] != tag_list[m][n]) break;  // 하나라도 틀리면 다음 태그 ID 조사

        if(n == 4){                               // 4개 모두 일치하면
            servo = 90;                           // 서보 모터 회전각 90도(OPEN)
            myServo.write(servo);                 // 서보 모터 구동
            chk = 1;                              // 일치 성공
            break;
        }
        if(chk == 1) break;                       // 일치하는게 있으면 조사 종료
    }
    if(chk == 0){                                 // 일치하는게 없으면 메시지 출력
        myLCD.setCursor(0, 1);                    // 2행 1열
        myLCD.print("Tag ID Wrong!");             // 일치하는 태그 ID 없음 : 메시지 출력
    }
    delay(2000);
    myLCD.setCursor(0, 1);                        // 2행 1열
```

```
    myLCD.print("                ");                  // 메시지 클리어
}

// 비밀번호 추가 등록 함수
void add_password()
{
    byte  key, k = 0;

    md = 1;
    LCD_display();                                    // 비밀번호 추가 등록 모드 표시

    if(pwd_no == 5){                                  // 5개 모두 등록 완료했으면 메시지 출력
        myLCD.setCursor(0, 1);                        // 커서 2행 1열
        myLCD.print("Password Full!");                // 비밀번호 5개 등록 완료 메시지 출력
        delay(1000);

        return;                                       // 종료
    }

    while(1){
        // 키패드 읽기
        if((key = myKeypad.getKey()) == NO_KEY) continue;

        if(key >= '0' && key <= '9'){                 // 숫자키이면
            myLCD.setCursor(k, 1);                    // 2행 k열
            myLCD.write(key);                         // 입력 문자 표시

            pwd_list[pwd_no][k++] = key;              // 비밀번호 저장배열에 저장

            if(k == 4){                               // 번호 4자리 모두 입력됐으면
                pwd_list[pwd_no][k] = '\0';           // 문자열로 저장
                pwd_no++;                             // 등록 비밀번호 갯수 +1
                return;                               // 종료
            }
        }
        else if(key == 'F') return;                   // 'F'키 눌려지면 종료
    }
}

// RFID 태그 ID 추가 등록 함수
void add_RFtagid()
{
    byte  k;
    char key, buf[20];

    md = 2;
    LCD_display();                                    // 비밀번호 추가 등록 모드 표시

    if(tag_no == 3){                                  // 3개 모두 등록 완료했으면 메시지 출력
```

```
            myLCD.setCursor(0, 1);                  // 커서 2행 1열
            myLCD.print("Tag ID Full!");            // 태그 ID 3개 등록 완료 메시지 출력
            delay(1000);
            return;
        }

        while(1){
            if((k = Read_tag_id()) != 0){           // RFID 태그 ID 입력이 있으면
                // 새 RFID 태그 ID 표시
                sprintf(buf, "%d/%d/%d/%d", in_tag[0], in_tag[1], in_tag[2], in_tag[3]);
                myLCD.setCursor(0, 1);              // 2행 1열
                myLCD.print(buf);                   // 새 태그 ID 표시
                delay(1000);

                // 새 RFID 태그 ID 저장
                for(k = 0;k < 4;k++) tag_list[tag_no][k] = in_tag[k];
                tag_no++;

                return;                             // 종료
            }

            // 키패드 읽기
            if((key = myKeypad.getKey()) == NO_KEY)
                            continue;               // 키 입력 없으면 반복문 처음으로

            if(key == 'F') return;                  // 'F'키 눌려지면 종료
        }
}

// 비밀번호 순차 표시('C') 함수
void disp_password()
{
        byte  key, k, m;

        md = 3;
        pwd_dp_no = 0;                                      // 등록 비밀번호 표시 번호 리셋
        LCD_display();                                      // 등록 비밀번호 순차표시 모드 표시

        // 키패드 읽기
        while(1){
            if(pwd_no == 0) continue;                       // 등록 비밀번호 없으면 함수 종료
            if((key = myKeypad.getKey()) == NO_KEY) continue;  // 키 눌려질때까지 대기

            if(key == 'C'){                                 // 'C'키 눌려지면
                pwd_dp_no++;                                // 표시번호+1
                if(pwd_dp_no >= pwd_no) pwd_dp_no = 0;      // 모두 표시했으면 처음부터
            }
            else if(key == 'E'){                            // 'E'키 눌려지면
                if(pwd_dp_no == (pwd_no - 1)){
```

```
                    // 현재 표시중인 비밀번호가 마지막에 저장되어 있으면
                    pwd_no--;                          // 등록 비밀번호 갯수만 -1
                    pwd_dp_no = 0;                     // 표시 번호 리셋
                }
                else {
                    // 현재 표시중인 비밀번호가 중간에 저장되어 있으면
                    // 현재 표시중인 비밀번호부터 뒤쪽의 등록 비밀번호 앞쪽으로 저장
                    for(k = pwd_dp_no;k < (pwd_no - 1);k++){
                        for(m = 0;m < 4;m++)
                            pwd_list[k][m] = pwd_list[k + 1][m];
                    }
                    pwd_no--;                          // 등록 비밀번호 갯수 -1
                    pwd_dp_no = 0;                     // 표시 번호 리셋
                }
            }
            else if(key == 'F') return;                // 'F'키 눌리면 종료

            LCD_display();                             // 새로운 상태 표시
        }
}

// RFID 태그 ID 순차 표시 함수
void disp_RFtagid()
{
        byte key, k, m;

        md = 4;
        tag_dp_no = 0;                                 // 등록 태그 ID 표시 번호 첫 번째로 리셋
        LCD_display();                                 // 등록 태그 ID 순차표시 모드 표시

        // 키패드 읽기
        while(1){
            if(tag_no == 0) continue;                  // 등록 태그 ID가 없으면 함수 종료
            if((key = myKeypad.getKey()) == NO_KEY) continue; // 키 눌려질 때까지 대기

            if(key == 'D'){                            // 'D'키 눌려지면
                tag_dp_no++;                           // 표시번호 +1
                if(tag_dp_no >= tag_no) tag_dp_no = 0; // 모두 표시했으면 처음부터
            }
            else if(key == 'E'){                       // 'E'키 눌려지면
                if(tag_dp_no == (tag_no - 1)){
                    // 현재 표시중인 비밀번호가 마지막에 저장되어 있으면
                    tag_no--;                          // 등록 태그 ID 갯수만 -1
                    tag_dp_no = 0;                     // 표시 번호 리셋
                }
                else {
                    // 현재 표시중인 태그 ID가 중간에 저장되어 있으면
                    // 현재 표시중인 태그 ID부터 뒤쪽의 등록 태그 ID를 앞쪽으로 저장
                    for(k = tag_dp_no;k < (tag_no - 1);k++){
```

```
                        for(m = 0;m < 4;m++)
                            tag_list[k][m] = tag_list[k + 1][m];
                    }
                    tag_no--;                               // 등록 태그 ID 갯수 -1
                    tag_dp_no = 0;                          // 표시 번호 리셋
                }
            }
            else if(key == 'F') return;                     // 'F'키 눌려지면 종료

            LCD_display();                                  // 새로운 상태 표시
        }
}

// RFID 태그 ID 읽기 함수
byte Read_tag_id()
{
    byte k;

    // 태그 접촉이 있는지, ID가 읽혀지는지 확인 -> 없으면 0의 값 리턴
    if (!my_mfrc.PICC_IsNewCardPresent() ||
            !my_mfrc.PICC_ReadCardSerial()) return 0;

    // 태그 입력이 있으면 읽혀진 태그 ID 저장
    for(k = 0; k < 4; k++) in_tag[k] = my_mfrc.uid.uidByte[k];
    return 1;
}

// 동작모드에 따라 LCD 표시하기 함수
void LCD_display()
{
    char buf[20];

    if(md == 0){                                            // 비밀번호 입력 모드
        myLCD.clear();                                      // 클리어, 커서 홈(0,0)
        myLCD.print("-Password Input-");                    // 비밀번호 입력 모드 표시
        myLCD.setCursor(0, 1);                              // 커서 2행 1열
        myLCD.print("                ");                    // 아래줄 클리어
    }
    else if(md == 1){                                       // 비밀번호 추가 등록 모드
        myLCD.clear();                                      // 클리어, 커서 홈(0,0)
        myLCD.print("-New Password-  ");                    // 비밀번호 입력 모드 표시
        myLCD.setCursor(0, 1);                              // 커서 2행 1열
        myLCD.print("                ");                    // 아래줄 클리어
    }
    else if(md == 2){                                       // RFID 태그ID 추가 등록 모드
        myLCD.clear();                                      // 클리어, 커서 홈(0,0)
        myLCD.print("-New RFID Tag - ");                    // 비밀번호 입력 모드 표시
        myLCD.setCursor(0, 1);                              // 커서 2행 1열
        myLCD.print("                ");                    // 아래줄 클리어
```

```
    }
    else if(md == 3){                                          // 비밀번호 표시 모드
        myLCD.clear();                                         // 클리어, 커서 홈(0,0)
        if(pwd_no == 0){                                       // 등록 비밀번호 하나도 없으면
            myLCD.print("Password None!");                     // 메시지 1초간 출력 표시
            delay(1000);
            return;
        }

        // -Password [n/m]- 표시(m : 등록 비밀번호 갯수, n : 표시 번호)
        sprintf(buf, "-Password [%d/%d]- ", pwd_dp_no + 1, pwd_no);
        myLCD.print(buf);                                      // 표시

        // 2행에 표시 번호의 비밀번호 4자리 표시
        myLCD.setCursor(0, 1);                                 // 커서 2행 1열
        sprintf(buf, "%s", pwd_list[pwd_dp_no]);
        myLCD.print(buf);                                      // Password 표시
    }
    else if(md == 4){                                          // RFID Tag ID 표시 모드
        myLCD.clear();                                         // 클리어, 커서 홈(0,0)

        if(tag_no == 0){                                       // 등록 태그ID 하나도 없으면
            myLCD.print("RF Tag ID None!");                    // 메시지 1초간 출력 표시
            delay(1000);
            return;
        }

        // -Tag ID[n/m]- 표시(m : 등록 태그 ID 갯수, n : 표시 번호)
        sprintf(buf, "-Tag ID[%1d/%1d]-", tag_dp_no + 1, tag_no);
        myLCD.print(buf);                                      // 표시

        // 2행에 표시 번호의 태그 ID 4개의 숫자 표시(**/**/**/**/***)
        myLCD.setCursor(0, 1);                                 // 커서 2행 1열
        sprintf(buf, "%d/%d/%d/%d", tag_list[tag_dp_no][0], tag_list[tag_dp_no][1],
                    tag_list[tag_dp_no][2], tag_list[tag_dp_no][3]);
        myLCD.print(buf);                                      // ID 표시
    }
}
```

Memo.

Chapter

15

세탁기1

Chapter

15

세탁기1

[그림 15-1]과 [표 15-1]에 나타낸 기능을 갖는 세탁기를 구현해보자.

세탁 헹굼 강도	헹굼 설정 횟수	헹굼 실행 횟수	세탁기 모드

[그림 15-1] 7-세그먼트 표시값

[표 15-1] 사용 부품의 기능

<table>
<tr><th colspan="2">사용 부품</th><th>기 능</th><th>비 고</th></tr>
<tr><td colspan="2">스텝 모터</td><td>세탁기 드럼</td><td>정회전/역회전으로 세탁 및 탈수 기능 구현</td></tr>
<tr><td colspan="2">서보 모터</td><td>물의 급수 및 배수</td><td>90도 : 잠금, 0도 : 배수, 180도 : 급수</td></tr>
<tr><td colspan="2">SW1</td><td>동작/정지</td><td rowspan="3">세탁 모드 및 동작 설정</td></tr>
<tr><td colspan="2">SW2</td><td>세탁/헹굼 강도</td></tr>
<tr><td colspan="2">SW3</td><td>헹굼 횟수</td></tr>
<tr><td rowspan="4">7-세그먼트</td><td>1자리</td><td>세탁기 모드</td><td>(0:종료, 1:급수, 2:배수, 3:세탁, 4:헹굼, 5:탈수)</td></tr>
<tr><td>10자리</td><td>헹굼 횟수 표시</td><td>헹굼 횟수 표시</td></tr>
<tr><td>100자리</td><td>헹굼 설정 횟수 표시</td><td>1~3회(스텝 모터 좌우 회전수로 구현)</td></tr>
<tr><td>1000자리</td><td>세탁/헹굼 강도 표시</td><td>1~3단계(스텝 모터 속도로 구현)</td></tr>
<tr><td colspan="2">부저</td><td>정상 종료 시</td><td>1초 간격으로 3회 on/off</td></tr>
</table>

[표 15-2], [그림 15-2]는 아두이노 보드 연결핀과 연결 배선도를 보여준다. 서보모터와 스텝모터의 전원은 외부 전원 5V 어댑터를 사용하며, 스텝모터는 드라이버로 ULN2003 보드를 이용한다. 주의할 점은 외부 전원의 GND 단자와 아두이노 보드의 GND 단자를 반드시 연결하도록 한다.

[표 15-2] 아두이노 보드 연결핀

아두이노 보드	LCD, 스위치, 부저		아두이노 보드	스텝모터/서보모터/부저	
2	스위치6	스위치 보드	A0	ULN2003-IN1	스텝모터-A
3	스위치7		A1	ULN2003-IN2	스텝모터-B
4	스위치8		A2	ULN2003-IN3	스텝모터-/A
			A3	ULN2003-IN4	스텝모터-/B
5	7-세그먼트-1	1000자리	1	RC 서보모터	
6	7-세그먼트-2	100자리	0	부저	
7	7-세그먼트-3	10자리			
8	7-세그먼트-4	1자리			
9	7-세그먼트-a				
10	7-세그먼트-b				
11	7-세그먼트-c				
12	7-세그먼트-d				
13	7-세그먼트-e				
A4	7-세그먼트-f				
A5	7-세그먼트-g				

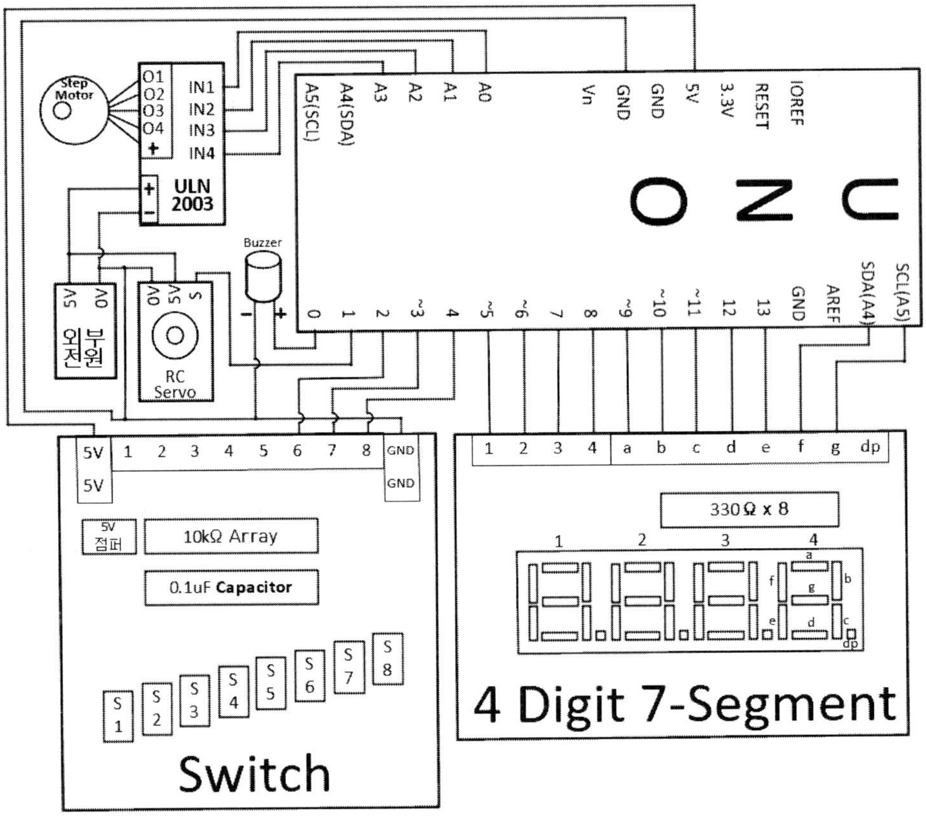

[그림 15-2] 아두이노 연결 배선도

세탁기1 구현을 위한 전체 처리 흐름도는 [그림 15-3]과 같고, 인터럽트 함수는 반복 처리 loop() 함수가 실행되면서 인터럽트가 발생할 때마다 자동으로 실행된다. 처리 흐름도에서 처리되는 주요 내용을 간략히 기술하면 [표 15-3]과 같다.

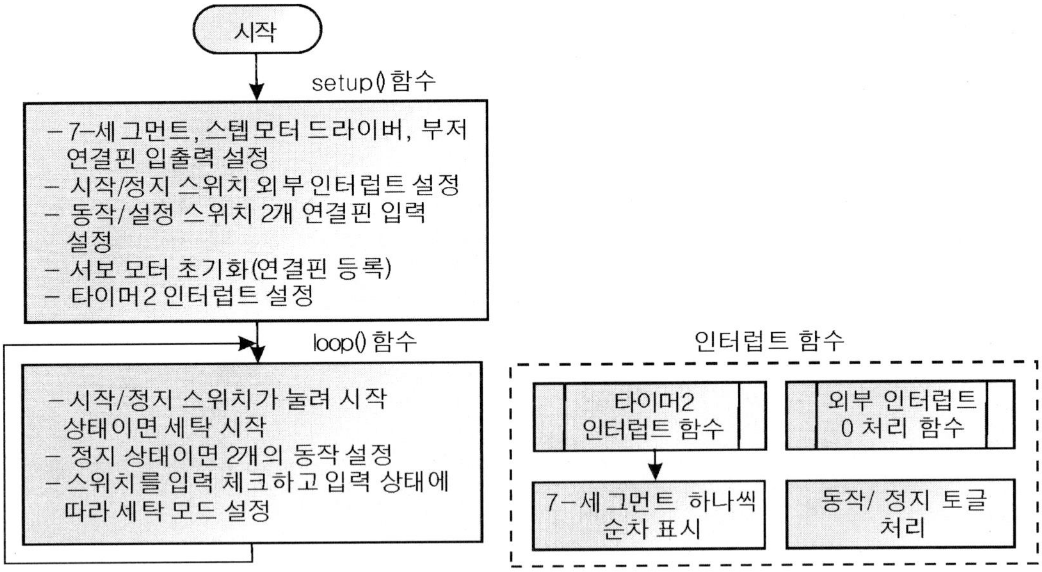

[그림 15–3] 세탁기1 처리 흐름도

[표 15–3] 주요 처리 내용

★ 세탁/헹굼

스텝모터를 정방향으로 반회전, 역방향으로 반회전 시키는 것을 5회 수행하여 나타내며, 세탁과 헹굼은 다음과 같이 급수부터 시작하여 배수 또는 탈수까지의 동작이 이어진다.

– 세탁 : 급수 -> 세탁 -> 배수 -> 탈수

– 헹굼 : 급수 -> 헹굼 -> 배수 -> 탈수

★ 급수/배수/잠금

서보모터의 회전각도로 나타내며, 배수는 0도, 급수는 180도, 잠금은 90도로 각 동작을 나타낸다.

★ 탈수

스텝모터를 정방향으로 <중속도 1회전 -> 고속 2회전 -> 저속 1회전> 회전시켜 탈수 동작을 나타낸다.

★ 세탁/헹굼 강도

스텝모터의 회전속도로 강도를 나타내며, 펄스 부여 간격을 3단계(6ms/4ms/2ms)로 나타낸다. 2ms가 가장 고속으로 제일 높은 강도를 나타낸다.

〈프로그램 설명〉

<table>
<tr><td>❶</td><td>

```
#include <MsTimer2.h>                               // 타이머2 헤더 파일
#include <Servo.h>                                  // 서보 모터 헤더 파일
```

</td></tr>
<tr><td>❷</td><td>

```
const int dig_sel_pin[4] = {8, 7, 6, 5};            // 1, 10, 100, 1000자리 전원핀
const int fnd_pin[7] ={9, 10, 11, 12, 13, A4, A5};  // a,b,c,d,e,f,g
const int fnd_pat[10][7] = {                        // 숫자 0~9 패턴(a,b,c,d,e,f,g)
          {0, 0, 0, 0, 0, 0, 1},           // 0
          {1, 0, 0, 1, 1, 1, 1},           // 1
          {0, 0, 1, 0, 0, 1, 0},           // 2
          {0, 0, 0, 0, 1, 1, 0},           // 3
          {1, 0, 0, 1, 1, 0, 0},           // 4
          {0, 1, 0, 0, 1, 0, 0},           // 5
          {0, 1, 0, 0, 0, 0, 0},           // 6
          {0, 0, 0, 1, 1, 1, 1},           // 7
          {0, 0, 0, 0, 0, 0, 0},           // 8
          {0, 0, 0, 1, 1, 0, 0}};          // 9

const int  sw1_pin = 2;                    // 동작/정지 스위치
const int  sw2_pin = 3;                    // 헹굼 강도 설정 스위치(스텝모터 속도)
const int  sw3_pin = 4;                    // 헹굼횟수 설정 스위치(스텝모터 좌우 회전수)

const int  buzzer_pin = 0;                 // 부저 연결핀
```

</td></tr>
<tr><td>❸</td><td>

```
// 스텝 모터 연결핀 및 1상 회전 펄스
const int step[4] = {A0, A1, A2, A3};      // 모터 연결핀(IN1, IN2, IN3, IN4)
const int one_pulse[4][4] =                // 1상 구동 펄스
    {{HIGH, LOW, LOW, LOW}, {LOW, HIGH, LOW, LOW},
     {LOW, LOW, HIGH, LOW}, {LOW, LOW, LOW, HIGH}};
const int step_spd[3] = {6, 4, 2};         // 스텝모터 회전속도(펄스 간격 : ms)

// 서보 모터(Servo motor)
Servo  myServo;                            // 사용할 서보 모터명 선언
const  int  servo_pin = 1;                 // 서보 모터 연결핀 => 타이머1 사용불가
```

</td></tr>
<tr><td>❹</td><td>

```
volatile byte  wash_mode = 0;              // 세탁모드(0:종료, 1:급수, 2:배수,
                                           // 3:세탁, 4:헹굼, 5:탈수)
volatile byte  wash_set_no = 1;            // 헹굼 설정 횟수(1~3)
volatile byte  wash_set_sen = 0;           // 세탁/헹굼 설정 강도
                                           // (0~2 => 스텝모터 1~3단계)
volatile byte  wash_no = 0;                // 헹굼 실행 횟수

volatile byte  rrun = 0;                   // 시작/종료(1:0)
volatile byte  dsp_pos = 0;                // 세그먼트 표시 위치
                                           // 3:1000자리(헹굼강도), 2:100자리(헹굼설정횟수),
                                           // 1:10자리(헹굼실행횟수), 0:1자리(세탁기모드)

volatile unsigned long  t1, t2;            // 채터링 방지 변수(외부 인터럽트 사용)
```

</td></tr>
</table>

❺	void wash(void); // 세탁 전 과정 처리 함수
	void wash1(void); // 세탁/헹굼 처리 함수
	void wash2(void); // 탈수 처리 함수

❶	- 타이머2 인터럽트 함수를 사용하기 위한 헤더 파일 - 타이머2는 4개의 7-세그먼트를 5ms간격으로 하나씩 표시하기 위해 사용 - 서보 모터를 사용하기 위한 헤더 파일
❷	- 4자리 7-세그먼트 전원(COM단자) 단자 아두이노 연결핀(1자리, 10자리, 100자리, 1000자리) - 7-세그먼트 a, b, c, d, e, f, g 단자 아두이노 연결핀 - 7-세그먼트 표시를 위한 숫자 0~9 패턴 - 사용 스위치 3개 아두이노 연결핀 - 부저 연결핀
❸	- 스텝모터 구동 ULN2003 보드(IN1, IN2, IN3, IN4) 아두이노 연결핀 - 스텝모터 1상 구동을 위한 출력 값 - 스텝모터 회전속도 : 3단계 펄스 간격값 - 서보모터 객체명 선언 - 서보모터 연결핀
❹	<사용 변수> - 세탁모드(0~5), 헹굼 설정 횟수, 세탁/헹굼 강도 설정, 헹굼 실행 횟수 변수 - 세탁 시작/종료 변수, 세그먼트 표시 위치 지정 변수 - 외부 인터럽트 함수에서 발생하는 채터링 방지를 위해 사용하는 시간 변수
❺	<사용자 함수 정의> - 세탁 전 과정 처리 함수 : wash() - 세탁/헹굼 처리 함수 : wash1() - 탈수 처리 함수 : wash2()

❶	// 초기설정 함수
	void setup()
	{
	    byte n;
	
	    // 7-세그먼트 a,b,c,d,e,f,g 연결핀 출력 설정
	    for(n = 0;n < 7;n++) pinMode(fnd_pin[n], OUTPUT);
	
	    // 7-세그먼트 자리 선택핀(1,2,3,4) 출력 설정
	    for(n = 0;n < 4;n++) pinMode(dig_sel_pin[n], OUTPUT);

❷	// 스텝모터, 부저 연결핀 출력설정
	for(n = 0;n < 4;n++){
	    pinMode(step[n], OUTPUT); // 모터 제어핀 출력 설정
	    digitalWrite(step[n], LOW); // 모터 제어핀 모두 LOW 출력
	}
	
	pinMode(buzzer_pin, OUTPUT) // 부저 연결핀 출력 설정
	digitalWrite(buzzer_pin, LOW); // 부저 LOW 출력(off)

❸	// 스위치3개 연결핀 설정(SW1 외부 인터럽트 설정, SW2, SW3 폴링방식)
	attachInterrupt(digitalPinToInterrupt(sw1_pin), sw1_on, FALLING); // INT0
	pinMode(sw2_pin, INPUT); // SW2 연결핀 입력 설정
	pinMode(sw3_pin, INPUT); // SW3 연결핀 입력 설정

❹	// 서보모터 초기화
	myServo.attach(servo_pin); // 사용할 서보명에 핀 할당
	myServo.write(90); // 서보 모터 초기 상태 : 90도(잠금)

❺	// 타이머2 인터럽트 설정
	MsTimer2::set(5, wash_dsp); // 5ms 주기, 인터럽트 함수 설정
	MsTimer2::start(); // 타이머2 동작 시작
	
	t1 = millis(); // 프로그램 시작 시간 저장
	}

❶	<setup() :초기 설정 함수> - 7-세그먼트 a,b,c,d,e,f,g 아두이노 연결핀 출력 설정 - 7-세그먼트 4자리 전원핀(COM) 아두이노 연결핀 출력 설정
❷	- 스텝모터 연결핀 출력 설정 - 연결핀에 모두 LOW 출력 - 부저 연결핀 출력 설정 - 부저 연결핀 LOW 출력(off)
❸	- 아두이노 2번핀(INT0) 외부 인터럽트 하강에지 모드 설정 : SW1 - 두 개의 스위치는 폴링 방식 사용을 위해 입력 설정 : SW2, SW3
❹	- 서보모터 연결핀 할당 - 서보 모터 초기상태 출력(90도 : 잠금)
❺	- 4자리 7-세그먼트 구동을 위해 타이머2 5ms 주기 및 인터럽트 함수 설정 - 타이머2 동작 시작 - 외부 인터럽트에서 스위치가 눌려지는 시간 간격을 확인하기 위해 프로그램 시작 시간 t1에 저장(채터링 방지용)

❶
```
// 반복처리 함수
void loop()
{
      boolean  o_sw2, o_sw3, n_sw2, n_sw3;

      while(1){
            if(rrun == 1) wash();                              // 세탁 시작

            // SW2, SW3 상태 두 번 연속 읽기
            o_sw2 = digitalRead(sw2_pin);
            o_sw3 = digitalRead(sw3_pin);
            delay(10);
            n_sw2 = digitalRead(sw2_pin);
            n_sw3 = digitalRead(sw3_pin);
```
❷
```
            if(o_sw2 == HIGH && n_sw2 == LOW)                // SW2 눌려질 때
                  wash_set_sen = (wash_set_sen + 1) % 3;     // 0~2(회전속도 3단계)
```

```
            else if(o_sw3 == HIGH && n_sw3 == LOW){          // SW3 눌려질 때
                  wash_set_no++;
                  if(wash_set_no == 4) wash_set_no = 1;      // 1~3회
            }
      }
}
```

❶	**<loop() : 반복 처리 함수>** - 세탁 시작/정지 변수가 1이면 세탁 시작 함수 호출 : wash() - 동작 설정 스위치 SW2, SW3 10ms 간격으로 연속해서 두 번 읽기
❷	- SW2 첫 번째 상태는 OFF이고 두 번째 상태는 ON인지 체크(SW2 눌려지는 순간 체크) - SW2가 눌려졌으면 세탁/헹굼 강도 갱신(0~2 : 3단계 반복)
❸	- SW3 첫 번째 상태는 OFF이고 두 번째 상태는 ON인지 체크(SW3 눌려지는 순간 체크) - SW3이 눌려졌으면 헹굼 횟수 +1(1~3의 값 반복)

❶

```
// 세탁 전 과정(세탁 -> 헹굼 -> 탈수) 처리 함수
void wash()
{
	byte m;

	delay(1000);                                          // 1초 대기

	// 세탁 전 과정(세탁 -> 헹굼 -> 탈수) 처리
	for(m = 0;m <= wash_set_no;m++){                      // m=0(세탁), m=1~wash_set_no(헹굼)
		wash_no = m;                                      // 0: 세탁, 1~ : 헹굼횟수

		// 급수
		wash_mode = 1;                                    // 급수 모드
		myServo.write(180);                               // 서보모터 : 180도 -> 급수
		if(rrun == 0) break;                              // 중간 정지 확인
		delay(3000);                                      // 3초 대기
		myServo.write(90);                                // 서보모터 : 90도 -> 잠금

		// 세탁/헹굼
		if(m == 0) wash_mode = 3;                         // 세탁 모드
		else wash_mode = 4;                               // 헹굼 모드

		if(rrun == 0) break;                              // 중간 정지 확인
		wash1();                                          // 세탁/헹굼
```

❷

```
		// 배수
		wash_mode = 2;                                    // 배수 모드
		myServo.write(0);                                 // 서보모터 : 0도 -> 배수
		delay(3000);

		// 탈수
		wash_mode = 5;                                    // 탈수 모드
		if(rrun == 0) break;                              // 중간 정지 확인
		wash2();                                          // 탈수
		myServo.write(90);                                // 서보모터 : 90도 -> 잠금
	}
```

❸

```
	wash_mode = 0;                                        // 세탁모드(0:종료)
	wash_no = 0;
	myServo.write(90);                                    // 서보모터 : 90도 -> 잠금
	if(rrun == 0) return;
	rrun = 0;

	// 종료 알림
	for(m = 0;m < 3;m++){
		digitalWrite(buzzer_pin, HIGH);                   // 부저 on
		delay(1000);                                      // 1초간 on
		digitalWrite(buzzer_pin, LOW);                    // 부저 off
		delay(1000);                                      // 1초간 off
	}
}
```

❶	<wash() : 세탁 전 과정 처리 함수> - 맨 처음에는(m = 0) 세탁 과정 수행 : 급수 -> 세탁 -> 배수 -> 탈수 - 미리 설정된 헹굼 횟수 만큼 헹굼 처리 수행 : 급수 -> 헹굼 -> 배수 -> 탈수 <급수 실행> - 급수 모드 표시 -> 서보모터 180도 회전(급수 모드) -> 정지 상태이면 세탁 과정 중단 -> 3초후 서보모터 90도 회전(잠금) **<세탁/헹굼>** - 맨 처음에는 세탁 모드 설정하고 그 이외에는 헹굼 모드 설정 - 정지 상태이면 실행 중단(시작/정지는 인터럽트로 처리되므로 중간에서 확인 필요) - 세탁/헹굼 처리 함수 호출 : wash1()
❷	**<배수 실행>** - 배수 모드 표시 -> 서보모터 0도 회전(배수 모드) -> 3초 대기 **<탈수 실행>** - 탈수 모드 표시 - 정지 상태이면 세탁 과정 중단 - 탈수 함수 호출 : wash2() - 서보 모터 90도 회전(잠금)
❸	**<세탁 과정 종료 처리>** - 세탁 모드 종료 상태로 - 헹굼 실행 횟수 0으로 리셋 - 서보 모터 90도 회전(잠금) - 정지 상태이면 함수 종료 - 정지 상태 아니면 시작/정지 변수 리셋 - 종료 알림(부저 3회 ON/OFF 출력)

❶	`// 세탁/헹굼 처리 함수`
	`// 정방향 반회전 -> 역방향 반회전 5회 실시`
	`void wash1()`
	`{`
	`    int   p, pp, ppp, pulse = 0;`
	
	`    delay(1000);                                  // 1초 대기`
	
	`    for(p = 0;p < 5;p++){`
	`        for(pp = 0;pp < 1024;pp++){               // 정방향 반회전`
	`            if(rrun == 0) return;                 // 중간 정지 확인`
	`            for(ppp = 0;ppp <= 3;ppp++)           // 구동 펄스 출력`
	`                digitalWrite(step[ppp], one_pulse[pulse][ppp]);`
	
	`            delay(step_spd[wash_set_sen]);        // 모터 속도 조절(6, 4, 2ms)`
	`            pulse = (pulse + 1) % 4;              // 정방향 출력 펄스 번호 갱신`
	`        }`

❷	`        delay(500);`
	
	`        // 펄스 1024 출력 -> 역방향 반 회전`
	`        for(pp = 0;pp < 1024;pp++){               // 역방향 반회전`
	`            if(rrun == 0) return;                 // 중간 정지 확인`
	`            for(ppp = 0;ppp <= 3;ppp++)           // 구동 펄스 출력`
	`                digitalWrite(step[ppp], one_pulse[pulse][ppp]);`
	
	`            delay(step_spd[wash_set_sen]);        // 모터 속도 조절(6, 4, 2ms)`
	`            pulse = (pulse + 3) % 4;              // 역방향 출력 펄스 번호 갱신`
	`        }`
	`    }`
	`}`

❶	<wash1() : 세탁/헹굼 처리 함수> - 스텝모터 1상여자 구동방식으로 정방향 반회전과 역방향 반회전을 각각 5회 실행 <정방형 반회전> - 정지 상태이면 실행 중단하고 함수 종료 - 스텝모터 연결핀 4핀에 신호 정방향 신호 출력 - 세탁/헹굼 강도에 맞춰 딜레이 - 정방향 출력 펄스 번호 갱신
❷	- 0.5초 대기 <역방형 반회전> - 정지 상태이면 실행 중단하고 함수 종료 - 스텝모터 연결핀 4핀에 신호 역방향 신호 출력 - 모터 속도에 맞춰 딜레이 - 역방향 출력 펄스 번호 갱신

❶	`// 탈수 처리 함수`
	`// 속도 2단계로 1회전씩 가속 회전 후 속도 2단계로 1회전씩 감속 회전`
	`void wash2()`
	`{`
	`    int   p, pp, ppp, pulse = 0;`
	
	`    // 속도 서서히 2단계로 가속`
	`    for(p = 1;p < 3;p++){                               // 중속 -> 고속`
	`        for(pp = 0;pp < 2048;pp++){                     // 1회전`
	`            if(rrun == 0) return;                       // 중간 정지 확인`
	`            for(ppp = 0;ppp <= 3;ppp++)                 // 구동 펄스 출력`
	`                digitalWrite(step[ppp], one_pulse[pulse][ppp]);`
	
	`            delay(step_spd[p]);                         // 4-> 2ms`
	`            pulse = (pulse + 1) % 4;                    // 정방향 출력 펄스 번호 갱신`
	`        }`
	`    }`

❷	`    // 속도 서서히 2단계로 감속`
	`    for(p = 2;p >= 1;p--){                              // 고속 -> 중속`
	`        for(pp = 0;pp < 2048;pp++){                     // 1회전`
	`            if(rrun == 0) return;                       // 중간 정지 확인`
	`            for(ppp = 0;ppp <= 3;ppp++)                 // 구동 펄스 출력`
	`                digitalWrite(step[ppp], one_pulse[pulse][ppp]);`
	`            delay(step_spd[p]);                         // 2 -> 4ms`
	`            pulse = (pulse + 1) % 4;                    // 정방향 출력 펄스 번호 갱신`
	`        }`
	`    }`
	`}`

❶	<wash2() : 탈수 처리 함수> - 속도 2단계로 가속하면서 1회전씩 회전 - 정지 상태이며 실행 중단하고 함수 종료 - 스텝모터 연결핀 4핀에 신호 정방향 신호 출력
❷	- 속도 2단계로 감속하면서 1회전씩 회전 - 정지 상태이며 실행 중단하고 함수 종료 - 스텝모터 연결핀 4핀에 신호 정방향 신호 출력

❶	```
	/// 타이머2 인터럽트 처리 함수(5ms주기)
	// 7-세그먼트 세탁 상태 표시
	void wash_dsp()
	{
	    byte n, tmp;
	
	    // 7-세그먼트 표시값 추출
	    if(dsp_pos == 0) tmp = wash_mode; // 세탁 모드
	    else if(dsp_pos == 1) tmp = wash_no; // 헹굼 횟수
	    else if(dsp_pos == 2) tmp = wash_set_no; // 헹굼 설정 횟수
	    else tmp = (wash_set_sen + 1); // 헹굼 강도
	``

❷	```
	    // 모든 자리 off 한 후 dsp_pos(표시위치) 자리만 on
	    for(n = 0;n < 4;n++) digitalWrite(dig_sel_pin[n], LOW);
	    digitalWrite(dig_sel_pin[dsp_pos], HIGH); // dsp_pos 자리만 ON
	
	    // dsp_pos 표시값 tmp 표시
	    for(n = 0;n < 7;n++) digitalWrite(fnd_pin[n], fnd_pat[tmp][n]);
	
	    dsp_pos = (dsp_pos + 1) % 4; // 표시 자리 이동
	}
	``

❶	<wash_dsp() : 타이머2 5ms 주기인터럽트 함수(7-세그먼트 세탁 상태 표시)> - 표시 위치에 따라 7-세그먼트에 표시할 값 저장 - 1자리는 세탁 모드, 10자리는 헹굼 횟수, 100자리는 헹굼 설정 횟수, 1000자리는 헹굼 강도 표시
❷	- 4자리 7-세그먼트 모두 OFF - 표시할 위치의 세그먼트만 ON - 저장한 표시값 표시 - 다음에 표시할 위치 이동(왼쪽으로 한 칸씩 이동)

❶	`// 외부인터럽트0(INT0) 처리함수`
	`// 스위치1 눌려지는 순간(동작/정지 토글)`
	`void sw1_on()`
	`{`
	`    // 채터링 체크 : 200ms 이내에 스위치가 또 눌려진 상태이면 무시`
	`    t2 = millis();                          // 현재 시간 저장`
	
	`    // 인터럽트 시간 간격 체크`
	`    if((t2 - t1) < 200) return;             // 200ms 보다 작으면 무시`
	`    else t1 = t2;                           // 인터럽트 발생 시간 갱신`

❷	`    rrun = (rrun + 1) % 2;                  // 동작/정지 토글`
	`}`

❶	<sw1_on() : 외부 인터럽트 함수(스위치1 눌려지는 순간)> - 채터링 방지를 위해 프로그램이 실행되고 난 후 스위치1이 눌려진 현재의 시간(t2) 읽기 - 바로 이전에 스위치가 눌려졌을 때의 시간(t1)과의 간격이 200ms이내이면 채터링 현상으로 판단하고 리턴 - 그렇지 않으면 현재의 시간을 이전에 눌려진 시간값으로 갱신
❷	- 시작/정지 상태 반전

[리스트 15-1] 세탁기1 프로그램

```
// report15
// 2019. 6.19  by SHIN
//
// 7-세그먼트 표시
// 1자리 : 세탁기 모드 => 0 : 정지(종료), 1 : 세탁, 2 : 헹굼, 3 : 탈수
// 10자리 : 헹굼 실행 횟수 표시
// 100자리 : 헹굼 설정 횟수 표시 =>1~3
// 1000자리 : 헹굼 강도 표시 => 1~3(스텝 모터 속도로 구현)
//
#include <MsTimer2.h>                              // 타이머2 헤더 파일
#include <Servo.h>                                 // 서보 모터 헤더 파일

const int dig_sel_pin[4] = {8, 7, 6, 5};           // 1, 10, 100, 1000자리 전원핀
const int fnd_pin[7] ={9, 10, 11, 12, 13, A4, A5}; // a,b,c,d,e,f,g
const int fnd_pat[10][7] = {                       // 숫자 0~9 패턴(a,b,c,d,e,f,g)
          {0, 0, 0, 0, 0, 0, 1},          // 0
          {1, 0, 0, 1, 1, 1, 1},          // 1
          {0, 0, 1, 0, 0, 1, 0},          // 2
          {0, 0, 0, 0, 1, 1, 0},          // 3
          {1, 0, 0, 1, 1, 0, 0},          // 4
          {0, 1, 0, 0, 1, 0, 0},          // 5
          {0, 1, 0, 0, 0, 0, 0},          // 6
          {0, 0, 0, 1, 1, 1, 1},          // 7
          {0, 0, 0, 0, 0, 0, 0},          // 8
          {0, 0, 0, 1, 1, 0, 0}};         // 9

const int   sw1_pin = 2;                  // 동작/정지 스위치
const int   sw2_pin = 3;                  // 헹굼 강도 설정 스위치(스텝모터 속도)
const int   sw3_pin = 4;                  // 헹굼 횟수 설정 스위치(스텝모터 좌우 회전수)

const int   buzzer_pin = 0;               // 부저 연결핀

// 스텝 모터 연결핀 및 1상 회전 펄스
const int step[4] = {A0, A1, A2, A3};     // 모터 연결핀(IN1, IN2, IN3, IN4)
const int one_pulse[4][4] =               // 1상 구동 펄스
     {{HIGH, LOW, LOW, LOW}, {LOW, HIGH, LOW, LOW},
      {LOW, LOW, HIGH, LOW}, {LOW, LOW, LOW, HIGH}};
const int step_spd[3] = {6, 4, 2};        // 스텝모터 회전속도(펄스 간격 : ms)

// 서보 모터(Servo motor)
Servo myServo;                            // 사용할 서보 모터명 선언
const int   servo_pin = 1;                // 서보 모터 연결핀 => 타이머1 사용불가


volatile byte  wash_mode = 0;             // 세탁모드(0:종료, 1:급수, 2:배수,
                                          // 3:세탁, 4:헹굼, 5:탈수)
volatile byte  wash_set_no = 1;           // 헹굼 설정 횟수(1~3)
```

```
volatile byte   wash_set_sen = 0;          // 세탁/헹굼 설정 강도(0~2 => 스텝모터 1~3단계)
volatile byte   wash_no = 0;               // 헹굼 실행 횟수

volatile byte   rrun = 0;                  // 시작/종료(1:0)
volatile byte   dsp_pos = 0;               // 세그먼트 표시 위치
                                           // 3:1000자리(헹굼강도), 2:100자리(헹굼설정횟수),
                                           // 1:10자리(헹굼실행횟수), 0:1자리(세탁기모드)

volatile unsigned long  t1, t2;            // 채터링 방지 변수(외부 인터럽트 사용)

void wash(void);                           // 세탁 전 과정 처리 함수
void wash1(void);                          // 세탁/헹굼 처리 함수
void wash2(void);                          // 탈수 처리 함수

// 초기설정 함수
void setup()
{
      byte    n;

      // 7-세그먼트 a,b,c,d,e,f,g 연결핀 출력 설정
      for(n = 0;n < 7;n++) pinMode(fnd_pin[n], OUTPUT);

      // 7-세그먼트 자리 선택핀(1,2,3,4) 출력 설정
      for(n = 0;n < 4;n++) pinMode(dig_sel_pin[n], OUTPUT);

      // 스텝모터, 부저 연결핀 출력설정
      for(n = 0;n < 4;n++){
            pinMode(step[n], OUTPUT);      // 모터 제어핀 출력 설정
            digitalWrite(step[n], LOW);    // 모터 제어핀 모두 LOW 출력
      }

      pinMode(buzzer_pin, OUTPUT)          // 부저 연결핀 출력 설정
      digitalWrite(buzzer_pin, LOW);       // 부저 LOW 출력(off)

      // 스위치3개 연결핀 설정(SW1 외부 인터럽트 설정, SW2, SW3 폴링방식)
      attachInterrupt(digitalPinToInterrupt(sw1_pin), sw1_on, FALLING);   // INT0
      pinMode(sw2_pin, INPUT);             // SW2 연결핀 입력 설정
      pinMode(sw3_pin, INPUT);             // SW3 연결핀 입력 설정

     // 서보모터 초기화
      myServo.attach(servo_pin);           // 사용할 서보명에 핀 할당
      myServo.write(90);                   // 서보 모터 초기 상태 : 90도(잠금)

      // 타이머2 인터럽트 설정
      MsTimer2::set(5, wash_dsp);          // 5ms 주기, 인터럽트 함수 설정
      MsTimer2::start();                   // 타이머2 동작 시작

      t1 = millis();                       // 프로그램 시작 시간 저장
```

```
}

// 반복처리 함수
void loop()
{
      boolean  o_sw2, o_sw3, n_sw2, n_sw3;

      while(1){
            if(rrun == 1) wash();                         // 세탁 시작

            // SW2, SW3 상태 두 번 연속 읽기
            o_sw2 = digitalRead(sw2_pin);
            o_sw3 = digitalRead(sw3_pin);
            delay(10);
            n_sw2 = digitalRead(sw2_pin);
            n_sw3 = digitalRead(sw3_pin);

            if(o_sw2 == HIGH && n_sw2 == LOW)             // SW2 눌려질 때
                  wash_set_sen = (wash_set_sen + 1) % 3;  // 0~2(회전속도 3단계)
            else if(o_sw3 == HIGH && n_sw3 == LOW){       // SW3 눌려질 때
                  wash_set_no++;
                  if(wash_set_no == 4) wash_set_no = 1;   // 1~3회
            }
      }
}

// 세탁 전 과정(세탁 -> 헹굼 -> 탈수) 처리 함수
void wash()
{
      byte m;

      delay(1000);                                  // 1초 대기

      // 세탁 전 과정(세탁 -> 헹굼 -> 탈수) 처리
      for(m = 0;m <= wash_set_no;m++){              // m=0(세탁), m=1~wash_set_no(헹굼)
            wash_no = m;                            // 0: 세탁, 1~ : 헹굼횟수

            // 급수
            wash_mode = 1;                          // 급수 모드
            myServo.write(180);                     // 서보모터 : 180도 -> 급수
            if(rrun == 0) break;                    // 중간 정지 확인
            delay(3000);                            // 3초 대기
            myServo.write(90);                      // 서보모터 : 90도 -> 잠금

            // 세탁/헹굼
            if(m == 0) wash_mode = 3;               // 세탁 모드
            else wash_mode = 4;                     // 헹굼 모드
```

```
            if(rrun == 0) break;                    // 중간 정지 확인
            wash1();                                // 세탁/헹굼

            // 배수
            wash_mode = 2;                          // 배수 모드
            myServo.write(0);                       // 서보모터 : 0도 -> 배수
            delay(3000);

            // 탈수
            wash_mode = 5;                          // 탈수 모드
            if(rrun == 0) break;                    // 중간 정지 확인
            wash2();                                // 탈수
            myServo.write(90);                      // 서보모터 : 90도 -> 잠금
      }

      wash_mode = 0;                                // 세탁모드(0:종료)
      wash_no = 0;
      myServo.write(90);                            // 서보모터 : 90도 -> 잠금
      if(rrun == 0) return;
      rrun = 0;

      // 종료 알림
      for(m = 0;m < 3;m++){
            digitalWrite(buzzer_pin, HIGH);         // 부저 on
            delay(1000);                            // 1초간 on
            digitalWrite(buzzer_pin, LOW);          // 부저 off
            delay(1000);                            // 1초간 off
      }
}

// 세탁/헹굼 처리 함수
// 정방향 반회전 -> 역방향 반회전 5회 실시
void wash1()
{
      int   p, pp, ppp, pulse = 0;

      delay(1000);                                  // 1초 대기

      for(p = 0;p < 5;p++){
            for(pp = 0;pp < 1024;pp++){             // 정방향 반회전
                  if(rrun == 0) return;             // 중간 정지 확인
                  for(ppp = 0;ppp <= 3;ppp++)       // 구동 펄스 출력
                        digitalWrite(step[ppp], one_pulse[pulse][ppp]);

                  delay(step_spd[wash_set_sen]);    // 모터 속도 조절(2, 6, 10ms)
                  pulse = (pulse + 1) % 4;          // 정방향 출력 펄스 번호 갱신
            }
```

```
            delay(500);

            // 펄스 1024 출력 -> 역방향 반 회전
            for(pp = 0;pp < 1024;pp++){                 // 역방향 반회전
                if(rrun == 0) return;                   // 중간 정지 확인
                for(ppp = 0;ppp <= 3;ppp++)             // 구동 펄스 출력
                    digitalWrite(step[ppp], one_pulse[pulse][ppp]);

                delay(step_spd[wash_set_sen]);          // 모터 속도 조절(2, 6, 10ms)
                pulse = (pulse + 3) % 4;                // 역방향 출력 펄스 번호 갱신
            }
        }
}

// 탈수 처리 함수
// 속도 3단계로 1회전씩 가속 회전 후 속도 3단계로 1회전씩 감속 회전
void wash2()
{
        int    p, pp, ppp, pulse = 0;

        // 속도 서서히 2단계로 가속
        for(p = 1;p < 3;p++){                           // 중속 -> 고속
            for(pp = 0;pp < 2048;pp++){                 // 1회전
                if(rrun == 0) return;                   // 중간 정지 확인
                for(ppp = 0;ppp <= 3;ppp++)             // 구동 펄스 출력
                    digitalWrite(step[ppp], one_pulse[pulse][ppp]);

                delay(step_spd[p]);                     // 6-> 2ms
                pulse = (pulse + 1) % 4;                // 정방향 출력 펄스 번호 갱신
            }
        }

        // 속도 서서히 2단계로 감속
        for(p = 2;p >= 1;p--){                          // 고속 -> 중속
            for(pp = 0;pp < 2048;pp++){                 // 1회전
                if(rrun == 0) return;                   // 중간 정지 확인
                for(ppp = 0;ppp <= 3;ppp++)             // 구동 펄스 출력
                    digitalWrite(step[ppp], one_pulse[pulse][ppp]);
                delay(step_spd[p]);                     // 2 -> 6ms
                pulse = (pulse + 1) % 4;                // 정방향 출력 펄스 번호 갱신
            }
        }
}

// 타이머2 인터럽트 처리 함수(5ms주기)
// 7-세그먼트 세탁 상태 표시
void wash_dsp()
{
```

```
    byte  n, tmp;

    // 7-세그먼트 표시 값 추출
    if(dsp_pos == 0) tmp = wash_mode;              // 세탁 모드
    else if(dsp_pos == 1) tmp = wash_no;           // 헹굼 횟수
    else if(dsp_pos == 2) tmp = wash_set_no;       // 헹굼 설정 횟수
    else tmp = (wash_set_sen + 1);                 // 헹굼 강도

    // 모든 자리 off 한 후 dsp_pos(표시위치) 자리만 on
    for(n = 0;n < 4;n++) digitalWrite(dig_sel_pin[n], LOW);
    digitalWrite(dig_sel_pin[dsp_pos], HIGH);      // dsp_pos 자리만 ON

    // dsp_pos 표시값 tmp 표시
    for(n = 0;n < 7;n++) digitalWrite(fnd_pin[n], fnd_pat[tmp][n]);

    dsp_pos = (dsp_pos + 1) % 4;                   // 표시 자리 이동
}

// 외부인터럽트0(INT0) 처리함수
// 스위치1 눌려지는 순간(동작/정지 토글)
void sw1_on()
{
    // 채터링 체크 : 200ms 이내에 스위치가 또 눌려진 상태이면 무시
    t2 = millis();                                 // 현재 시간 저장

    // 인터럽트 시간 간격 체크
    if((t2 - t1) < 200) return;                    // 200ms 보다 작으면 무시
    else t1 = t2;                                  // 인터럽트 발생 시간 갱신

    rrun = (rrun + 1) % 2;                         // 동작/정지 토글
}
```

Memo.

Chapter

16

세탁기2

Chapter

16

세탁기2

15장 세탁기와 다르게 세탁, 헹굼, 탈수를 따로 설정할 수 있는 세탁기를 구현해보자. 기능과 동작은 [그림 16-1], [표 16-1]과 같으며, 아두이노 연결 배선도는 15장 세탁기1과 동일하다.

세탁	헹굼 설정 횟수	탈수 설정 횟수	세탁 모드

[그림 16-1] 7-세그먼트 표시값

[표 16-1] 사용 부품의 기능

사용 부품		기 능	비 고
스텝 모터		세탁기 드럼	정회전/역회전으로 세탁 및 탈수 기능 구현
서보 모터		물의 급수 및 배수	90도 : 잠금, 0 : 배수, 90도 : 급수
스위치	SW1	동작/정지	설정된 세탁/헹굼/탈수 실행/정지
	SW2	세탁/탈수/	– 스위치 눌릴 때마다 0~3 반복 – 0 : 세탁 안함 – 1 : 세탁(세탁 –> 헹굼 횟수 –> 탈수) – 2 : 탈수 약 => 탈수만 따로 실행 – 3 : 탈수 강 => 탈수만 따로 실행 (2, 3 탈수는 헹굼 횟수가 0인 경우만 동작하며, 헹굼 횟수가 0이 아니면 탈수 설정은 무시)
	SW3	헹굼 횟수	– 헹굼 횟수(0 : 헹굼 없음, 1~3 : 헹굼 횟수) – 헹굼 후에는 탈수 자동 실행
7-세그먼트	1자리	세탁 모드	– 세탁기 상태 표시 – 0:종료, 1:급수, 2:배수, 3:세탁, 4:헹굼, 5:탈수
	10자리	탈수 횟수	– 헹굼이 0이고 탈수(약, 강)만 설정된 경우에만 탈수 별도 실행 – 강(2)/약(1)로 설정 : 강약은 시간으로 제어
	100자리	헹굼 횟수	– 헹굼 설정 횟수 1~3 – 헹굼 끝날때마다 탈수 자동 실행 – 세탁이 설정된 경우에는 세탁 후에 실행
	1000자리	세탁	– 세탁 여부 : 1(세탁)/0(세탁 없음) – 세탁 후에는 설정된 헹굼 회수 실행
부저		정상 종료 시	– 1초 간격으로 3회 on/off

세탁기2 구현을 위한 전체 처리 흐름도는 [그림 16-2]와 같고, 인터럽트 함수는 반복 처리 loop() 함수가 실행되면서 인터럽트가 발생할 때마다 자동으로 실행된다.

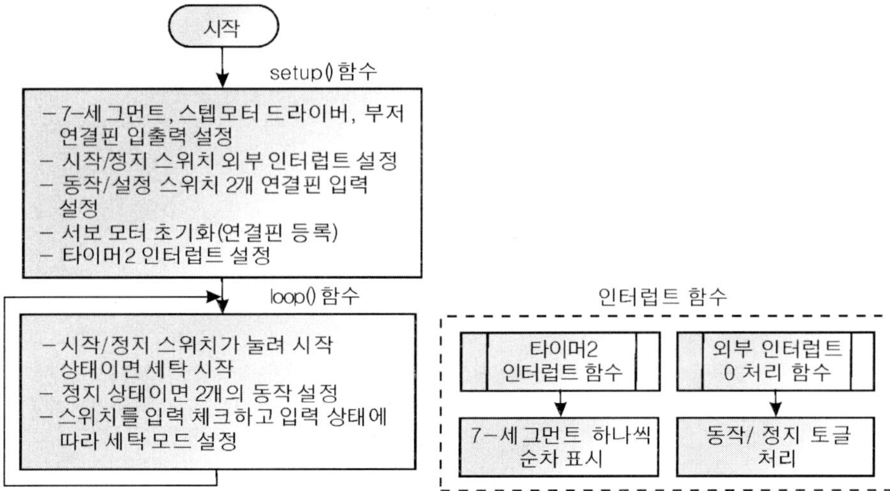

[그림 16-2] 세탁기2 처리 흐름도

〈프로그램 설명〉

❶	`#include <MsTimer2.h>                   // 타이머2 헤더 파일` `#include <Servo.h>                      // 서보 모터 헤더 파일`

❷	`const int dig_sel_pin[4] = {8, 7, 6, 5};            // 1, 10, 100, 1000자리 전원핀`
	`const int fnd_pin[7] ={9, 10, 11, 12, 13, A4, A5};   // a,b,c,d,e,f,g`
	`const int fnd_pat[10][7] = {         // 숫자 0~9 패턴(a,b,c,d,e,f,g)`
	`        {0, 0, 0, 0, 0, 0, 1},        // 0`
	`        {1, 0, 0, 1, 1, 1, 1},        // 1`
	`        {0, 0, 1, 0, 0, 1, 0},        // 2`
	`        {0, 0, 0, 0, 1, 1, 0},        // 3`
	`        {1, 0, 0, 1, 1, 0, 0},        // 4`
	`        {0, 1, 0, 0, 1, 0, 0},        // 5`
	`        {0, 1, 0, 0, 0, 0, 0},        // 6`
	`        {0, 0, 0, 1, 1, 1, 1},        // 7`
	`        {0, 0, 0, 0, 0, 0, 0},        // 8`
	`        {0, 0, 0, 1, 1, 0, 0}};       // 9`
	
	`const int   sw1_pin = 2;            // 동작/정지 스위치`
	`const int   sw2_pin = 3;            // 세탁/탈수약/탈수강 설정스위치`
	`const int   sw3_pin = 4;            // 헹굼 횟수 설정 스위치(스텝모터 좌우 회전수)`
	
	`const int   buzzer_pin = 0;         // 부저 연결핀`

❸	`// 스텝 모터 연결핀 및 1상 회전 펄스`
	`const int step[4] = {A0, A1, A2, A3};    // 모터 연결핀(IN1, IN2, IN3, IN4)`
	`const int one_pulse[4][4] =              // 1상 구동 펄스`
	`    {{HIGH, LOW, LOW, LOW}, {LOW, HIGH, LOW, LOW},`
	`     {LOW, LOW, HIGH, LOW}, {LOW, LOW, LOW, HIGH}};`
	
	`// 서보 모터(Servo motor)`
	`Servo myServo;                  // 사용할 서보 모터명 선언`
	`const int   servo_pin = 1;      // 서보 모터 연결핀 => 타이머1 사용불가`

❹	`byte   wash_mode = 0;           // 세탁모드(0:종료, 1:급수, 2:배수,`
	`                                // 3:세탁, 4:헹굼, 5:탈수)`
	
	`byte   haengum = 0;             // 헹굼 횟수(1~3)`
	`byte   setak = 0;               // 세탁/탈수 설정(0:선택 안함, 1:세탁,`
	`                                // 2:탈수약, 3:탈수강)`
	`byte   talsu = 0;               // 탈수(0 -> 1:약 -> 2:강)`
	
	`volatile byte   rrun = 0;       // 시작/종료(1:0)`
	`volatile byte   dsp_pos = 0;    // 세그먼트 표시 위치`
	`                                // 3:1000자리(세탁여부 1/0), 2:100자리(헹굼횟수)`
	`                                // 1:10자리(탈수), 0:1자리(세탁모드)`
	
	`volatile unsigned long   t1, t2;   // 채터링 방지 변수(외부 인터럽트 사용)`

❺	void wash(void); // 세탁/헹굼/탈수 분류 처리 함수
	void wash1(byte); // 세탁/헹굼 처리 함수
	void wash2(void); // 세탁/헹굼 모터 구동 함수
	void wash3(void); // 탈수 처리 함수

❶	- 타이머2 인터럽트 함수를 사용하기 위한 헤더 파일 - 타이머2는 4개의 7-세그먼트를 5ms간격으로 하나씩 표시하기 위해 사용 - 서보 모터를 사용하기 위한 헤더 파일
❷	- 4자리 7-세그먼트 전원(COM단자) 단자 아두이노 연결핀(1자리, 10자리, 100자리, 1000자리) - 7-세그먼트 a, b, c, d, e, f, g 단자 아두이노 연결핀 - 7-세그먼트 표시를 위한 숫자 0~9 패턴 - 사용 스위치 3개 아두이노 연결핀 - 부저 연결핀
❸	- 스텝모터 구동 ULN2003 보드(IN1, IN2, IN3, IN4) 아두이노 연결핀 - 스텝모터 1상 구동을 위한 출력 값 - 서보모터 객체명 선언 - 서보모터 연결핀
❹	<사용 변수> - 세탁모드, 헹굼 횟수, 세탁, 탈수 지정 변수 - 세탁 시작/종료 변수 - 세그먼트 표시 위치 지정 변수 - 외부 인터럽트 함수에서 발생하는 채터링 방지를 위해 사용하는 시간 변수
❺	<사용자 함수 정의> - 세탁/헹굼/탈수 분류 처리 함수 - 세탁/헹굼 처리 함수 - 세탁/헹굼 모터 구동 함수 - 탈수 처리 함수

❶	`// 초기설정 함수`
	`void setup()`
	`{`
	`    byte  n;`
	
	`    // 7-세그먼트 a,b,c,d,e,f,g 연결핀 출력 설정`
	`    for(n = 0;n < 7;n++) pinMode(fnd_pin[n], OUTPUT);`
	
	`    // 7-세그먼트 자리 선택핀(1,2,3,4) 출력 설정`
	`    for(n = 0;n < 4;n++) pinMode(dig_sel_pin[n], OUTPUT);`

❷	`    // 스텝모터, 부저 연결핀 출력설정`
	`    for(n = 0;n < 4;n++){`
	`        pinMode(step[n], OUTPUT);      // 모터 제어핀 출력 설정`
	`        digitalWrite(step[n], LOW);    // 모터 제어핀 모두 LOW 출력`
	`    }`
	
	`    pinMode(buzzer_pin, OUTPUT)          // 부저 연결핀 출력 설정`
	`    digitalWrite(buzzer_pin, LOW);       // 부저 LOW 출력(off)`

❸	`    // 스위치3개 연결핀 설정(SW1 외부 인터럽트 설정, SW2, SW3 폴링방식)`
	`    attachInterrupt(digitalPinToInterrupt(sw1_pin), sw1_on, FALLING);  // INT0`
	`    pinMode(sw2_pin, INPUT);             // SW2 연결핀 입력 설정`
	`    pinMode(sw3_pin, INPUT);             // SW3 연결핀 입력 설정`

❹	`    // 서보모터 초기화`
	`    myServo.attach(servo_pin);           // 사용할 서보명에 핀 할당`
	`    myServo.write(90);                   // 서보 모터 초기 상태 : 90도(잠금)`

❺	`    // 타이머2 인터럽트 설정`
	`    MsTimer2::set(5, wash_dsp);          // 주기 5ms, 인터럽트 함수 설정`
	`    MsTimer2::start();                   // 타이머2 동작 시작`
	
	`    t1 = millis();                       // 프로그램 시작 시간 저장`
	`}`

❶	<setup() :초기 설정 함수> - 7-세그먼트 a,b,c,d,e,f,g 아두이노 연결핀 출력 방향 설정 - 7-세그먼트 4자리 전원핀(COM) 아두이노 연결핀 출력 방향 설정
❷	- 스텝모터 연결핀 출력 방향 설정 - 연결핀에 모두 LOW 출력 - 부저 연결핀 출력 설정 - 부저 연결핀 LOW 출력(off)
❸	- 아두이노 2번핀(INT0) 외부 인터럽트 하강에지 모드 설정 : SW1 - 두 개의 스위치는 폴링 방식 사용을 위해 입력 방향 설정 : SW2, SW3
❹	- 서보모터 연결핀 할당 - 서보 모터 초기상태 출력(90도 : 잠금)
❺	- 4자리 7-세그먼트 구동을 위해 타이머2 5ms 주기와 인터럽트 함수 설정 - 타이머2 동작 시작 - 외부 인터럽트에서 스위치가 눌려지는 시간 간격을 확인하기 위해 프로그램 시작 시간 t1에 저장(채터링 방지용)

❶	<pre>// 반복처리 함수
	void loop()
	{
	    boolean o_sw2, o_sw3, n_sw2, n_sw3;
	    byte mode = 0; // 세탁 설정 모드
	
	    while(1){
	        if(rrun == 1) wash(); // 세탁 시작
	
	        // SW2, SW3 상태 두 번 연속 읽기
	        o_sw2 = digitalRead(sw2_pin);
	        o_sw3 = digitalRead(sw3_pin);
	        delay(10);
	        n_sw2 = digitalRead(sw2_pin);
	        n_sw3 = digitalRead(sw3_pin);</pre>

❷	<pre> if(o_sw2 == HIGH && n_sw2 == LOW){ // SW2 눌려질 때
	            mode = (mode + 1) % 4; // 세탁 설정 모드 갱신
	            if(mode == 0){ // 세탁/탈수 선택 없음
	                setak = 0; // 세탁 없음
	                talsu = 0; // 탈수만의 처리 없음
	            }
	            else if(mode == 1) setak = 1; // 세탁 -> 헹굼 -> 탈수
	            else if(mode == 2){ // 탈수 약
	                setak = 0; // 세탁 없음
	                talsu = 1; // 탈수 약
	            }
	            else talsu = 2; // 탈수 강
	        }</pre>

	<pre> else if(o_sw3 == HIGH && n_sw3 == LOW) // SW3 눌려질 때
	            haengum = (haengum + 1) % 4; // 헹굼 횟수 0~3
	    }
	}</pre>

❶	**<loop() 함수 : 반복 처리 함수>** - 세탁 시작/정지 변수가 1이면 세탁 시작 함수 호출 - 동작 설정 스위치 SW2, SW3 10ms 간격으로 연속해서 두 번 읽기
❷	- SW2 첫 번째 상태는 OFF이고 두 번째 상태는 ON인지 체크(SW2 눌려지는 순간 체크) - 함수내 변수 mode의 값을 +1(4이면 0으로) - mdoe의 값이 0이면 세탁과 탈수 선택 없음 처리 - mdoe의 값이 1이면 세탁 모드 설정 - mode의 값이 2이면 탈수 약 모드 설정 - mode의 값이 3이면 탈수 강 모드 설정
❸	- SW3 첫 번째 상태는 OFF이고 두 번째 상태는 ON인지 체크(SW3 눌려지는 순간 체크) - SW3이 눌려졌으면 헹굼 횟수 +1(0~3의 값 반복)

❶

```
// 세탁/헹굼/탈수 분류 처리 함수
void wash()
{
      byte m;

      delay(1000);                                // 1초 대기

      if(setak == 1){                             // 세탁 -> 헹굼
            if(haengum == 0) haengum = 1;          // 헹굼 적어도 1번 실행하도록
            wash1(0);                              // 세탁 -> 헹굼 -> 탈수

      }
```

❷

```
      else if(haengum != 0) wash1(1);             // 헹굼만(탈수 동반)
```

❸

```
      else if(talsu != 0){                        // 탈수만
            wash_mode = 2;                        // 배수 모드
            myServo.write(0);                     // 서보모터 0도(배수)
            if(rrun != 0){                        // 강제 종료 상태 아니면
                  delay(3000);                    // 배수 후 3초 대기

                  wash_mode = 5;                  // 탈수 모드
                  wash3();                        // 탈수
                  if(talsu == 2)                  // 탈수 강 설정 상태면
                        if(rrun != 0) wash3();    // 강제종료 상태 아니면 한 번 더
            }
      }
```

❹

```
      wash_mode = 0;                              // 세탁모드(0:종료)
      myServo.write(90);                          // 서보모터 90도(잠금)
      if(rrun == 0) return;                       // 강제 종료 확인
```

❺

```
   // 종료 알림
      for(m = 0;m < 3;m++){
            digitalWrite(buzzer_pin, HIGH);       // 부저 on
            delay(1000);                          // 1초간 on
            digitalWrite(buzzer_pin, LOW);        // 부저 off
            delay(1000);                          // 1초간 off
      }
      rrun = 0;                                   // 정상 종료
}
```

❶	<wash() : 세탁/헹굼/탈수 분류 처리 함수> **<세탁 모드 : 세탁 -> 헹굼 -> 탈수>** – 헹굼이 적어도 한 번은 실행하도록 헹굼 변수 설정 – 세탁/헹굼 함수 호출 : wash1(0)
❷	**<헹굼 모드(헹굼 -> 탈수)>** – 헹굼 함수 호출 : wash1(1)
❸	**<탈수 모드(탈수만 수행)>** – 배수 모드 표시, 서보 모터 0도(배수 상태) – 강제 종료 상태 아니면 3초 대기 후 탈수 함수 호출 : wash3() – 탈수 강 모드이고 강제 종료 상태 아니면 한 번 더 실행
❹	– 세탁 모드 종료 상태로 – 서보 모터 90도 회전(잠금) – 강제 종료 상태이면 함수 종료
❺	– 종료 알림 : 부저 3회 1초 간격으로 on/off 출력 – 시작/정지 변수 정지 상태로 리셋

❶	`// 세탁/헹굼 처리 함수`
	`// start = 0(세탁부터 헹굼, 탈수까지), start = 1(헹굼부터 탈수까지)`
	`void wash1(byte start)`
	`{`
	`    int m;`
	
	`    // 세탁/헹굼`
	`    for(m = start;m <= haengum;m++){          // m=0(세탁), m=1~hangum(헹굼)`
	`        // 급수`
	`        wash_mode = 1;                       // 급수 모드`
	`        myServo.write(180);                  // 서보모터 180도(급수)`
	`        if(rrun == 0) return;                // 강제 종료 확인`
	`        delay(3000);                         // 3초 대기`
	`        myServo.write(90);                   // 서보모터 90도(잠금)`

❷	`        // 세탁/헹굼`
	`        if(m == 0) wash_mode = 3;            // 세탁 모드`
	`        else wash_mode = 4;                  // 헹굼 모드`
	
	`        if(rrun == 0) return;                // 강제 종료 확인`
	`        wash2();                             // 세탁/헹굼`

❸	`        // 배수`
	`        wash_mode = 2;                       // 배수 모드`
	`        myServo.write(0);                    // 서보모터 0도(배수)`
	`        if(rrun == 0) return;                // 강제 종료 확인`
	`        delay(3000);`

❹	`        // 탈수`
	`        wash_mode = 5;                       // 탈수 모드`
	`        if(rrun == 0) return;                // 강제 종료 확인`
	`        wash3();                             // 탈수`
	`        myServo.write(90);                   // 서보모터 90도(잠금)`
	`    }`
	`}`

❶	<wash1(byte start) : 세탁/헹굼 처리 함수> – 인자로 받은 start 값이 0이면 세탁부터 실행 – 인자로 받은 start값이 0이 아니면 헹굼만 실행 <급수 실행> – 급수 모드 표시 -> 서보모터 180도 회전(급수 모드) – 강제 종료 상태이면 실행 중단하고 함수 종료 – 3초후 서보모터 90도 회전(잠금)
❷	<세탁.헹굼> – 세탁이면 세탁 모드 설정하고, 그렇지 않으면 헹굼 모드 설정 – 강제 종료 상태이면 실행 중단하고 함수 종료(시작/정지는 인터럽트로 처리되므로 중간에서 확인 필요) – 세탁/헹굼 처리 함수 호출 : wash2()
❸	<배수 실행> – 배수 모드 설정(7-세그먼트에 표시됨) -> 서보모터 0도 회전(배수 모드) – 강제 종료 상태이면 실행 중단하고 함수 종료 – 3초 대기
❹	<탈수 실행> – 탈수 모드 설정(7-세그먼트에 표시됨) – 강제 종료 상태이면 실행 중단하고 함수 종료 – 탈수 함수 호출 : wash3() – 서보 모터 90도 회전(잠금)

❶	<pre>// 세탁/헹굼 모터 구동 함수
	void wash2()
	{
	    int p, pp, ppp, pulse = 0;
	
	    delay(1000); // 1초 대기
	
	    // 정방향 반회전 -> 역방향 반회전 : 5회 실행
	    for(p = 0;p < 5;p++){
	        for(pp = 0;pp < 1024;pp++){ // 정방향 반회전
	            if(rrun == 0) return; // 강제 종료 확인
	            for(ppp = 0;ppp <= 3;ppp++) // 구동 펄스 출력
	                digitalWrite(step[ppp], one_pulse[pulse][ppp]);
	
	            delay(2); // 모터 속도 조절(2ms)
	            pulse = (pulse + 1) % 4; // 정방향 출력 펄스 번호 갱신
	        }</pre>

❷	<pre> delay(500);
	
	        // 펄스 1024 출력 -> 역방향 반 회전
	        for(pp = 0;pp < 1024;pp++){ // 역방향 반회전
	            if(rrun == 0) return; // 강제 종료 확인
	            for(ppp = 0;ppp <= 3;ppp++) // 구동 펄스 출력
	                digitalWrite(step[ppp], one_pulse[pulse][ppp]);
	
	            delay(2); // 모터 속도 조절(2ms)
	            pulse = (pulse + 3) % 4; // 역방향 출력 펄스 번호 갱신
	        }
	    }
	}</pre>

❶	<wash2() : 세탁/헹굼 처리 함수> - 스텝모터 1상여자 구동방식으로 정방향 반회전과 역방향 반회전을 각각 5회 실행 - 강제 종료 상태이면 실행 중단하고 함수 종료 - 스텝모터 연결핀 4핀에 신호 정방향 신호 출력 - 정방향 출력 펄스 번호 갱신 (0->1->2->3->0...)
❷	- 0.5초 대기 - 강제 종료 상태이면 실행 중단하고 함수 종료 - 스텝모터 연결핀 4핀에 신호 역방향 신호 출력 - 역방향 출력 펄스 번호 갱신 (0->3->2->1->0...)

❶	`// 탈수 처리 함수`
	`void wash3()`
	`{`
	`    int   p, pp, ppp, pulse = 0;`
	
	`    // 중속 반회전`
	`    for(pp = 0;pp < 1024;pp++){                    // 반회전`
	`        if(rrun == 0) return;                       // 강제 종료 확인`
	`        for(ppp = 0;ppp <= 3;ppp++)                 // 구동 펄스 출력`
	`            digitalWrite(step[ppp], one_pulse[pulse][ppp]);`
	
	`        delay(4);                                   // 4ms`
	`        pulse = (pulse + 1) % 4;                    // 정방향`
	`    }`

❷	`    // 고속 3회전`
	`    for(pp = 0;pp < 6144;pp++){                    // 3회전`
	`        if(rrun == 0) return;                       // 강제 종료 확인`
	`        for(ppp = 0;ppp <= 3;ppp++)                 // 구동 펄스 출력`
	`            digitalWrite(step[ppp], one_pulse[pulse][ppp]);`
	`        delay(2);                                   // 2ms`
	`        pulse = (pulse + 1) % 4;                    // 정방향 출력 펄스 번호 갱신`
	`    }`

❸	`    // 중속 반회전`
	`    for(pp = 0;pp < 1024;pp++){                    // 반회전`
	`        if(rrun == 0) return;                       // 강제 종료 확인`
	`        for(ppp = 0;ppp <= 3;ppp++)`
	`            digitalWrite(step[ppp], one_pulse[pulse][ppp]);`
	
	`        delay(4);                                   // 4ms`
	`        pulse = (pulse + 1) % 4;                    // 정방향 출력 펄스 번호 갱신`
	`    }`
	`}`

❶	<wash3() : 탈수 처리 함수> - 강제 종료 상태이면 실행 중단하고 함수 종료 - 스텝모터 연결핀 4핀에 신호 역방향 신호 출력 - 중속으로 정방향 반회전
❷	- 강제 종료 상태이면 실행 중단하고 함수 종료 - 스텝모터 연결핀 4핀에 신호 역방향 신호 출력 - 고속으로 정방향 3회전
❸	- 강제 종료 상태이면 실행 중단하고 함수 종료 - 스텝모터 연결핀 4핀에 신호 역방향 신호 출력 - 중속으로 정방향 반회전

❶

```
// 타이머2 인터럽트 처리 함수(5ms주기)
// 4자리 7-세그먼트 표시(5ms 간격으로 한 자리씩 표시)
void wash_dsp()
{
    byte  n, tmp;

    // 4자리 7-세그먼트 각 자리값 추출
    if(dsp_pos == 0) tmp = wash_mode;              // 세탁 모드
    else if(dsp_pos == 1) tmp = talsu;             // 탈수 횟수
    else if(dsp_pos == 2) tmp = haengum;           // 헹굼 횟수
    else tmp = setak;                              // 세탁 설정
```

❷

```
    // 모든 자리 off 한 후 dsp_pos(표시위치) 자리만 on
    for(n = 0;n < 4;n++) digitalWrite(dig_sel_pin[n], LOW);
    digitalWrite(dig_sel_pin[dsp_pos], HIGH);      // dsp_pos 자리만 ON

    // dsp_pos 표시값 tmp 표시
    for(n = 0;n < 7;n++) digitalWrite(fnd_pin[n], fnd_pat[tmp][n]);

    dsp_pos = (dsp_pos + 1) % 4;                   // 표시 자리 이동
}
```

❶	<wash_dsp() : 타이머2 인터럽트 함수(5ms 주기)> – 표시 위치에 따라 표시할 값 저장 – 1자리는 세탁 모드, 10자리는 탈수 횟수, 100자리는 헹굼 횟수, 1000자리는 세탁 여부 표시
❷	– 4자리 7-세그먼트 모두 OFF – 표시할 위치의 세그먼트만 ON – 저장한 표시값 표시 – 다음에 표시할 위치 이동(왼쪽으로 한 칸씩 이동)

❶	<pre>// 외부인터럽트0(INT0) 처리함수
	// 스위치1 눌려지는 순간(동작/정지 토글)
	void sw1_on()
	{
	    // 채터링 체크 : 200ms 이내에 스위치가 또 눌려진 상태이면 무시
	    t2 = millis(); // 현재 시간 저장
	
	    // 인터럽트 시간 간격 체크
	    if((t2 - t1) < 200) return; // 200ms 보다 작으면 무시
	    else t1 = t2; // 인터럽트 발생 시간 갱신</pre>

❷	<pre> rrun = (rrun + 1) % 2; // 동작/정지 토글
	}</pre>

❶	<sw1_on() : 외부 인터럽트 함수(스위치1 눌려지는 순간)> – 채터링 방지를 위해 프로그램이 실행되고 난 후 스위치1이 눌려진 현재의 시간(t2) 측정 – 바로 이전에 스위치가 눌려졌을 때의 시간(t1)과의 간격이 200ms이내이면 채터링 현상으로 판단하고 리턴 – 그렇지 않으면 현재의 시간을 이전에 눌려진 시간값으로 갱신
❷	– 시작/정지의 상태 반전

[리스트 16-1] 세탁기2 프로그램

```
// report16
// 2019. 6.19  by SHIN
//
// 7-세그먼트 표시
// 1자리 : 세탁기 모드 => 0 : 정지(종료), 1 : 세탁, 2 : 헹굼, 3 : 탈수
// 10자리 : 탈수 -> 0(별도 탈수 없음, 1:탈수 약,  2: 탈수 강
// 100자리 : 헹굼 횟수 => 1~3
// 1000자리 : 세탁 표시 => 0/1
//
#include <MsTimer2.h>                               // 타이머2 헤더 파일
#include <Servo.h>                                  // 서보 모터 헤더 파일

const int dig_sel_pin[4] = {8, 7, 6, 5}; // 1, 10, 100, 1000자리 전원핀
const int fnd_pin[7] ={9, 10, 11, 12, 13, A4, A5};      // a,b,c,d,e,f,g
const int fnd_pat[10][7] = {                        // 숫자 0~9 패턴(a,b,c,d,e,f,g)
          {0, 0, 0, 0, 0, 0, 1},                    // 0
          {1, 0, 0, 1, 1, 1, 1},                    // 1
          {0, 0, 1, 0, 0, 1, 0},                    // 2
          {0, 0, 0, 0, 1, 1, 0},                    // 3
          {1, 0, 0, 1, 1, 0, 0},                    // 4
          {0, 1, 0, 0, 1, 0, 0},                    // 5
          {0, 1, 0, 0, 0, 0, 0},                    // 6
          {0, 0, 0, 1, 1, 1, 1},                    // 7
          {0, 0, 0, 0, 0, 0, 0},                    // 8
          {0, 0, 0, 1, 1, 0, 0}};                   // 9

const int   sw1_pin = 2;                            // 동작/정지 스위치
const int   sw2_pin = 3;                            // 세탁/탈수약/탈수강 스위치
const int   sw3_pin = 4;                            // 헹굼 횟수 설정 스위치

const int   buzzer_pin = 0;                         // 부저 연결핀

// 스텝 모터 연결핀 및 1상 회전 펄스
const int step[4] = {A0, A1, A2, A3};               // 모터 연결핀(IN1, IN2, IN3, IN4)
const int one_pulse[4][4] =                         // 1상 구동 펄스
     {{HIGH, LOW, LOW, LOW}, {LOW, HIGH, LOW, LOW},
      {LOW, LOW, HIGH, LOW}, {LOW, LOW, LOW, HIGH}};

// 서보 모터(Servo motor)
Servo mySservo;                                     // 사용할 서보 모터명 선언
const int   servo_pin = 1;                          // 서보모터 연결핀 => 타이머1 사용불가

byte  wash_mode = 0;                                // 세탁모드(0:종료, 1:급수, 2:배수,
                                                    // 3:세탁, 4:헹굼, 5:탈수)
byte  haengum = 0;                                  // 헹굼 횟수(1~3)
byte  setak = 0;                                    // 세탁/탈수 설정(0:선택 안함, 1:세탁,
                                                    // 2:탈수약, 3:탈수강)
```

```
byte  talsu = 0;                                    // 탈수(0 -> 1:약 -> 2:강)

volatile byte  rrun = 0;                            // 시작/종료(1:0)
volatile byte  dsp_pos = 0;                         // 세그먼트 표시 위치
                                                    // 3:1000자리(세탁여부 1/0), 2:100자리(헹굼횟수)
                                                    // 1:10자리(탈수), 0:1자리(세탁모드)

volatile unsigned long  t1, t2;                     // 채터링 방지 변수(외부 인터럽트 사용)

void wash(void);                                    // 세탁/헹굼/탈수 분류 처리 함수
void wash1(byte);                                   // 세탁/헹굼 처리 함수
void wash2(void);                                   // 세탁/헹굼 모터 구동 함수
void wash3(void);                                   // 탈수 처리 함수

// 초기설정 함수
void setup()
{
      byte   n;

      // 7-세그먼트 a,b,c,d,e,f,g 연결핀 출력 설정
      for(n = 0;n < 7;n++) pinMode(fnd_pin[n], OUTPUT);

      // Dight 선택핀(1,2,3,4) 출력 설정
      for(n = 0;n < 4;n++) pinMode(dig_sel_pin[n], OUTPUT);

      // 스텝모터, 부저 연결핀 출력설정
      for(n = 0;n < 4;n++){
            pinMode(step[n], OUTPUT);               // 모터 제어핀 출력 설정
            digitalWrite(step[n], LOW);             // 모터 제어핀 모두 LOW 출력
      }

      pinMode(buzzer_pin, OUTPUT)                   // 부저 연결핀 출력 설정
      digitalWrite(buzzer_pin, LOW);                // 부저 LOW 출력(off)

      // 스위치3개 연결핀 설정(SW1 외부 인터럽트 설정, SW2, SW3 폴링방식)
      attachInterrupt(digitalPinToInterrupt(sw1_pin), sw1_on, FALLING);   // INT0
      pinMode(sw2_pin, INPUT);                      // SW2 연결핀 입력 설정
      pinMode(sw3_pin, INPUT);                      // SW3 연결핀 입력 설정

     // 서보모터 초기화
      myServo.attach(servo_pin);                    // 사용할 서보명에 핀 할당
      myServo.write(90);                            // 서보 모터 초기 상태 : 90도(잠금)

      // 타이머2 인터럽트 설정
      MsTimer2::set(5, wash_dsp);                   // 5ms 주기, 인터럽트 함수 설정
      MsTimer2::start();                            // 타이머2 동작 시작

      t1 = millis();                                // 프로그램 시작 시간 저장
```

```
}

// 반복처리 함수
void loop()
{
      boolean  o_sw2, o_sw3, n_sw2, n_sw3;
      byte      mode = 0;                                     // 세탁 설정 모드

      while(1){
            if(rrun == 1) wash();                            // 세탁 시작

            // SW2, SW3 상태 두 번 연속 읽기
            o_sw2 = digitalRead(sw2_pin);
            o_sw3 = digitalRead(sw3_pin);
            delay(10);
            n_sw2 = digitalRead(sw2_pin);
            n_sw3 = digitalRead(sw3_pin);

            if(o_sw2 == HIGH && n_sw2 == LOW){               // SW2 눌려질 때
                  mode = (mode + 1) % 4;                     // 세탁 설정 모드 갱신
                  if(mode == 0){                             // 세탁/탈수 선택 없음
                        setak = 0;                           // 세탁 없음
                        talsu = 0;                           // 탈수만의 처리 없음
                  }
                  else if(mode == 1) setak = 1;              // 세탁 -> 헹굼 -> 탈수
                  else if(mode == 2){                        // 탈수 약
                        setak = 0;                           // 세탁 없음
                        talsu = 1;                           // 탈수 약
                  }
                  else talsu = 2;                            // 탈수 강
            }
            else if(o_sw3 == HIGH && n_sw3 == LOW)           // SW3 눌려질 때
                  haengum  = (haengum + 1) % 4;              // 헹굼 횟수 0~3
      }
}

// 세탁/헹굼/탈수 분류 처리 함수
void wash()
{
      byte m;

      delay(1000);                                           // 1초 대기

      if(setak == 1){                                        // 세탁 -> 헹굼
            if(haengum == 0) haengum = 1;                    // 헹굼 적어도 1번 실행하도록
            wash1(0);                                        // 세탁 -> 헹굼 -> 탈수

      }
```

```
        else if(haengum != 0) wash1(1);              // 헹굼만(탈수 동반)
        else if(talsu != 0){                         // 탈수만
            wash_mode = 2;                           // 배수 모드
            myServo.write(0);                        // 서보모터 0도(배수)
            if(rrun != 0){                           // 강제 종료상태 아니면
                delay(3000);                         // 배수 후 3초 대기

                wash_mode = 5;                       // 탈수 모드
                wash3();                             // 탈수
                if(talsu == 2)                       // 탈수 강 설정상태면
                    if(rrun != 0) wash3();           // 강제 종료상태 아니면 한 번 더
            }
        }

        wash_mode = 0;                               // 세탁모드(0:종료)
        myServo.write(90);                           // 서보모터 90도(잠금)
        if(rrun == 0) return;                        // 강제 종료 확인

        // 종료 알림
        for(m = 0;m < 3;m++){
            digitalWrite(buzzer_pin, HIGH);          // 부저 on
            delay(1000);                             // 1초간 on
            digitalWrite(buzzer_pin, LOW);           // 부저 off
            delay(1000);                             // 1초간 off
        }
        rrun = 0;                                    // 정상 종료
}

// 세탁/헹굼 처리 함수
// start = 0(세탁부터 헹굼, 탈수까지), start = 1(헹굼부터 탈수까지)
void wash1(byte start)
{
        int m;

        // 세탁/헹굼
        for(m = start;m <= haengum;m++){             // m=0(세탁), m=1~hangum(헹굼)
            // 급수
            wash_mode = 1;                           // 급수 모드
            myServo.write(180);                      // 서보모터 180도(급수)
            if(rrun == 0) return;                    // 강제 종료 확인
            delay(3000);                             // 3초 대기
            myServo.write(90);                       // 서보모터 90도(잠금)

            // 세탁/헹굼
            if(m == 0) wash_mode = 3;                // 세탁 모드
            else wash_mode = 4;                      // 헹굼 모드

            if(rrun == 0) return;                    // 강제 종료 확인
```

```
            wash2();                                // 세탁/헹굼

            // 배수
            wash_mode = 2;                          // 배수 모드
            myServo.write(0);                       // 서보모터 0도(배수)
              if(rrun == 0) return;                 // 강제 종료 확인
            delay(3000);

            // 탈수
            wash_mode = 5;                          // 탈수 모드
            if(rrun == 0) return;                   // 강제 종료 확인
            wash3();                                // 탈수
            myServo.write(90);                      // 서보모터 : 90도 -> 잠금
      }
}

// 세탁/헹굼 모터 구동 함수
void wash2()
{
      int   p, pp, ppp, pulse = 0;

      delay(1000);                                  // 1초 대기

      // 정방향 반회전 -> 역방향 반회전 : 5회 실행
      for(p = 0;p < 5;p++){
            for(pp = 0;pp < 1024;pp++){             // 정방향 반회전
                  if(rrun == 0) return;             // 강제 종료 확인
                  for(ppp = 0;ppp <= 3;ppp++)       // 구동 펄스 출력
                        digitalWrite(step[ppp], one_pulse[pulse][ppp]);

                  delay(2);                         // 모터 속도 조절(2ms)
                  pulse = (pulse + 1) % 4;          // 정방향 출력 펄스 번호 갱신
            }

            delay(500);

            // 펄스 1024 출력 -> 역방향 반 회전
            for(pp = 0;pp < 1024;pp++){             // 역방향 반회전
                  if(rrun == 0) return;             // 강제 종료 확인
                  for(ppp = 0;ppp <= 3;ppp++)       // 구동 펄스 출력
                        digitalWrite(step[ppp], one_pulse[pulse][ppp]);

                  delay(2);                         // 모터 속도 조절(2ms)
                  pulse = (pulse + 3) % 4;          // 역방향 출력 펄스 번호 갱신
            }
      }
}
```

```
// 탈수 처리 함수
void wash3()
{
	int	p, pp, ppp, pulse = 0;


	// 중속 반회전
	for(pp = 0;pp < 1024;pp++){				// 반회전
		if(rrun == 0) return;				// 강제 종료 확인
		for(ppp = 0;ppp <= 3;ppp++)			// 구동 펄스 출력
			digitalWrite(step[ppp], one_pulse[pulse][ppp]);

		delay(4);					// 4ms
		pulse = (pulse + 1) % 4;			// 정방향 출력 펄스 번호 갱신
	}

	// 고속 3회전
	for(pp = 0;pp < 6144;pp++){				// 3회전
		if(rrun == 0) return;				// 강제 종료 확인
		for(ppp = 0;ppp <= 3;ppp++)			// 구동 펄스 출력
			digitalWrite(step[ppp], one_pulse[pulse][ppp]);
		delay(2);					// 2ms
		pulse = (pulse + 1) % 4;			// 정방향 출력 펄스 번호 갱신
	}

	// 중속 반회전
	for(pp = 0;pp < 1024;pp++){				// 반회전
		if(rrun == 0) return;				// 강제 종료 확인
		for(ppp = 0;ppp <= 3;ppp++)
			digitalWrite(step[ppp], one_pulse[pulse][ppp]);

		delay(4);					// 4ms
		pulse = (pulse + 1) % 4;			// 정방향 출력 펄스 번호 갱신
	}
}

// 타이머2 인터럽트 처리 함수(5ms주기)
// 4자리 7-세그먼트 표시(5ms 간격으로 한 자리씩 표시)
void wash_dsp()
{
	byte	n, tmp;

	// 4자리 7-세그먼트 각 자리값 추출
	if(dsp_pos == 0) tmp = wash_mode;		// 세탁 모드
	else if(dsp_pos == 1) tmp = talsu;		// 탈수 횟수
	else if(dsp_pos == 2) tmp = haengum;		// 헹굼 횟수
	else tmp = setak;				// 세탁 설정
```

```
    // 모든 자리 off 한 후 dsp_pos(표시위치) 자리만 on
    for(n = 0;n < 4;n++) digitalWrite(dig_sel_pin[n], LOW);
    digitalWrite(dig_sel_pin[dsp_pos], HIGH);          // dsp_pos 자리만 ON

    // dsp_pos 표시값 tmp 표시
    for(n = 0;n < 7;n++) digitalWrite(fnd_pin[n], fnd_pat[tmp][n]);

    dsp_pos = (dsp_pos + 1) % 4;                       // 표시 자리 이동
}

// 외부인터럽트0(INT0) 처리함수
// 스위치1 눌려지는 순간(동작/정지 토글)
void sw1_on()
{
    // 채터링 체크 : 200ms 이내에 스위치가 또 눌려진 상태이면 무시
    t2 = millis();                                     // 현재 시간 저장

    // 인터럽트 시간 간격 체크
    if((t2 - t1) < 200) return;                        // 200ms 보다 작으면 무시
    else t1 = t2;                                      // 인터럽트 발생 시간 갱신

    rrun = (rrun + 1) % 2;                             // 동작/정지 토글
}
```

부록 사용 부품 및 보드

이 책에서는 [아두이노 마스터1]에서 사용했던 스타터 키트 부품들과 이들 부품들로 제작한 보드들을 사용하기로 한다.

(1) 스타터 키트

이 키트에는 아두이노 우노보드, LED, 7-세그먼트, 서보모터, 키 패드, 조이스틱 등 다양한 부품들이 포함되어 있으며, [아두이노 마스터1]에서와 마찬가지로 5V 어댑터와 DC 모터 그리고 터미널 블록을 추가부품으로 사용하기로 한다.

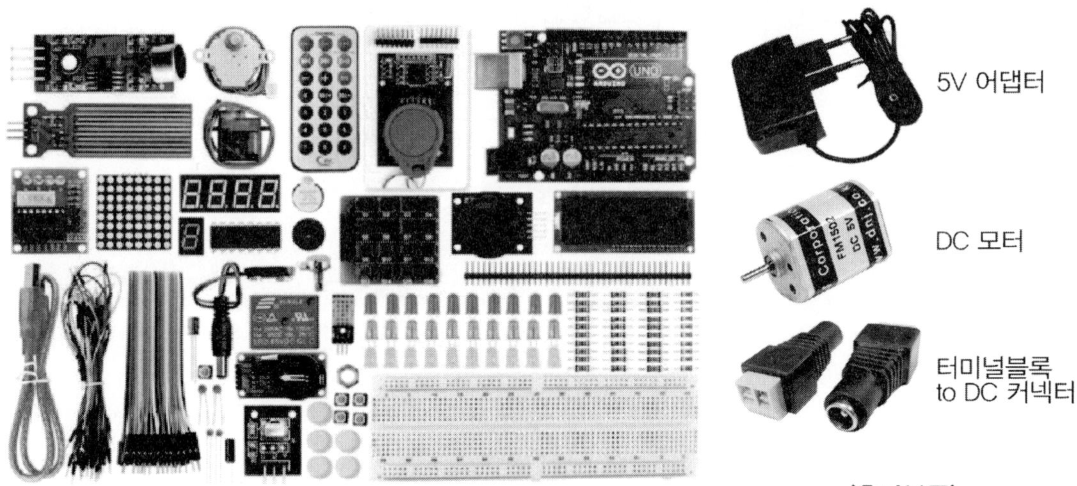

[그림 A-1] 아두이노 스타터 키트 + 추가 부품(어댑터, DC 모터, 터미널블록)

(2) 스위치 보드

이 보드는 8개의 스위치를 10kΩ 저항으로 풀업 연결하고, 스위치의 한 단자를 아두이노 보드와 연결할 수 있도록 설계한 보드이다.(구성 부품 : 2핀 택트 스위치 x 8, 0.1uF 세라믹 콘덴서 x 8, 10kΩ Array 저항) 따라서, 아두이노 보드에 연결된 단자(J6)에는 스위치가 ON일 때 0의 값이 입력되고, 스위치가 OFF 일 때 1의 값이 입력된다.

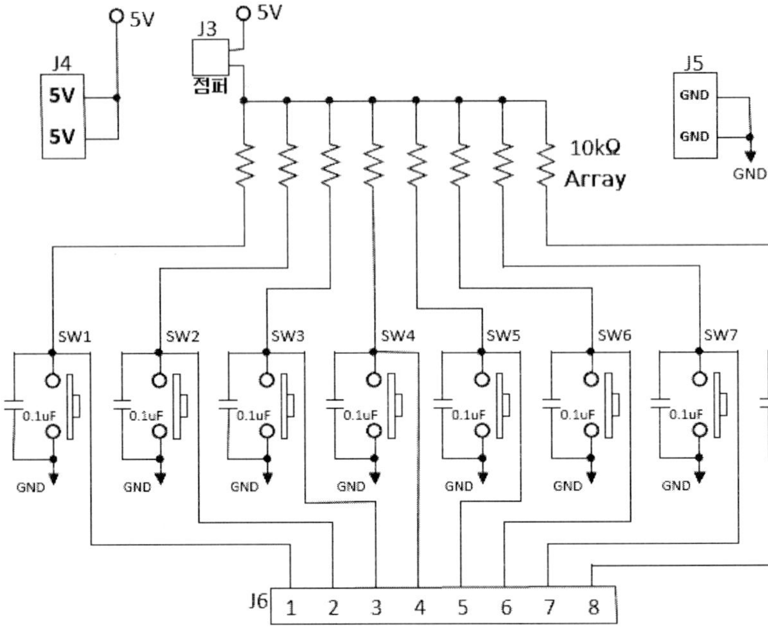

(a) 회로도

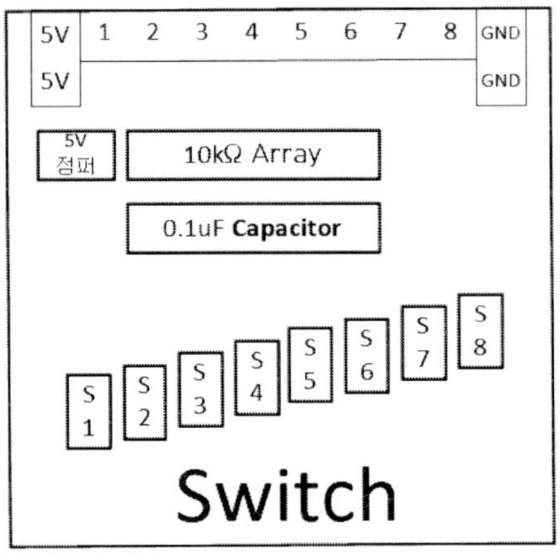

(b) 블록도

[그림 A-2] 스위치 보드 회로도 및 블록도

(3) 4자리 7-세그먼트 보드

이 보드는 4자리 Common Anode(커먼 애노드)형 7-세그먼트 보드이며, 4개의 애노드 공통단자와 8개의 캐소드 단자를 저항 330Ω을 통해 아두이노 보드와 연결할 수 있도록 설계한 보드이다.(구성 부품 : 330Ω 저항 x 8, Common Anode형 4자리 7-세그먼트) 따라서, 공통단자(J9 : DIG1~DIG4)에는 1을 출력하면 해당 7-세그먼트에 전원이 공급되어 ON이 되며, 7-세그먼트 단자(J10 : a~g, dp))에는 0을 출력하면 해당 LED가 ON이 된다.

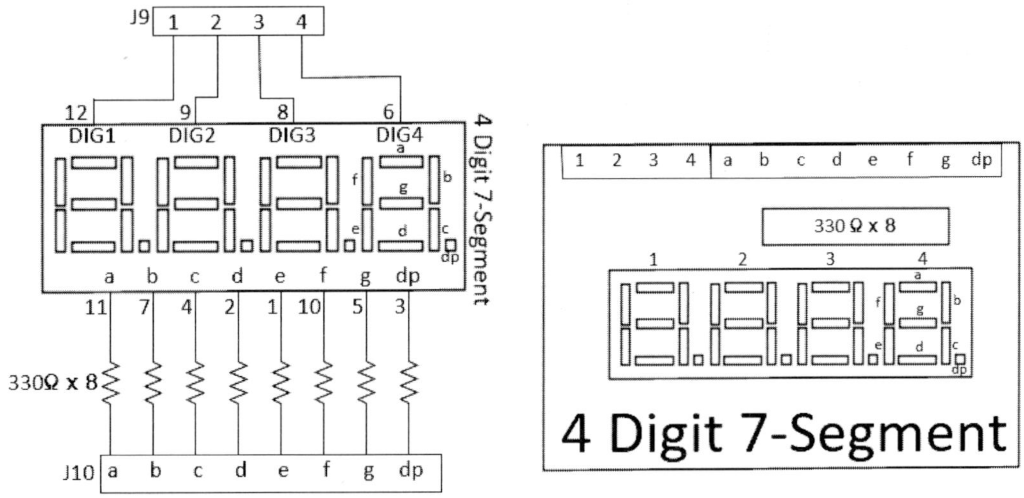

(a) 회로도 (b) 블록도

[그림 A-3] 4자리 7-세그먼트 보드 회로도 및 블록도

(4) 도트 매트릭스 보드

이 보드는 8x8 단색 도트 매트릭스 보드이며, 8개의 행 단자(r1~r8, 애노드)와 330Ω 저항이 연결된 열 단자(c1~c8, 캐소드)로 아두이노 보드와 연결할 수 있도록 설계한 보드이다. 따라서 행 단자(J12)로 1을 출력하면 그 행에 전원이 공급되고, 열 단자(J11)에는 0을 출력하면 1을 출력한 행과 0이 출력된 열 위치의 LED가 ON이 된다.(구성 부품 : 330Ω 저항 x 8, 8 x 8 단색 도트 매트릭스)

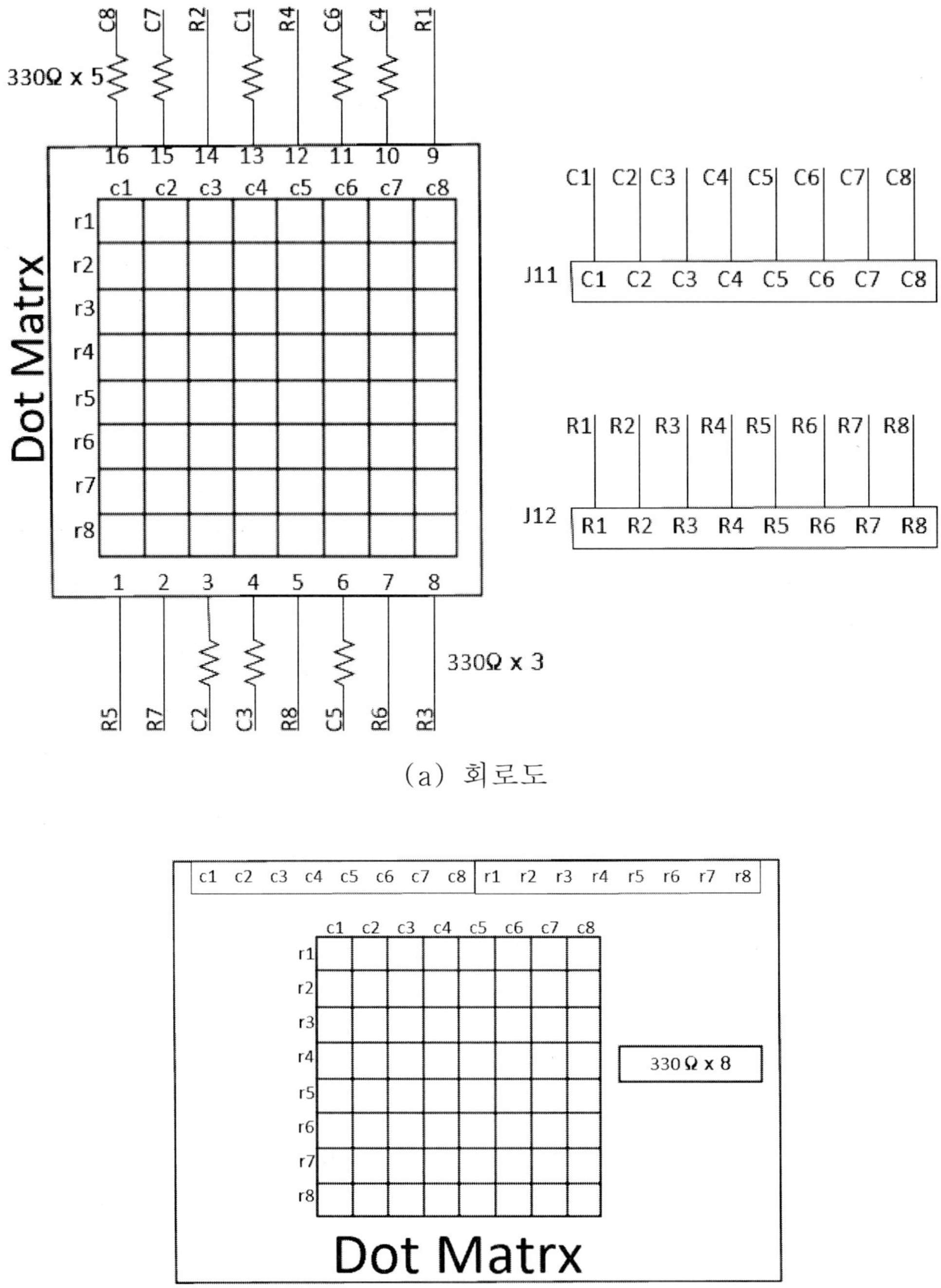

(a) 회로도

(b) 블록도

[그림 A-4] 도트 매트릭스 보드 회로도 및 블록도

아두이노 도전과제 마스터 2

저자소개

신동욱

–한양대학교 전자공학과 학사. 공학석사
–일본 와세다 대학 이공학부 응용물리학과 공학박사
–한국기술교육대학교 전기전자통신공학부 교수

저서

- 쉬운 예제와 Kit로 배우는 8051 기초와 응용 / Ohm사
- 쉬운 예제와 Kit로 배우는 ATmega8515 기초와 응용 / Ohm사
- PIC 마이컴 보드로 배우는 PIC16F874A/877A / Ohm사
- 기초전기실습 / Ohm사
- 기초전자실습 / Ohm사
- 알기쉽게 배우는 AVR ATmega128 / Ohm사
- 알기쉽게 배우는 AVR ATmega128 응용 / Ohm사
- 졸업작품 만들기 III, VI, VIII / Ohm사
- ATmega128 기초 입문 / Ohm사
- ATmega128 기초와 응용 I, II / Ohm사
- 아두이노 마스터 1 / Ohm사